WISSEN FÜR KINDER

DIE ERDE

von
Brian und Brenda Williams
Deutsch von Sebastian Vogel

INHALT

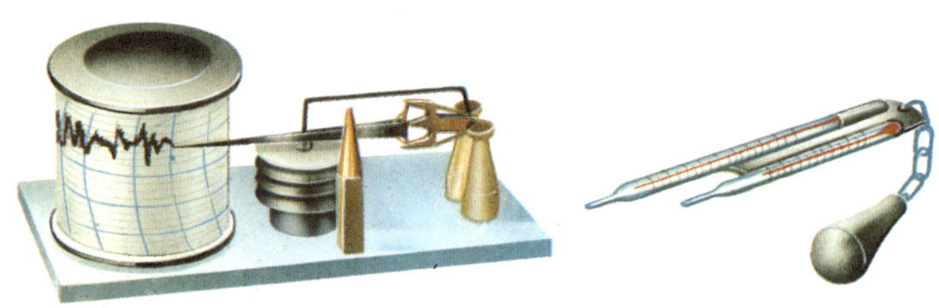

Sonderausgabe für die
Planet Medien AG, Zug
Gesamtherstellung: Planet Medien AG, Zug

603203/302

Landschaften

Leben auf der Erde

Länder und Menschen

Ressourcen

Umwelt

Register

PLANET ERDE

Was ist ein Planet?

Ein Planet ist ein Himmelskörper, der einen Stern umkreist. Unser Planet, die Erde, umkreist die Sonne, einen mittelgroßen Stern.

Wie viele Planeten gibt es?

Um die Sonne kreisen neun Planeten. Der Sonne am nächsten ist Merkur, dann folgen Venus, Erde, Mars, Jupiter, Saturn, Uranus, Neptun und Pluto. Am dunklen Nachthimmel kann man die Planeten wie Sterne als winzige Lichtpunkte erkennen.

Besitzen auch andere Sterne Planeten?

Es gibt im Weltall viele Millionen Sterne. Manche davon besitzen vermutlich ebenfalls Planeten. Die Wissenschaftler glauben, daß sie zumindest bei einem weiter entfernten Stern einen erdgroßen Planeten entdeckt haben. Er ist ungefähr 30 000 Lichtjahre von uns entfernt.

Welcher Stern ist dem Sonnensystem am nächsten?

Der Nachweis von Planeten anderer Sterne ist schwierig, weil sie so weit entfernt sind. Der Abstand zum nächsten Stern – er heißt Proxima Centauri – beträgt vier Lichtjahre, das heißt, das Licht braucht vier Jahre, um von dort die Erde zu erreichen!

Was ist Erdschein?

Die Astronauten auf dem Mond sahen die Erde leuchten, ganz ähnlich, wie wir am Nachthimmel den Mondschein sehen. Deshalb spricht man von Erdschein. Sterne sind sehr heiß und senden selbst Licht aus, Planeten dagegen werfen nur das Licht der Sterne zurück. Ein Planet ist viel kleiner und kälter als ein Stern.

Um unsere Sonne kreisen neun Planeten. Am größten sind Jupiter und Saturn.

Nach Ansicht der meisten Fachleute entstand das Universum mit dem "Urknall", einer gewaltigen Energieexplosion. Seither dehnt sich das Weltall aus. Die Materie lagerte sich zu Sternen und Galaxien zusammen. Unsere Sonne ist nur ein mittelgroßer Stern unter 100 Milliarden anderen in unserer Galaxis, der Milchstraße.

Wie ist die Erde entstanden?

Die Sonne und ihre Planeten sind ungefähr zur gleichen Zeit entstanden. Im Weltall bildete sich eine rotierende Wolke aus Staub und Gas, die sich durch die Schwerkraft allmählich immer mehr verdichtete. Ihr größter Anteil wurde zur Sonne, aus den Überresten entstanden die Planeten.

Wie alt ist die Erde?

Das Weltall entstand nach unserer heutigen Kenntnis vor etwa 15 Milliarden Jahren. Die Erde ist jünger: Sie bildete sich vor ungefähr 4,6 Milliarden Jahren.

Was sind Monde?

Ein Mond ist ein Himmelskörper, der einen Planeten umkreist und von dessen Schwerkraft in seiner Umlaufbahn festgehalten wird. Alle Planeten außer Merkur und Venus besitzen Monde. Die Erde hat nur einen, bei Saturn sind es wahrscheinlich mindestens 22.

Warum gibt es auf dem Mond kein Leben?

Der Durchmesser des Mondes beträgt nur 3476 Kilometer. Die Schwerkraft ist sechsmal geringer als auf der Erde, so daß der Mond die Gase einer Atmosphäre nicht festhalten kann. Deshalb ist der Mond eine Welt ohne Luft, und ohne Luft ist Leben nicht möglich.

Ist der Mond so alt wie die Erde?

Ja. Der Mond bildete sich zur gleichen Zeit wie die Sonne und die Planeten, also vor etwa 4,6 Milliarden Jahren. Anfangs war er eine rotglühende Kugel aus geschmolzenem Gestein. Beim Abkühlen verfestigte er sich, und zwar schneller als die Erde, weil er kleiner war.

Der Mond ist kalt und unbelebt. Er besitzt keine Atmosphäre, und das Gestein seiner Oberfläche ist mit Kratern übersät, die durch Meteoriteneinschläge entstanden sind.

Wie schnell dreht sich der Mond?

Der Mond dreht sich in 29 Tagen und 12 Stunden einmal um sich selbst. Für einen Umlauf um die Erde benötigt er 27 Tage und 8 Stunden.

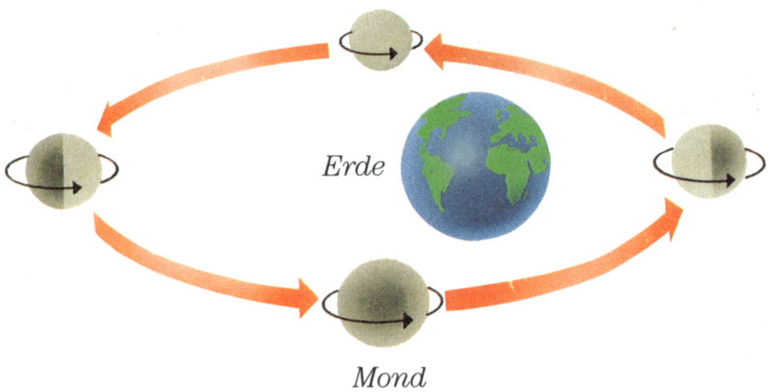

Der Mond wendet uns immer die gleiche Seite zu. Wir sehen nur den Teil, der von der Sonne beleuchtet wird.

Können wir den Mond ganz sehen?

Eine Seite des Mondes ist immer von der Erde abgewandt. Als der Mond sich nach seiner Entstehung abkühlte, zog ihn die Erdschwerkraft an, so daß er sich langsamer drehte und auf der zur Erde gewandten Seite eine "Beule" bekam. Da der Mond sich bei einem Umlauf einmal um sich selbst dreht, weist diese Seite ständig zur Erde. Die Rückseite konnte man erst beobachten, als Raumsonden den Mond umkreisten. Die erste Aufnahme lieferte 1959 die sowjetische Mondsonde Luna.

Was bewirkt der Mond auf der Erde?

Die Schwerkraft des Mondes spüren wir täglich: Sie sorgt für das Steigen und Fallen der Gezeiten (siehe Seite 52). Außerdem deckt er bei einer Sonnenfinsternis die Sonne ab, so daß ein Teil der Erde im Schatten liegt.

Eine Sonnenfinsternis tritt ein, wenn der Mond genau zwischen Sonne und Erde steht.

Wie groß ist die Erde?

Die Erde ist der fünftgrößte Planet unseres Sonnensystems. Sie hat einen Umfang von 40 075 Kilometern und ist damit zwar größer als Pluto, Merkur, Mars und Venus, aber immer noch ein Zwerg im Vergleich zu dem riesigen Jupiter, der 318mal größer ist. Im Jupiter hätten alle anderen acht Planeten des Sonnensystems Platz.

Nimmt das Gewicht der Erde zu?

Die Erde wiegt etwa sechs Trillionen Tonnen. Sie wird von Jahr zu Jahr schwerer, weil sie von Meteoriten getroffen wird, Gesteinsbrocken aus dem Weltall, die zu ihrem Gewicht beitragen.

Ist die Erde wirklich rund?

Die Erde ist nicht genau kugelförmig, sondern an den Polen ein wenig abgeflacht. Die Ursache ist die durch die Drehung entstehende Zentrifugalkraft.

Die Erde in einer Satellitenaufnahme

Wo liegt der Äquator?

Der Äquator ist eine gedachte Linie rings um die Mitte der Erde. Er ist der nullte Breitengrad. Am Äquator hat die Erde ihren größten Umfang.

Wo liegt der Nordpol?

Etwa in der Mitte des arktischen Meeres. Er ist einer der beiden Punkte, an denen alle Längengrade zusammentreffen.

Wo liegen die Tropen?

Die Tropen sind die Gegenden etwa 2600 Kilometer nördlich und südlich des Äquators. Sie werden im Norden vom Wendekreis des Krebses (23°27′ nördlicher Breite) und im Süden vom Wendekreis des Steinbocks (23°27′ südlicher Breite) begrenzt. Die Tropen sind die wärmsten Gegenden der Erde, weil das Sonnenlicht dort am steilsten einfällt.

Was sind die Hemisphären?

Auf Landkarten und Globen teilt der Äquator (der nullte Breitengrad) die Erde in die Nord- und Südhalbkugel, auch nördliche und südliche Hemisphäre genannt. Eine gedachte Linie durch Nord- und Südpol (der nullte bzw. 180. Längengrad) trennt die westliche von der östlichen Hemisphäre.

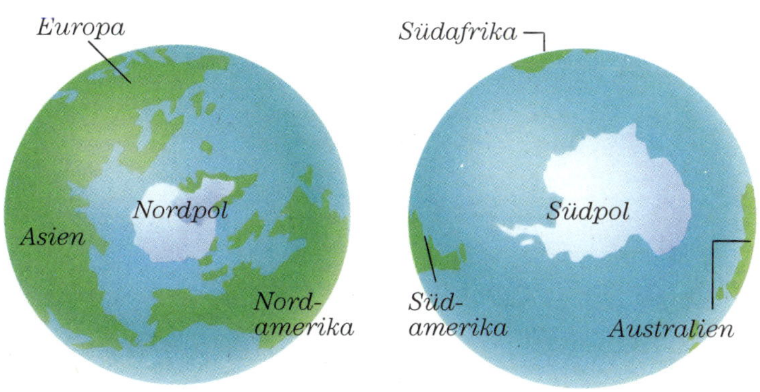

Die Erde in einer Satellitenaufnahme. Auf der Nordhalbkugel (links) liegen der größte Teil Asiens sowie Nordamerika und Europa. Zur Südhalbkugel gehören das südliche Afrika, Australien und der überwiegende Teil Südamerikas.

Wie lang und breit ist die Erde?

Der Durchmesser der Erde mißt von Pol zu Pol 12 719 und am Äquator 12 756 Kilometer. Der Unterschied entsteht durch die Abflachung an den Polen.

Warum kreist die Erde um die Sonne?

Die Erde und die anderen Planeten des Sonnensystems umkreisen die Sonne auf einer Umlaufbahn, auf der sie von der Schwerkraft der Sonne festgehalten werden.

Wie weit ist die Sonne entfernt?

Die Entfernung zwischen Erde und Sonne beträgt etwa 150 Millionen Kilometer. Merkur und Venus sind der Sonne näher.

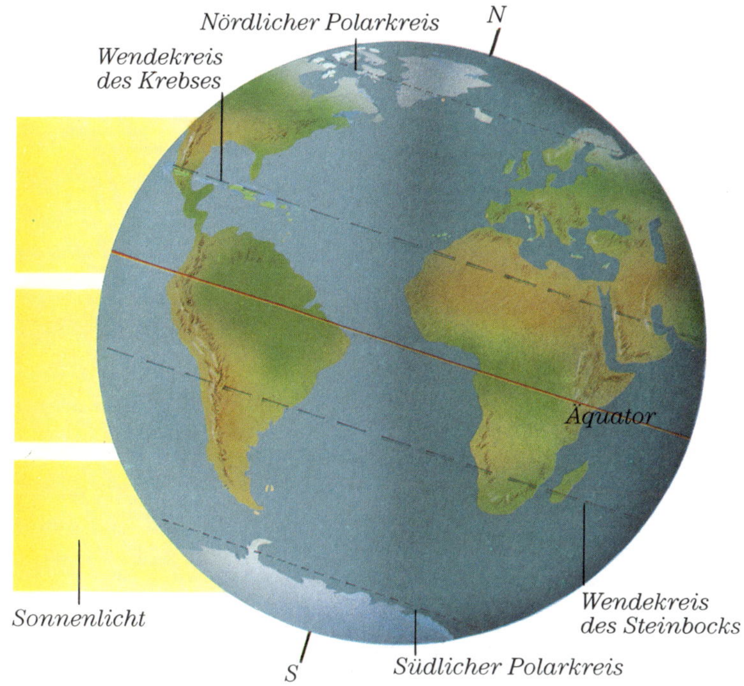

An den Polen treffen die Sonnenstrahlen in einem viel flacheren Winkel auf die Erdoberfläche als am Äquator. Deshalb ist es an den Polen kälter.

Was ist die Erdachse?

Ein Stäbchen, das man mitten durch eine Orange steckt, stellt die Orangenachse dar. Durch die Erde verläuft natürlich kein Stab, die Erdachse ist vielmehr eine gedachte Linie zwischen den Polen. Sie ist im Verhältnis zur Umlaufbahn um die Sonne um 23,5° geneigt.

Warum gibt es Tag und Nacht?

Während die Erde um die Sonne kreist, dreht sie sich auch um ihre eigene Achse. Auf dem Teil, der von der Sonne beschienen wird, ist Tag, in den anderen Gebieten ist Nacht. Wegen der Drehung wechseln Tag und Nacht ständig ab. Wenn die Sonne aufgeht, wird es Tag, geht sie unter, bricht die Nacht herein.

Ist die Erde einzigartig?

Kein Planet des Sonnensystems ist wie die Erde. Nur hier sind die Voraussetzungen für die Entstehung von Leben (wie wir es kennen) gegeben.

Was ist ein Großkreis?

Ein Großkreis ist eine gedachte Linie, die den Planeten wie der Äquator in zwei Hälften teilt.

ein Tag

Die Erde dreht sich einmal um ihre Achse.

ein Mondmonat

Der Mond wandert einmal um die Erde.

ein Jahr

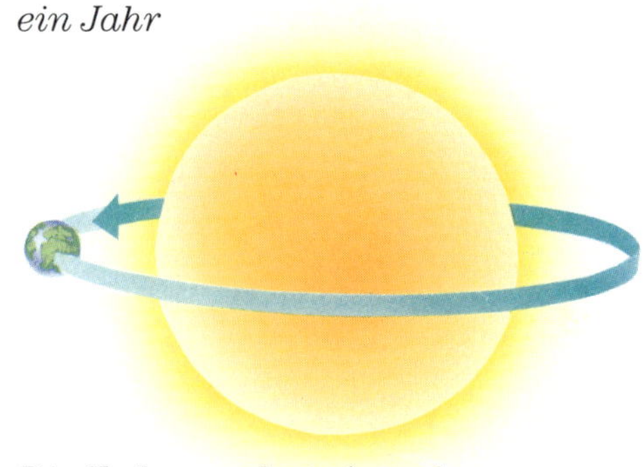

Die Erde wandert einmal um die Sonne.

Ein Tag ist die Zeit, in der die Erde sich einmal um ihre Achse dreht. In einem Mondmonat (etwa 28 Tage) umkreist der Mond einmal die Erde, und in einem Jahr hat die Erde einmal die Sonne umrundet.

Werden die Tage länger?

Die Erde dreht sich in 23 Stunden, 56 Minuten und 4,09 Sekunden einmal um ihre Achse. Diese Zeit nennt man auch Sterntag. Aber die Umdrehung der Erde verlangsamt sich, so daß der Sterntag immer länger wird. Vor 100 Millionen Jahren dauerte er nur 22 Stunden.

Wie lang ist die Bahn der Erde um die Sonne?

Die Erde legt in 365 Tagen, 6 Stunden und 9 Minuten einen Weg von 958 Millionen Kilometern um die Sonne zurück. Diese Zeit nennt man Sternjahr.

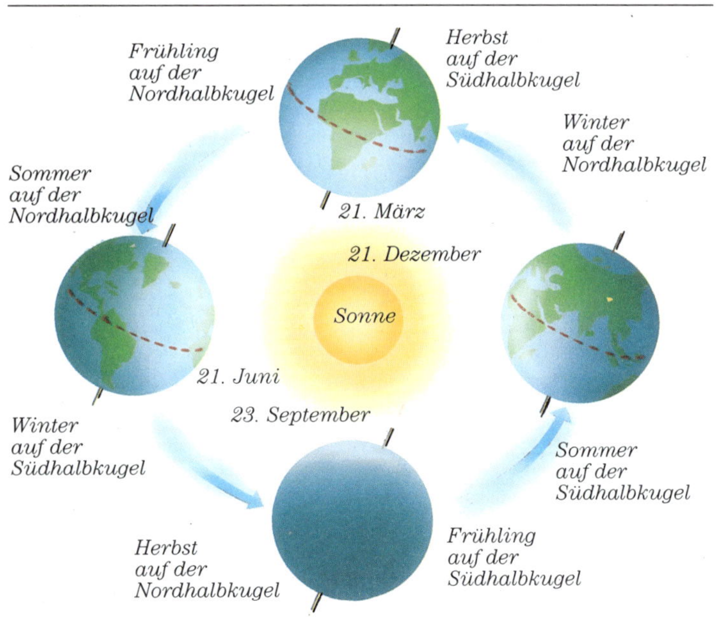

Was ist die Weltzeit?

Die Erde ist in 24 Zeitzonen eingeteilt, die sich in der Uhrzeit jeweils um eine Stunde unterscheiden. Basis ist die Weltzeit, die mittlere Sonnenzeit für den durch Greenwich (England) verlaufenden nullten Längengrad. Wenn es dort Mittag ist, zeigt die Uhr in New York sieben Uhr morgens (fünf Stunden zurück) und in Moskau drei Uhr nachmittags (drei Stunden vor). Wenn man auf einer Reise die Zeitzonen durchquert, muß man die Uhr bei der Ankunft auf die jeweilige Ortszeit umstellen.

In welchen Gegenden der Erde sind Sommer- und Wintertage am längsten?

Wegen der Neigung der Erdachse sind Tage und Nächte in den einzelnen Gegenden der Erde unterschiedlich lang. Im Sommer, wenn das Nordpolargebiet der Sonne zugewandt ist, wird es dort überhaupt nicht Nacht – die Mitternachtssonne scheint. Nordamerika und Europa erleben zu dieser Zeit lange Sommertage. In der Antarktis ist es dagegen ständig Nacht. Im Winter sind die Verhältnisse genau umgekehrt: Am Südpol ist es jetzt ununterbrochen hell, am Nordpol geht die Sonne nicht auf. Europa und Nordamerika haben kurze Wintertage.

Warum gibt es Jahreszeiten?

Frühling, Sommer, Herbst und Winter entstehen, weil die Erde der Sonne auf ihrer Umlaufbahn unterschiedliche Gebiete zuwendet. Der Teil, der stärker zur Sonne geneigt ist, erhält das Sonnenlicht in einem steileren Winkel und erwärmt sich, auf der anderen Seite bleibt es dagegen kühler.

Frühling und Herbst beginnen jeweils zur Tag-und-Nacht-Gleiche, wenn die Sonne den Äquator überquert. Von März bis September steht sie nördlich des Äquators.

Was ist Erdmagnetismus?

Die Erde besitzt ein starkes Magnetfeld. In ihrem Inneren befindet sich aber kein riesiger Magnet. Dazu ist der Erdkern viel zu heiß, und wenn Metalle (z.B. Eisen) sehr heiß werden, verlieren sie ihre magnetischen Eigenschaften.

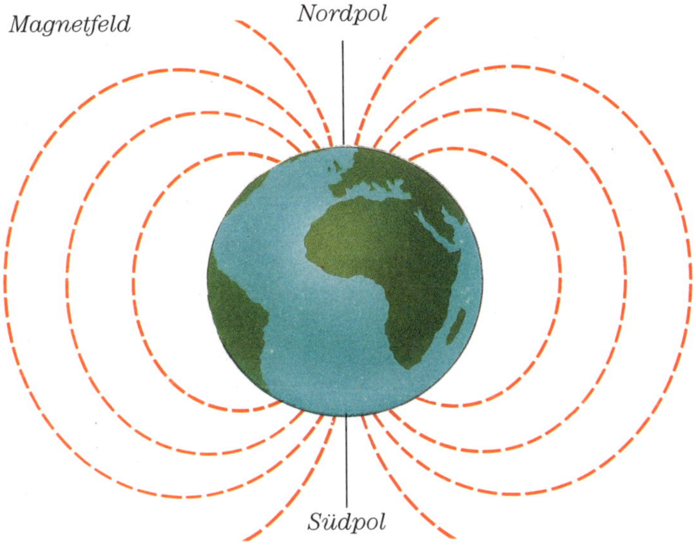

Das Magnetfeld der Erde erstreckt sich viele tausend Kilometer weit in den Weltraum. Wie alle Magneten hat es einen Nord- und einen Südpol.

Wie entsteht das Erdmagnetfeld?

Die Erde wirkt wie ein riesiger Dynamo. Durch Bewegungen in ihrem Inneren entstehen elektrische Ströme, die ein Magnetfeld mit Nord- und Südpol entstehen lassen – wie bei einem Stabmagneten. Das Erdmagnetfeld wird in regelmäßigen Abständen (alle 5-10 Jahre) vermessen.

Wie weit reicht das Erdmagnetfeld?

Das Erdmagnetfeld erstreckt sich etwa 60 000 Kilometer in den Weltraum. Auch die Sonne und die anderen Planeten besitzen Magnetfelder.

Wo liegt die Magnetinsel?

Vor der Küste des australischen Bundesstaates Queensland. Der Entdecker James Cook gab ihr 1770 diesen Namen, weil er irrtümlicherweise annahm, die Eisenvorkommen auf der Insel sorgten für die Abweichungen, die er beim Kompaß seines Schiffes wahrnahm.

Wo liegen die magnetischen Pole?

Durch Veränderungen im Erdmagnetfeld verschieben sich auch die magnetischen Pole. Zur heutigen Zeit sind sie nie weit vom geographischen Nord- und Südpol entfernt. Der magnetische Nordpol liegt in Nordkanada, der magnetische Südpol auf dem antarktischen Kontinent. Das war allerdings nicht immer so. Vor etwa 450 Millionen Jahren befand sich der magnetische Südpol an einem ganz anderen Ort – in der Wüste Sahara in Afrika.

Können Nord- und Südpol die Plätze tauschen?

Bei einem Stabmagneten bleiben Nord- und Südpol immer gleich, aber die Magnetpole der Erde tauschen etwa alle 200 000 bis 300 000 Jahre die Plätze. Die Ursache sind vermutlich Verschiebungen im Erdinneren, und zwar zwischen dem langsamer rotierenden Kern und dem schneller beweglichen Erdmantel.

Wer glaubte, daß Magnetismus die Planeten in Umlaufbahnen hält?

Diese Theorie stellte William Gilbert (1540-1603) auf, der Arzt der englischen Königin Elizabeth I. Er interessierte sich für Magnetismus und glaubte, die Erde sei ein riesiger Magnet (was stimmt) und bewege sich durch Magnetkräfte um die Sonne (was nicht stimmt).

Zeigt eine Kompaßnadel zum geographischen Nordpol?

Nein. Die Magnetnadel eines Kompasses zeigt immer zum magnetischen Nordpol der Erde, der nicht mit dem geographischen Nordpol übereinstimmt.

Den Unterschied zwischen geographischem und magnetischem Pol nennt man Mißweisung oder Deklination.

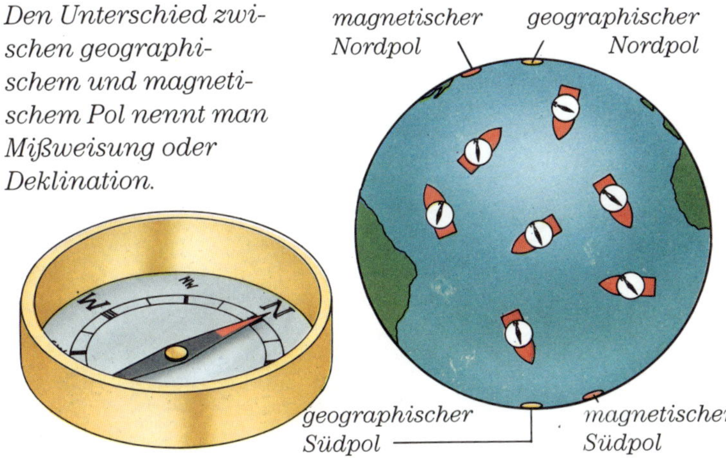

Was befindet sich im Erdinneren?

Die Erde besteht aus Gesteins- und Metallschichten. Ganz außen liegt die dünne Erdkruste: Sie ist nur 6 bis 40 Kilometer dick. Darunter befindet sich der 2600 Kilometer dicke Erdmantel. Die nächste Schicht ist der 2000 Kilometer dicke äußere Kern, und ganz innen liegt der innere Kern mit 1300 Kilometern.

Ist die Erde fest?

Die dünne Erdkruste ist zwar fest, aber das Gestein im Erdmantel ist sehr heiß und teilweise geschmolzen. Der äußere Kern ist noch heißer (2200 bis 5000 Grad) und völlig verflüssigt. Ganz im Inneren der Erde befindet sich eine heiße Metallkugel, die so stark zusammengepreßt wird, daß sie fest ist.

Könnte man einen Tunnel quer durch die Erde bohren?

Der Erdkern ist viel zu heiß und fest, als daß man hindurchbohren könnte, selbst wenn es so lange Bohrer gäbe - sie müßten über 5500 Kilometer lang sein. Das tiefste Loch bohrten russische Wissenschaftler auf der Kola-Halbinsel. Die Arbeiten begannen 1970, und bisher ist man bei 12 Kilometern angelangt. Bis auf 15 Kilometer Tiefe will man noch vorstoßen.

Welcher Teil der Erde besteht aus Wasser?

Die Erdoberfläche ist zu 71 Prozent von Wasser bedeckt. Es liegt als Ozeane und in Form von Eis und Wasserdampf in der Atmosphäre vor. Alles Wasser der Erde zusammen nennt man auch Hydrosphäre.

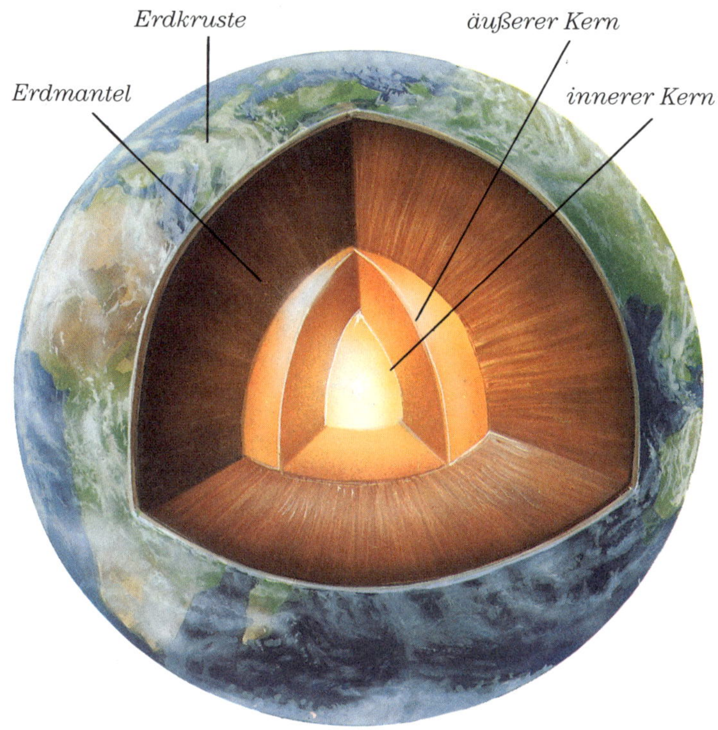

Das Innere der Erde: Die dünne Kruste liegt auf dem vorwiegend festen Erdmantel. Darunter befinden sich der geschmolzene äußere und der feste innere Kern.

Was ist die Biosphäre?

Die Biosphäre ist der belebte Bereich der Erde, gewissermaßen ihr "Überzug", mit Luft, Wasser und Boden. Hier leben Tiere, Pflanzen und alle anderen Lebewesen, z.B. Mikroorganismen. Eine ähnliche lebenspendende Biosphäre besitzt kein anderer Planet des Sonnensystems.

Wo ist die Erdkruste am dicksten?

Am dicksten ist die Erdkruste unter den Kontinenten: Hier mißt sie im Durchschnitt 30 bis 40 Kilometer. Unter den Ozeanen ist sie mit 6 bis 8 Kilometern viel dünner. Die Erdkruste und der obere Erdmantel werden auch Lithosphäre, Gesteinsschicht, genannt.

Ein Querschnitt durch einen Ozean mit einigen Merkmalen des Meeresbodens. Man erkennt einen Tiefseegraben, einen Berg und Inseln, die durch unterseeische Vulkane entstanden sind.

Wo wurden die ältesten Steine gefunden?

1984 fand man im Nordwesten Kanadas sehr altes Gestein, das nach Ansicht der Wissenschaftler vor 3,9 Milliarden Jahren entstanden ist. Noch ältere Felsen fand man 1991 in der chilenischen Wüste. Es handelt sich um das Eisenerz eines Meteoriten, der vor etwa 3,5 Milliarden Jahren auf die Erde stürzte. Der Meteorit war wahrscheinlich das Bruchstück eines Asteroiden, der ungefähr zur gleichen Zeit entstand wie die Erde. Damit wären seine Stücke 4,5 Milliarden Jahre alt und die ältesten Steine, die man auf der Erde gefunden hat.

Was sind Sternschnuppen?

In klaren Nächten kann man fast immer Sternschnuppen sehen. Ein solcher Meteor zieht einen Lichtstreif über den Himmel. Er entsteht durch ein kieselsteingroßes Felsstück, das aus dem Weltraum in die Erdatmosphäre eintritt und dort durch die Luftreibung verglüht. Manchmal schießen in einer Stunde bis zu 100 Sternschnuppen über den Himmel.

Ein Meteorit ist ein Gesteins- oder Metallbrocken aus dem Weltraum, der beim Eintritt in die Atmosphäre nicht vollständig verglüht, sondern auf der Erde aufschlägt.

Wo wurde der größte Meteorit gefunden?

Meteoriten sind so groß, daß sie durch die Atmosphäre bis zur Erdoberfläche stürzen. Den größten fand man 1920 in Namibia. Er hat einen Durchmesser von über zwei Metern und wiegt fast 60 Tonnen. In früheren Zeiten wurde die Erde auch von wesentlich größeren Meteoriten getroffen.

Woraus bestehen Meteoriten?

Es gibt zwei Haupttypen: Steinmeteoriten sind wahrscheinlich Bruchstücke von Asteroiden, die bei Zusammenstößen zertrümmert wurden. Eisenmeteoriten bestehen aus Eisen oder einer Eisen-Nickel-Mischung. In seltenen Fällen enthalten sie auch Kohlenstoff. Die Meteoriten haben sich seit der Entstehung des Sonnensystems nicht verändert.

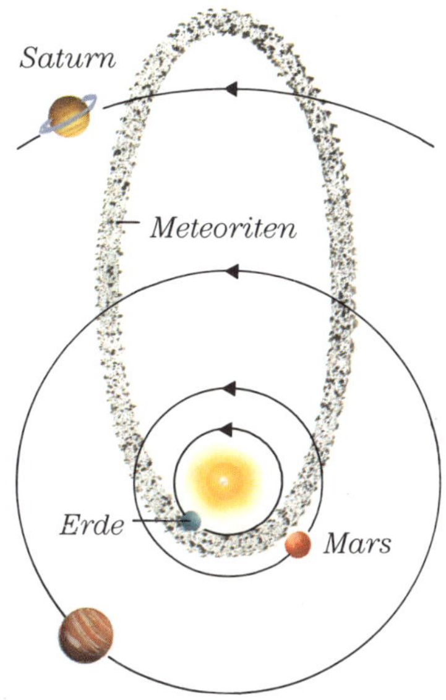

Ein Meteor, auch Sternschnuppe genannt, ist ein kleines Objekt, das beim Eintritt in die Atmosphäre mit einem glühenden Schweif verbrennt. Wenn die Erde einen Meteoritenschwarm streift, kann man ganze Meteorschauer beobachten.

Was sind Meteoritenkrater?

Es gibt auf der Erde eine ganze Reihe von Kratern, die durch Meteoriteneinschläge entstanden sind. Ein solches Loch im US-Bundesstaat Arizona mit einem Durchmesser von 1,5 Kilometern entstand durch ein Geschoß von zwei Millionen Tonnen. Ein größerer Krater in der Antarktis mißt 241 Kilometer und muß durch einen Meteoriten von 13 Milliarden Tonnen entstanden sein.

Was geschah im Jahre 1908?

Am 30. Juni 1908 gab es in Sibirien eine gewaltige Explosion, deren Druckwellen noch 1000 Kilometer entfernt zu spüren waren. Sie warfen ganze Wälder um. Nach Ansicht der meisten Wissenschaftler war die Ursache ein in der Nähe vorbeifliegender Komet.

Sind die ältesten Felsen so alt wie die Erde?

Die Erde ist 4,6 Milliarden Jahre alt, aber Erdgestein aus dieser Zeit hat man bisher nicht gefunden. Die ersten Felsen wurden durch Erosion vollständig abgetragen.

Geographie

Was ist Geographie?

Geographie ist die Wissenschaft von den Eigenschaften der Erde. Geographen untersuchen die Landschaften der Erde und ihre Beziehung zu den Menschen, Tieren und Pflanzen. Erforscht werden beispielsweise Flüsse und Wüsten, der Städtebau, die Industrieproduktion und die Veränderungen der Erdoberfläche durch natürliche und menschliche Einflüsse. Spezialgebiete sind zum Beispiel Vegetationskunde (Erforschung der Verbreitung von Pflanzen) oder die Ozeanographie, die Wissenschaft von Meeren und Meeresböden.

Wie arbeiten die Geographen?

Die Geographen reisen in der Welt umher, untersuchen die Landschaft, zeichnen Karten und befragen die Menschen über ihre Lebensweise. Sie benutzen technische Mittel wie Luft- und Satellitenaufnahmen oder Radar. Mit solchen Geräten erfassen und vermessen sie die Merkmale der Erdoberfläche sehr genau. Aus den Messungen gehen dann Landkarten für die unterschiedlichsten Zwecke hervor. Geographen wirken unter anderem auch mit, wenn Städte geplant und Landschaften besiedelt werden sollen.

Wer waren die ersten Geographen?

Als erste beschäftigten sich die alten Griechen vor über 2500 Jahren wissenschaftlich mit den Eigenschaften der Erde. Das Wort Geographie kommt aus dem Griechischen und bedeutet “Beschreibung der Erde”.

Wer war der berühmteste Geograph der Antike?

Der griechische Forscher Ptolemäus von Alexandria war der berühmteste antike Geograph. Die Weltkarten, die er im 2. Jahrhundert v. Chr. anfertigte, wurden noch viele hundert Jahre nach seinem Tod benutzt, obwohl sie nicht sehr genau waren.

Wann wurde die Erde zum ersten Mal vermessen?

Etwa 200 v. Chr. maß der Grieche Erathostenes den Erdumfang. Wie er feststellte, fielen die Sonnenstrahlen an verschiedenen Orten, deren Entfernung man kannte, in unterschiedlichem Winkel ein. Aus diesen Unterschieden berechnete er den Erdumfang mit geometrischen Methoden auf 252 000 Stadien (etwa 46 000 Kilometer). Nach unserer heutigen Kenntnis beträgt er in Wirklichkeit 40 075 Kilometer.

Wann gab es die ersten Landkarten?

Grobe Karten der eigenen Umgebung zeichneten die Menschen wahrscheinlich schon vor über 5000 Jahren. Eine 2500 Jahre alte babylonische Tontafel, die man im heutigen Irak fand, zeigt offenbar ein Flußtal, das von Bergen gesäumt ist. Auch die Ägypter fertigten Landkarten an. Der Nil trat jedes Jahr über die Ufer und schwemmte die Grenzmarkierungen weg, so daß man Karten zeichnen mußte, um Streitigkeiten über den Landbesitz zu bereinigen.

Wer erfand Längen- und Breitengrade?

Landkarten sind von einem Gitternetz überzogen: Von Ost nach West verlaufen die Breitenkreise, von Nord nach Süd die Längenkreise oder Meridiane. Mit Hilfe dieser Linien kann man Orte auf der Karte leichter finden. Als erster versah Ptolemäus seine Karten mit einem solchen Netz von Längen- und Breitengraden.

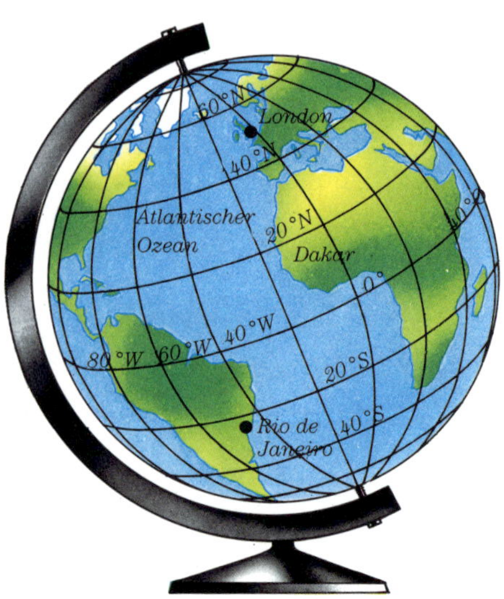

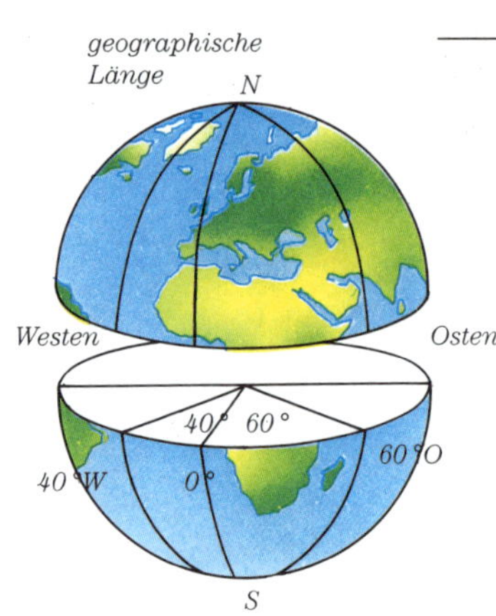

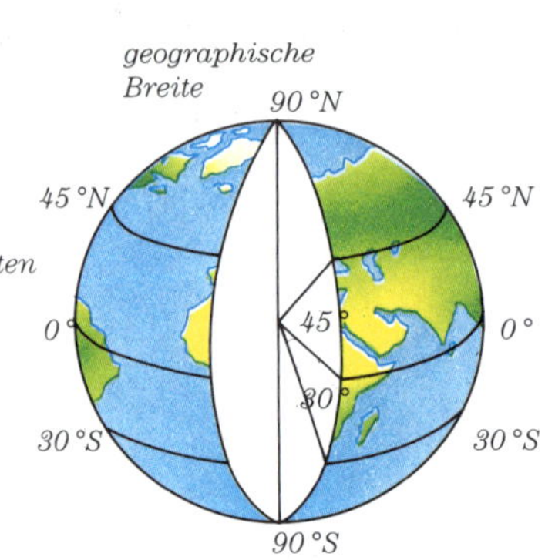

Die Längengrade verlaufen auf Globus oder Karte von Norden nach Süden, die Breitengrade von Osten nach Westen. Jede Linie ist in 360 Grad eingeteilt.

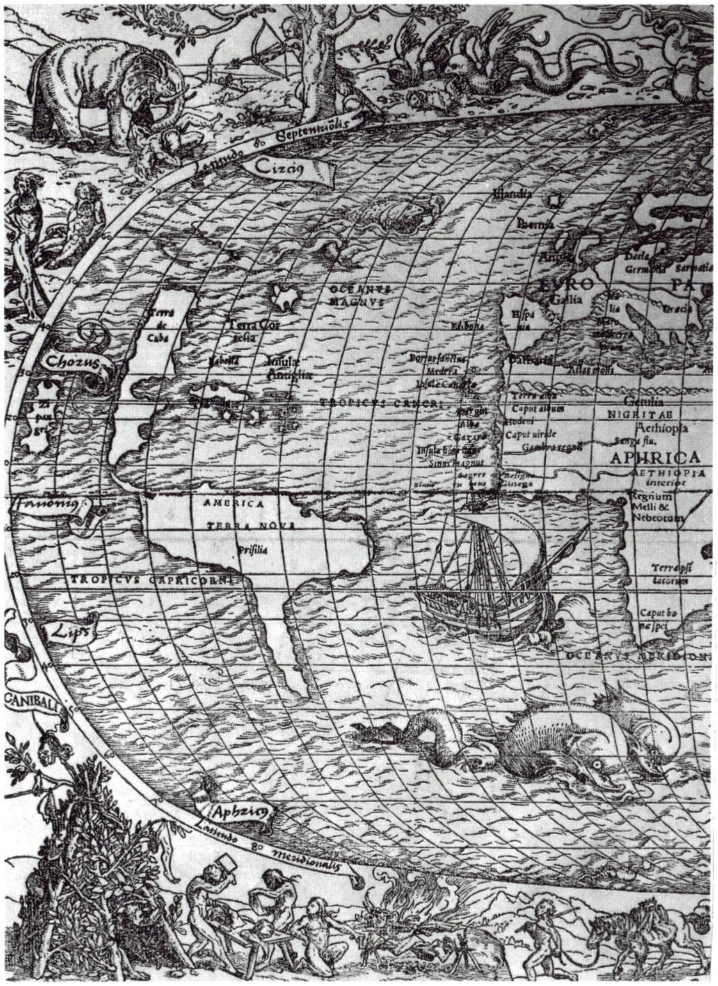

Alte Weltkarten zeigen oft Meeresungeheuer und seltsame Tiere. Die ersten Karten in Europa gründeten sich meist auf die Erzählungen von Reisenden.

Was sind Längen- und Breitengrade?

Ein Grad (1°) ist auf der Karte 1/360 des Erdumfangs. Die Linien der Längen- und Breitengrade laufen um die Erde: Längengrade verbinden die Pole, Breitengrade verlaufen parallel zum Äquator.

Was ist der Kartenmaßstab?

Eine Karte ist ein verkleinertes Abbild eines größeren Bereichs der Erdoberfläche. Sie muß maßstabsgetreu sein: Auf einer Weltkarte entspricht z.B. ein Zentimeter vielleicht 750 Kilometern in der Natur. Der Maßstab ist dann 1:75 000 000. Eine genauere Karte, beispielsweise im Maßstab 1:3 000 000, zeigt vielleicht ganz Spanien. In diesem Fall entspricht ein Zentimeter auf der Karte 30 Kilometern in der Natur.

Wann wurde Amerika kartographiert?

Auf europäischen Karten der Zeit vor 1500 ist Amerika nicht eingezeichnet. Es war unbekannt, bis Kolumbus und andere Seefahrer 1492 über den Atlantik segelten. Schon kurze Zeit später trugen Kartenzeichner die Küsten und Inseln im Osten des neuentdeckten Kontinents auf den Darstellungen ein. Der Name Amerika findet sich erstmals auf einer deutschen Karte aus dem Jahr 1507.

Warum führte Ptolemäus' Karte Kolumbus in die Irre?

Die Karten von Ptolemäus zeigten zwischen Europa und China ein schmales Meer. Als Kolumbus im Jahr 1492 nach Westen in See stach, wollte er dieses Gewässer überqueren. Statt dessen entdeckte er jenseits des gewaltigen Atlantiks den neuen Kontinent Amerika.

Wann gab es die ersten Seekarten?

Die ersten Seekarten wurden im 13. Jahrhundert in Europa hergestellt. Sie zeigten die Mittelmeerküsten recht genau: Man konnte Buchten und Landspitzen erkennen. Die Häfen waren auf der Karte durch ein Liniennetz verbunden, das den Seeleuten helfen sollte, den richtigen Kurs zu finden.

Wie kann man Höhe auf Karten darstellen?

Höhe ist auf einer flachen Karte schwer darzustellen. Farbschattierungen zeigen Bereiche, die in gleicher Höhe liegen. Außerdem werden Höhenlinien eingetragen: Je dichter sie nebeneinander liegen, desto steiler ist in Wirklichkeit das Gelände.

Auf Reliefkarten zeigen Farben die Höhe an.

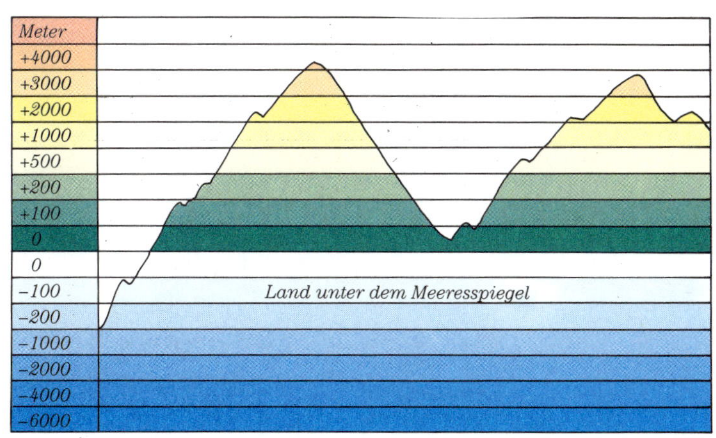

Eine italienische Karte aus der Zeit um 1489.

Wie sahen die ersten Karten aus?

Vor 1400 waren die meisten Karten nur ungenaue Skizzen, die oft ausschließlich nach den Berichten von Reisenden gezeichnet wurden. Sie enthielten große weiße Flecken, weil man über die betreffenden Gegenden noch nichts wußte. Afrika war zum Beispiel bis zum Jahr 1800 auf Karten zum größten Teil leer. In solchen Bereichen zeichnete man seltsame Menschen und Phantasietiere ein, von denen man annahm, daß sie in den unbekannten Regionen lebten.

Was ist Kartenprojektion?

Die gewölbte Erdoberfläche läßt sich auf dem glatten Papier nie völlig genau wiedergeben. Kartenprojektion nennt man die Art, wie man die gebogene Oberfläche auf die flache Karte überträgt.

Was ist Kartographie?

Kartographie ist die Wissenschaft vom Kartenzeichnen. Die Kartographen bedienen sich heute modernster technischer Hilfsmittel: Unter anderem arbeiten sie mit Satellitenphotos und Computern.

Was ist die Mercator-Projektion?

Die Mercator-Projektion entsteht, wenn man sich vorstellt, man würde ein Blatt Papier zylinderförmig um die Erde legen. Ihren Namen verdankt sie dem flämischen Kartographen Gerardus Mercator (1512-1594), der sie allerdings nicht erfand. Sie wird häufig für Weltkarten benutzt.

Wem hilft die Mercator-Karte?

Karten in der Mercator-Projektion zeigen die genaue Richtung von einem Ort zum anderen, weil die Breitenlinien wie in der Natur genau im rechten Winkel zu den Längenlinien dargestellt sind. Anhand solcher Karten können z.B. Seeleute ihren Kurs genauer einhalten.

Wie läßt sich die Erde naturgetreu abbilden?

Das geht nur mit einem Globus, der ebenso rund ist wie die Erde selbst. Das kann man sehen, wenn man mit einem Filzstift eine einfache Weltkarte auf eine Orange zeichnet. Wenn man die Frucht anschließend schält und die Schale ausbreitet, gerät die Karte aus der Form: Sie wird verzerrt. Auf jeder flachen Karte sind einige Eigenschaften der Erde naturgetreu wiedergegeben, andere stehen nicht im richtigen Verhältnis zueinander.

Bei der Zylinderprojektion, auch Mercator-Projektion genannt, stellt man sich vor, man habe ein Blatt Papier um die Erdkugel gelegt. Auf einer solchen Karte verlaufen Längen- und Breitenlinien gerade.

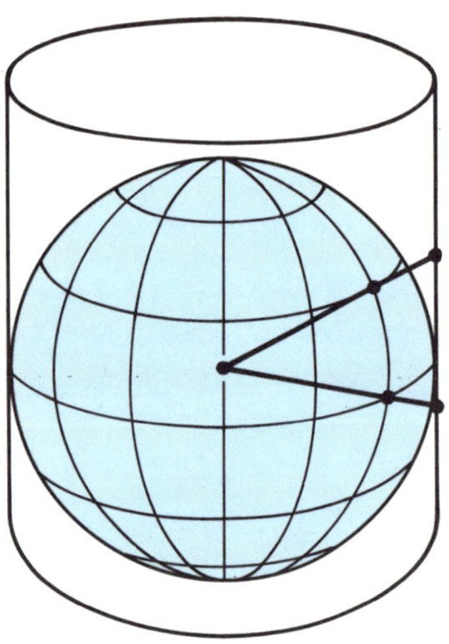

Mercatorprojektion

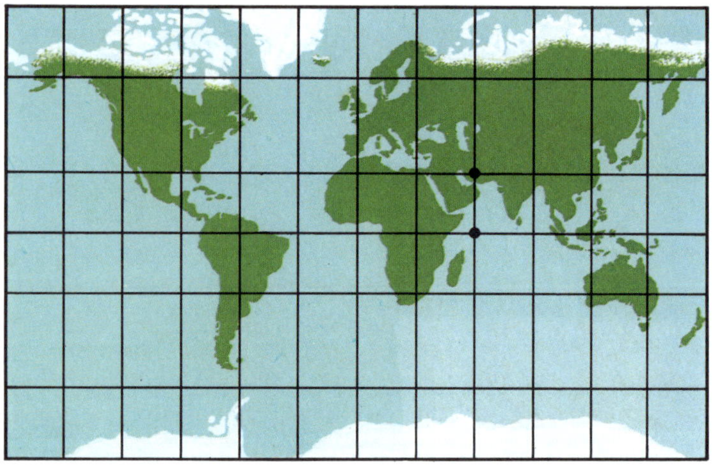

Wie stellt man heute Karten her?

Die meisten Karten entstehen aufgrund von Luft- oder Satellitenaufnahmen. Solche Fotos zeigen viele Einzelheiten der Länder und Meere. Bis in die siebziger Jahre war Peru z.B. nur zu einem Viertel in genauen Karten erfaßt. Ein Satellit stellte in drei Minuten so viele Aufnahmen her, daß man die Arbeiten abschließen konnte!

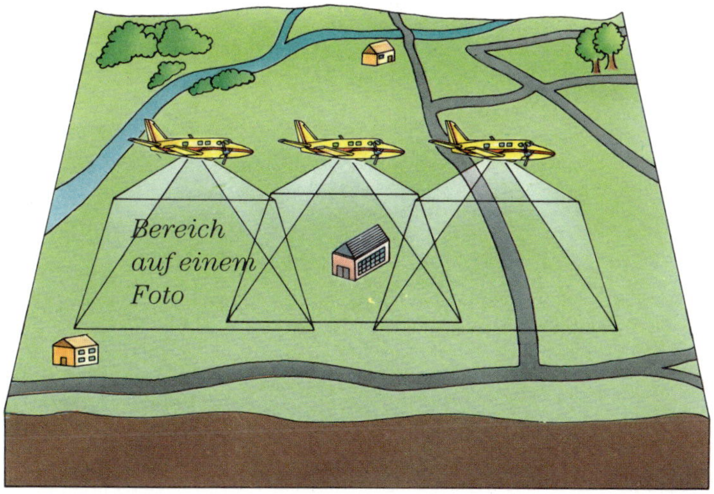

Genaue Karten stellt man heute anhand von Luftaufnahmen her. Die einzelnen Fotos überschneiden sich ein wenig, damit keine Einzelheit übersehen wird.

Warum ist Grönland auf manchen Karten zu groß?

In der Mercator-Projektion sind die Längenlinien auseinandergezogen, so daß sie parallel verlaufen und sich nicht an den Polen treffen. Deshalb sehen die Polargebiete viel zu groß aus. Auch andere Gebiete werden "gedehnt": Grönland erscheint zum Beispiel so groß wie Nordamerika, obwohl es in Wirklichkeit viel kleiner ist.

Warum sind Ortsnamen uneinheitlich?

Jedes Volk hat seine eigenen Namen für Orte. Die Stadt Wien heißt zum Beispiel auf englisch Vienna, auf französisch Vienne und auf ungarisch Becs. Die Entdecker fragten auf ihren Reisen oft Eingeborene nach dem Namen einer Stadt oder eines Dorfes und verstanden dann die Antwort falsch. (Manche seltsamen Namen auf Karten heißen übersetzt "ich weiß nicht".) Organisationen wie die Royal Geographic Society in Großbritannien und das Board on Geographic Names in den USA versuchen, die Namen auf den Landkarten zu vereinheitlichen.

Wann glaubte man, die Erde sei flach?

Früher glaubten viele Menschen, die Erde sei eine flache Scheibe, und Schiffe könnten über den Rand hinunterstürzen, wenn sie zu weit segelten. Griechen und Chinesen wußten schon in der Antike, daß die Erde rund ist. Das gleiche muß eigentlich auch jedem klar sein, der am Meer schon einmal beobachtet hat, wie am Horizont zuerst der Mast eines Schiffes und dann erst der Rumpf auftaucht.

Woher hat der Atlas seinen Namen?

Ein Atlas ist ein Buch mit Landkarten. Der Name wurde erstmals im 16. Jahrhundert verwendet; damals fand man in solchen Büchern oft ein Bild des Riesen Atlas aus der griechischen Sage. Er war nach der Legende vom Göttervater Zeus dazu verdammt worden, den Himmel auf den Schultern zu tragen.

Was unterscheidet eine physikalische von einer politischen Karte?

Eine physikalische Karte zeigt Landschaftsmerkmale wie Flüsse, Küsten und Gebirge. In der politischen Karte sind die Grenzen der einzelnen Staaten und ihre wichtigsten Städte eingezeichnet.

Eine politische Karte zeigt die geographischen Grenzen der einzelnen Länder.

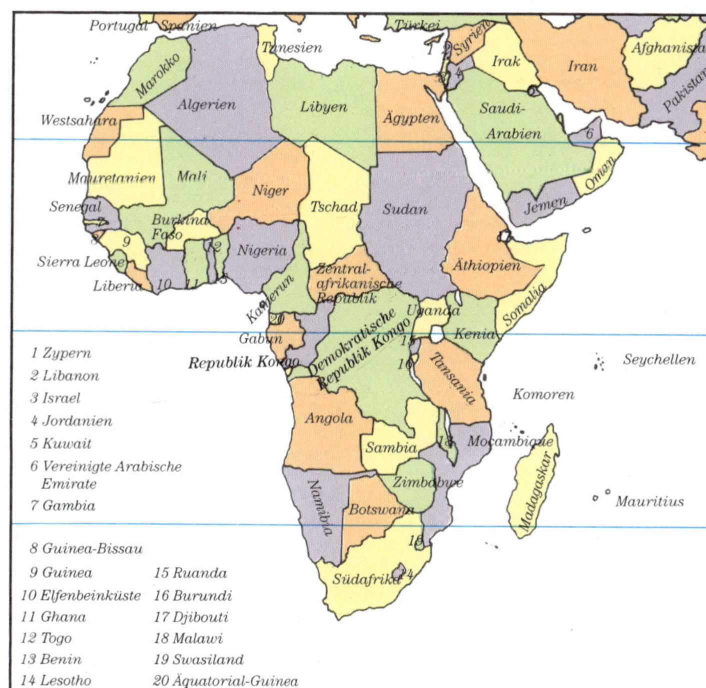

Der Aufbau der Erde

Was sind die Elemente?

Alle Stoffe auf der Erde sind aus Elementen zusammengesetzt. Ein Element besteht nur aus Atomen eines einzigen Typs. Elemente lassen sich nicht in Bestandteile mit unterschiedlichen chemischen Eigenschaften zerlegen.

Welches Element ist auf der Erde am häufigsten?

Nach dem Gewicht ist Sauerstoff in der Erdkruste mit etwa 50 Prozent am häufigsten. An zweiter Stelle steht Silizium mit 28 Prozent.

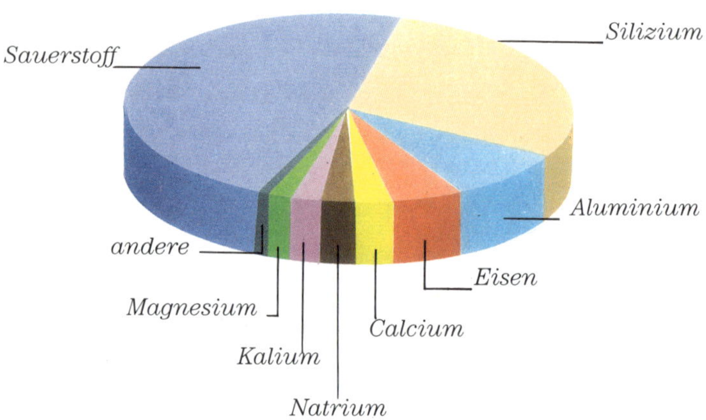

Den größten Anteil der Erdkruste macht der Sauerstoff aus, gefolgt von Silizium, Aluminium und Eisen. Das Diagramm zeigt die übrigen Hauptbestandteile der Erdkruste.

Was war das "Universalelement"?

Etwa 640 v. Chr. glaubte der griechische Philosoph und Mathematiker Thales von Milet, alle Materie der Erde bestünde aus Wasser. Deshalb bezeichnete er das Wasser als "Universalelement".

Wer glaubte, die Erde bestünde aus vier Elementen?

Der griechische Philosoph Aristoteles (384-322 v. Chr.) gelangte zu dem Schluß, es gebe vier Elemente: Feuer, Luft, Erde und Wasser. Diese Behauptung hielt man über 1000 Jahre lang für richtig.

Wie viele Elemente gibt es?

In der Natur kommen 92 Elemente vor. Manche davon, beispielsweise Kupfer, Gold, Eisen und Schwefel, kennt und benutzt man schon seit Jahrtausenden. Die meisten Elemente wurden aber erst nach 1700 entdeckt und in reiner Form dargestellt. Neben den 92 natürlichen Elementen gibt es noch einige weitere, die man im Labor durch Atomreaktionen herstellen kann. Insgesamt kennt man deshalb heute 109 Elemente.

Was sind die drei Aggregatzustände?

Darunter versteht man die Zustände, in denen Materie vorliegen kann: fest, flüssig und gasförmig. Wasser ist z.B. unter Normalbedingungen flüssig. Erwärmt man es, wird es zu Wasserdampf, also gasförmig, und wenn man es abkühlt, gefriert es zu festem Eis.

Wasser kann fest (als Eis), flüssig oder gasförmig (als Wasserdampf) vorliegen. Die Moleküle verhalten sich in den drei Aggregatzuständen unterschiedlich. Mit steigender Temperatur bewegen sie sich schneller, und ihre Abstände sind größer.

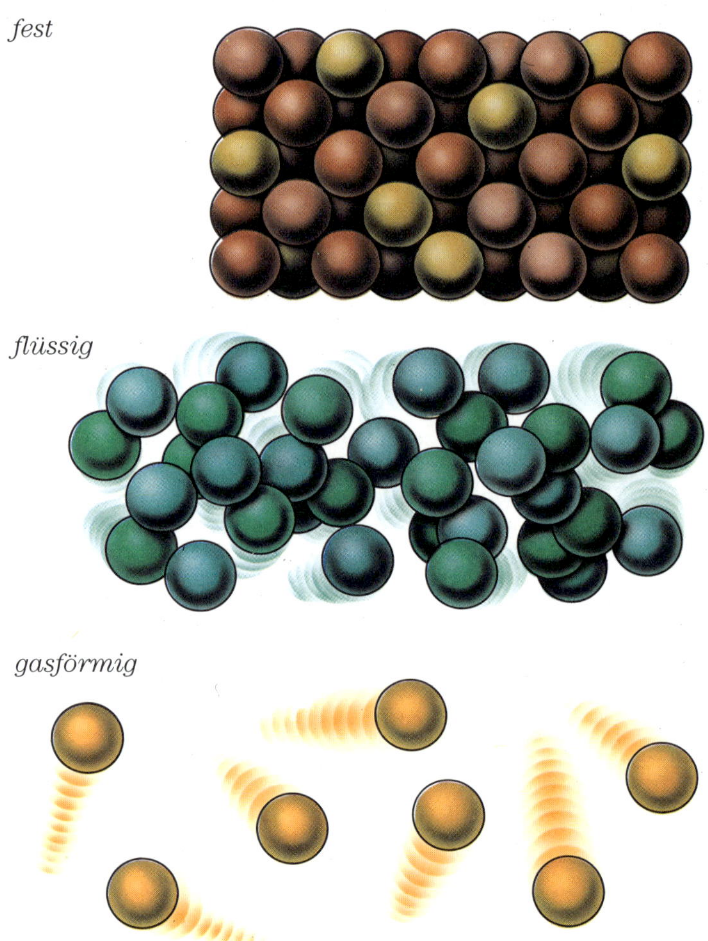

Kupfer wird in vielen Ländern abgebaut. Die größte Kupfermine der USA ist der Bingham Canyon-Tagebau im Bundesstaat Utah.

Was sind Mineralien?

Mineralien sind die Bestandteile der Gesteine. Manche davon, z.B. Gold, bestehen nur aus einem Element. Andere wie das Salz setzen sich aus zwei oder mehr Elementen zusammen. Manche Mineralien, beispielsweise Kupfer, sind Metalle. Nichtmetallische Minerale sind unter anderem Schwefel, Diamant oder Graphit.

Was ist eine chemische Verbindung?

Eine chemische Verbindung besteht aus zwei oder mehr Elementen, die so verknüpft sind, daß man sie nicht ohne weiteres trennen kann. Wasser zum Beispiel setzt sich aus Wasserstoff und Sauerstoff zusammen. Die Atome der beiden Elemente sind durch chemische Bindungen gekoppelt.

Welches Element kann die meisten Verbindungen bilden?

Die meisten chemischen Verbindungen enthalten Kohlenstoff. Er ist das einzige Element, dessen Atome sich sehr leicht zu Ketten, Ringen und anderen komplizierten Strukturen verbinden können. Man kennt fast vier Millionen Kohlenstoffverbindungen. Die meisten davon enthalten auch das Element Wasserstoff.

Woraus bestehen Diamanten?

Diamanten sind eine Form von Kohlenstoff. Sie sind die härteste Substanz, die man kennt. Kohlenstoff findet sich auch in anderer Form, zum Beispiel als Kohle, Erdöl oder Graphit. Im Kohlendioxid, einer gasförmigen Verbindung, kommt Kohlenstoff auch in der Atmosphäre vor.

Graphit (das Material der Bleistiftminen) und Diamant sind unterschiedliche Formen von Kohlenstoff

Graphit *Diamant*

Wie viele Verbindungen gibt es?

Man kennt über 6,8 Millionen chemische Verbindungen, aber nur etwa 65 000 davon werden häufig benutzt.

Wie entstehen Kristalle?

Kristalle sind Feststoffe, die in der Natur in vielen Formen und Größen vorkommen. Die meisten Mineralien liegen in Kristallform vor. Wenn man beispielsweise Salz durch eine Lupe betrachtet, erkennt man viele winzige, glasähnliche Stückchen - die Salzkristalle.

Es gibt sechs Haupttypen von Kristallen, die sich durch Zahl, Form und Winkel der Kristallflächen unterscheiden.

Calcit (hexagonal)

Pyrit (kubisch)

Gips (monoklin)

Zirkon (tetragonal)

Schwefel (orthorhombisch)

Rhodonit (triklin)

Wie kann man Kristalle herstellen?

Aus Mineralien wie Waschsoda oder Salz kann man selbst Kristalle "züchten". Man streut das Mineral in ein Gefäß mit heißem Wasser und rührt, bis es sich gelöst hat. Irgendwann nimmt die Flüssigkeit kein weiteres Mineral mehr auf: Die Lösung ist gesättigt. Beim Abkühlen legt man ein Stäbchen über das Gefäß, von dem man einen Faden in die Lösung hängen läßt. Jetzt bildet sich an dem Faden eine Traube von Kristallen, die um so größer werden, je weniger man das Gefäß bewegt.

Wie entstehen Schneeflocken?

Schneeflocken sind Kristalle aus gefrorenem Wasser. Im Mikroskop erkennt man ihre erstaunliche Formenvielfalt. Aber alle Schneeflocken sind symmetrisch geformt: Sie haben immer sechs Seiten oder Äste. Vermutlich sehen niemals zwei Schneeflocken genau gleich aus.

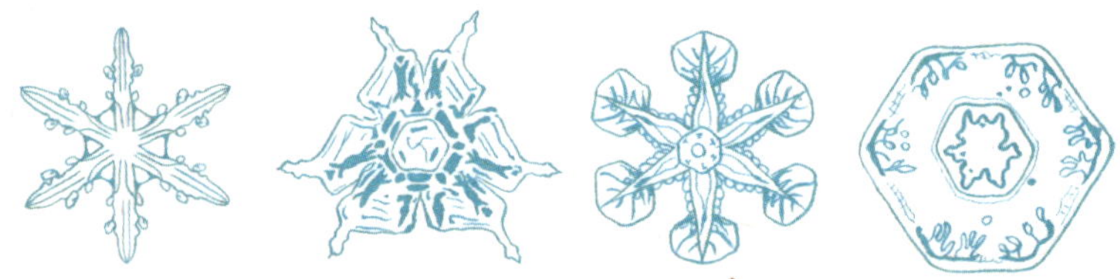

Schneeflocken sind Kristalle. Es gibt sie in vielen hübschen Formen, aber jede Schneeflocke hat immer sechs Seiten oder Äste.

Was ist ein Metall?

Es gibt zwei Haupttypen von Elementen: Metalle und Nichtmetalle. Über 70 Elemente gehören zu den Metallen. Am häufigsten industriell genutzt werden Eisen, Kupfer und Aluminium.

Welches ist das am häufigsten vorkommende Metall?

Von allen Metallen kommt Aluminium in der Erdkruste am häufigsten vor. Es macht etwa 8 Prozent der Kruste aus. Man findet das Aluminium aber nicht in reiner Form, sondern als Bauxit. Bauxit ist ein Erz, eine Substanz, die neben dem Metall auch Elemente wie Sauerstoff, Schwefel und Kohlenstoff enthält.

Woran erkennt man ein Metall?

Die meisten Metalle glänzen, und außer Quecksilber sind sie alle bei Raumtemperatur fest. Die meisten sind formbar, das heißt, man kann sie pressen, zu dünnen Blechen klopfen oder zu Drähten ausziehen, ohne daß sie reißen oder brechen. In der Industrie werden häufig Legierungen wie Bronze oder aufbereitetes Eisen wie Stahl verwendet. Sie sind widerstandsfähiger als die reinen Metalle, aus denen man sie herstellt.

Was ist Metallurgie?

Metallurgie, ein Teilgebiet der Chemie, ist die Erforschung der Metalle. Metallurgen beschäftigen sich unter anderem mit der Abtrennung der Metalle aus den Erzen sowie mit ihren Strukturen und Eigenschaften.

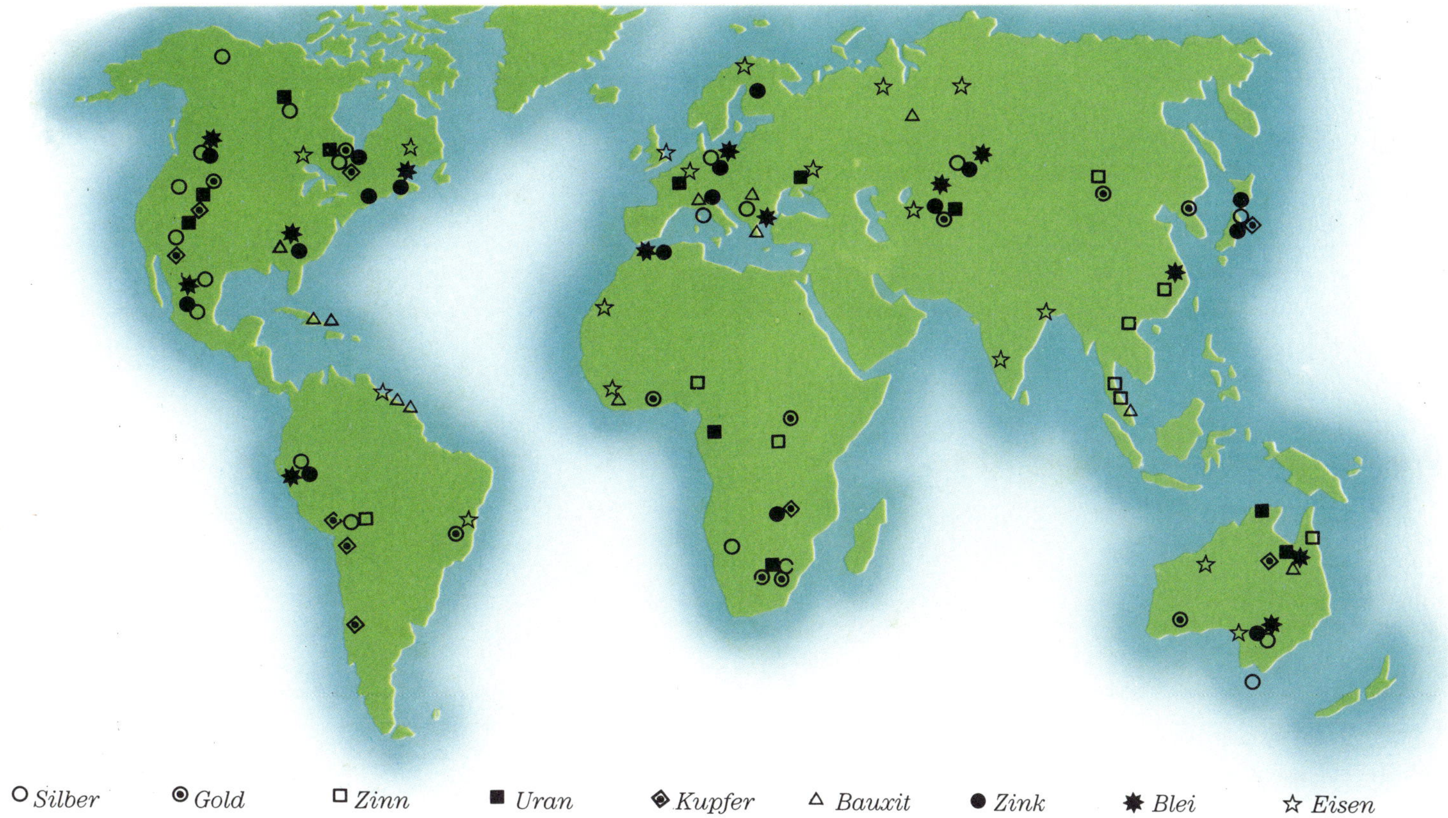

Die Karte zeigt die wichtigsten bekannten Metallvorkommen der Erde. Es gibt aber sicher noch viele andere, die bisher nicht entdeckt sind.

Welches ist das schwerste Metall?

Das schwerste Metall ist Osmium: Es ist 22mal schwerer als Wasser und doppelt so schwer wie Blei. Am leichtesten ist Lithium, das nur halb so viel wiegt wie Wasser.

Woher stammen Metalle?

Man findet Metalle im Boden, allerdings selten in reiner Form. In vielen Fällen sind sie mit anderen Elementen zu Mineralien verbunden. Solche Mineralien nennt man Erze. Um die anderen Elemente zu beseitigen und das reine Metall zu gewinnen, muß man das Erz einer besonderen Behandlung unterwerfen, z.B. indem man es erhitzt.

Wer glaubte, Metalle entstünden aus Feuchtigkeit?

An diese Theorie, die Aristoteles im antiken Griechenland aufstellte, glaubte man bis ins Mittelalter. Aristoteles vertrat die Auffassung, in der Erde gebe es trockene "Ausdünstungen", aus denen Boden und Steine entstehen, und feuchte, aus denen die Metalle hervorgehen.

Was ist Quecksilber?

Quecksilber ist ein höchst ungewöhliches Metall: Es ist bei normaler Temperatur flüssig. Außerdem ist es sehr giftig. Quecksilbertropfen sehen wie kleine, glänzende Perlen aus. Man kann Quecksilber wie Wasser aus einer Flasche gießen, aber anders als Wasser hinterläßt es keine Tropfen oder feuchte Stellen: Die Wände der Flasche bleiben völlig sauber und trocken.

Quecksilbertröpfchen glänzen, weil ihre gebogene Oberfläche das Licht wie ein Spiegel reflektiert.

ERDE IM WANDEL

Wie viele Kontinente gibt es?

Ein Kontinent ist eine große zusammenhängende Festlandmasse, die ganz oder teilweise von Wasser umgeben ist. Es gibt auf der Erde sechs Kontinente oder Erdteile: Afrika, Amerika, die Antarktis, Asien, Australien/Ozeanien und Europa.

Wem fiel auf, daß die Form der Kontinente zusammenpaßt?

Genaue Karten der Alten und Neuen Welt gibt es erst seit dem 16. Jahrhundert. Der englische Philosoph Sir Francis Bacon bemerkte, daß Südamerika und Afrika wie Puzzleteile zusammenpassen.

Welches ist der größte Kontinent?

Der größte Kontinent ist Asien mit einer Landfläche von 44 Millionen Quadratkilometern. Damit ist es viermal so groß wie Europa und fast doppelt so groß wie Nordamerika. Der kleinste Kontinent ist Australien/Ozeanien, der eine Fläche von rund 8 410 000 Quadratkilometern umfaßt.

Was war der Urkontinent?

Vor etwa 200 Millionen Jahren gab es auf der Erde nur eine einzige große Landmasse. Diesen Urkontinent bezeichnet man als Pangäa. Er war von einem riesigen Ozean umgeben, den man Tethys nennt.

Die Kontinente der Erde

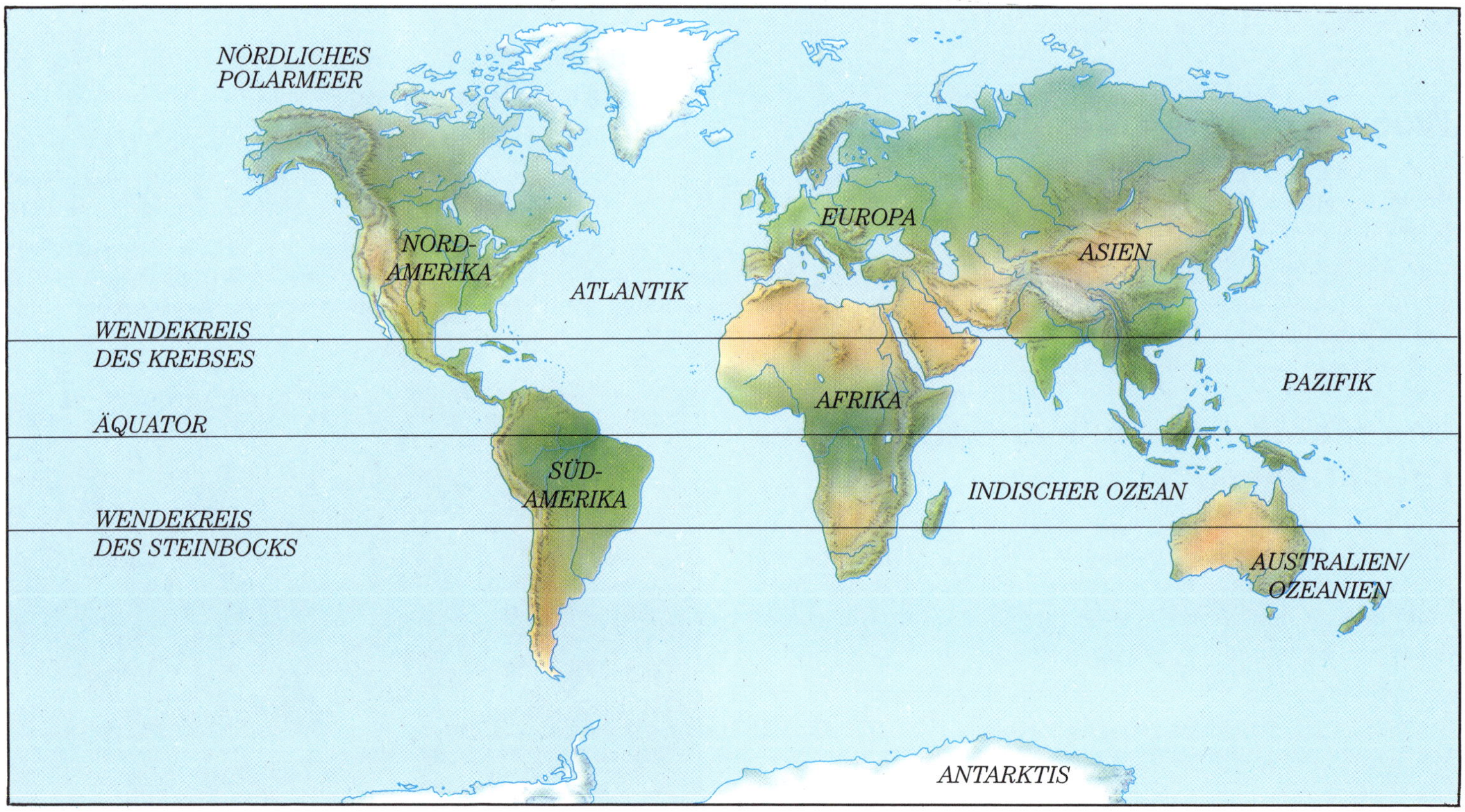

Was wurde aus dem Urkontinent?

Vor etwa 180 Millionen Jahren teilte sich der Urkontinent Pangäa in die beiden Kontinente Laurasia und Gondwanaland. Diese beiden großen Landmassen zerfielen vor ungefähr 65 Millionen Jahren in kleinere Stücke. Die Teile trieben auf der Erdoberfläche auseinander und wurden schließlich zu den heutigen Kontinenten. Den Vorgang des Auseinanderdriftens bezeichnet man auch als Kontinentalverschiebung.

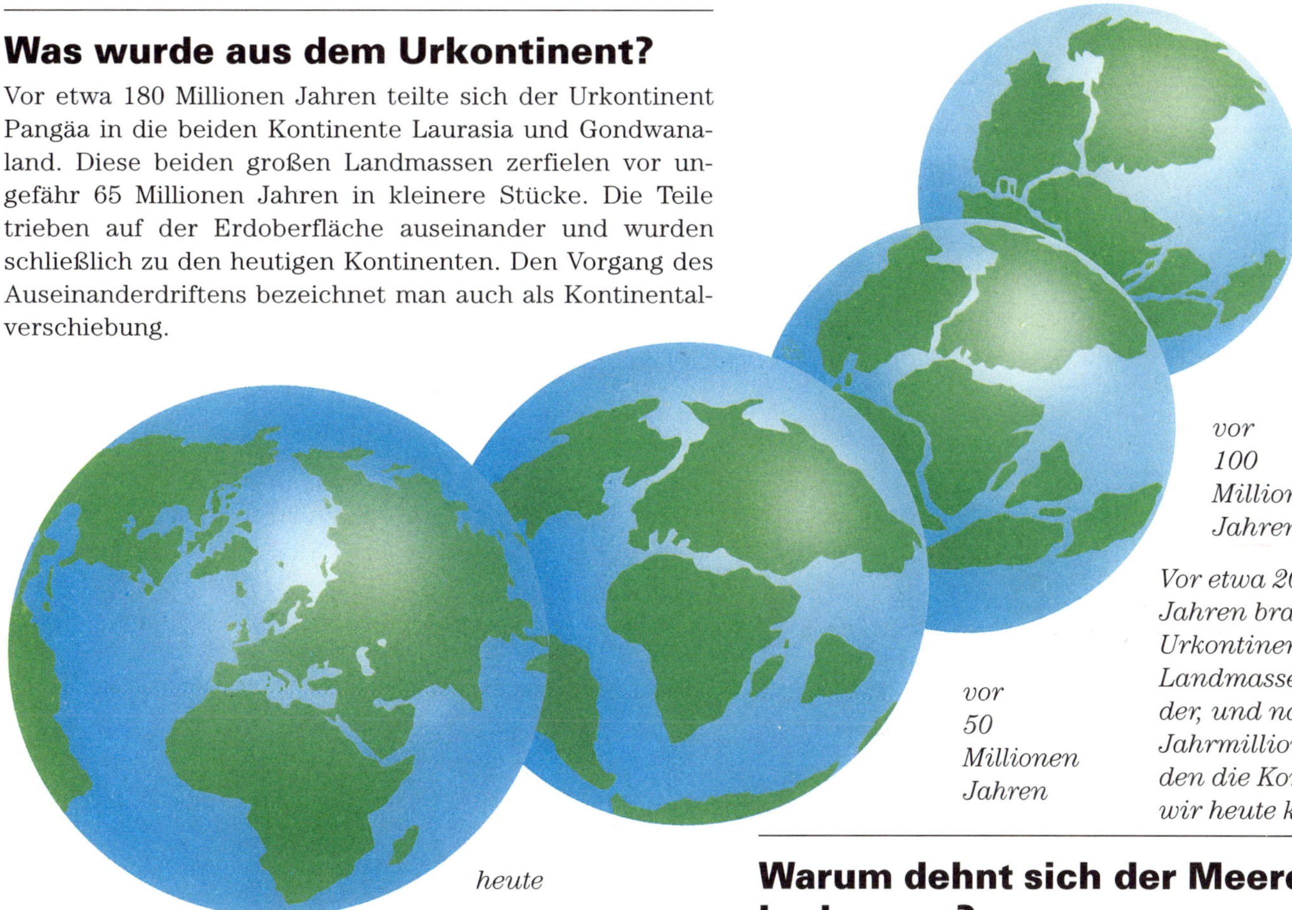

vor 200 Millionen Jahren

vor 100 Millionen Jahren

vor 50 Millionen Jahren

heute

Vor etwa 200 Millionen Jahren brach der Urkontinent in mehrere Landmassen auseinander, und nach weiteren Jahrmillionen entstanden die Kontinente, die wir heute kennen.

Können sich die Kontinente bewegen?

Die Erdkruste besteht aus mehreren Gesteinsplatten, die auf dem flüssigen Erdmantel schwimmen. Die Wärme aus dem Erdinneren erzeugt Strömungen im Mantel, und diese Strömungen bewegen die Platten mit den Kontinenten, die sich auf ihnen befinden. Den ganzen Vorgang nennt man Plattentektonik.

Wann lagen Texas und die Antarktis nebeneinander?

Die Berge in der Antarktis und im Südwesten der USA haben viele Gemeinsamkeiten. Nach Ansicht der Wissenschaftler waren sie früher verbunden. Nordamerika lag dabei zwischen der Antarktis und dem heutigen Südamerika.

Wie dick ist die Erdkruste?

Die Erdkruste ist im Verhältnis zu ihrer Größe sehr dünn. Wenn man sich die Erde als Fußball vorstellt, ist die Kruste so dick wie eine auf den Ball geklebte Briefmarke. Im Bereich der Kontinente ist die Kruste etwa 40 Kilometer dick. Ihr Gestein ist in den tieferen Schichten rotglühend.

Warum dehnt sich der Meeresboden aus?

Ein weiterer Hinweis auf die Ursachen der Kontinentalverschiebung findet sich am Meeresboden. Dort gibt es tiefe Furchen und Gebirgsketten, auch unterseeische Rücken genannt. Strömungen in dem sirupartigen Erdmantel befördern geschmolzenes Gestein aus dem Erdinneren nach oben zu den unterseeischen Rücken. Dort wird das Gestein kalt und hart, so daß es den Meeresboden und die Kontinente von den Rücken wegschiebt.

Wann stößt Australien an Asien?

Nach Ansicht der Fachleute wird die Erde in 50 Millionen Jahren ganz anders aussehen als heute. Nord- und Südamerika werden auseinanderbrechen, und Australien wird sich nach Norden bewegen, so daß es möglicherweise mit Asien zusammenstößt. Afrika wird vermutlich auf Europa zutreiben, so daß das Mittelmeer verschwindet, und der Atlantik wird größer werden, weil Südamerika und Afrika sich immer weiter voneinander entfernen.

Wie dick ist die Erdkruste unter den Gebirgen?

Unter großen Gebirgszügen ist die Erdkruste am dicksten: 60 bis 70 Kilometer.

Gestein

Was ist Geologie?

Geologie ist die Wissenschaft von der Erdgeschichte. Geologen erforschen den Aufbau und die Zusammensetzung der Erdkruste. Sie untersuchen Gesteine, Höhlen, Gebirge und anderes, um herauszufinden, wie die Erde entstanden ist und wie sie sich verändert.

Geologen bei der Gesteinsuntersuchung.

Wie wandelt sich die Erde?

Seit die Erde vor etwa 4,6 Milliarden Jahren entstanden ist, hat sie sich in vielerlei Hinsicht verändert. Manche Veränderungen geschehen so langsam, daß ein Mensch sie während seines Lebens nicht bemerkt. Durch Erdbeben und Vulkanausbrüche kann sich eine Landschaft aber auch in wenigen Stunden völlig wandeln. Auch Gletscher, Flüsse und Meere verändern das Aussehen der Erde, allerdings nur im Laufe von Jahrtausenden.

Wie untersucht man das Erdinnere?

Licht dringt nicht durch Gestein, deshalb können wir das Innere der Erde nicht sehen. Die Geologen untersuchen das Gestein anhand von Wellen, die sich in alle Richtungen ausbreiten und vom Gestein zurückgeworfen oder abgelenkt werden (wie Licht, das durch Glas fällt). Die Wellen beschleunigen sich in dichtem Gestein; in weniger dichten Schichten laufen sie langsamer, und damit können die Wissenschaftler die Zusammensetzung der Gesteinsschichten ermitteln.

Woraus besteht Gestein?

Gestein liegt unter dem lockeren Boden, unter den Meeren und unter dem Polareis. Die meisten Gesteine sind Mischungen mehrerer Mineralien. An einer hauchdünnen Gesteinsscheibe kann man unter dem Mikroskop die einzelnen Mineralkristalle erkennen.

Was ist älter: Festland oder Meeresboden?

Das Gestein der Kontinente ist etwa 3,8 Milliarden Jahre alt. Die ältesten Felsen in den Ozeanen sind viel jünger: Sie bringen es höchstens auf 200 Millionen Jahre. An den ozeanischen Rücken wird ständig neues Gestein aus dem Erdinneren nach oben gedrückt.

Welches sind die wichtigsten Gesteinsarten?

Es gibt drei Haupttypen von Gestein. Ihre Namen weisen darauf hin, wie sie entstanden sind: Vulkangestein, Sedimentgestein und metamorphes Gestein.

Was ist Vulkangestein?

Vulkangestein ist aus Magma entstanden, jener geschmolzenen Masse, die aus dem Erdinneren nach oben steigt. Magma ist sehr heiß (über 1000 °C) und steht unter gewaltigem Druck. Wenn es durch Öffnungen in der Erdkruste an die Oberfläche gelangt und dort abkühlt, wird es fest.

Die drei Gesteinsarten entstehen auf unterschiedliche Weise.

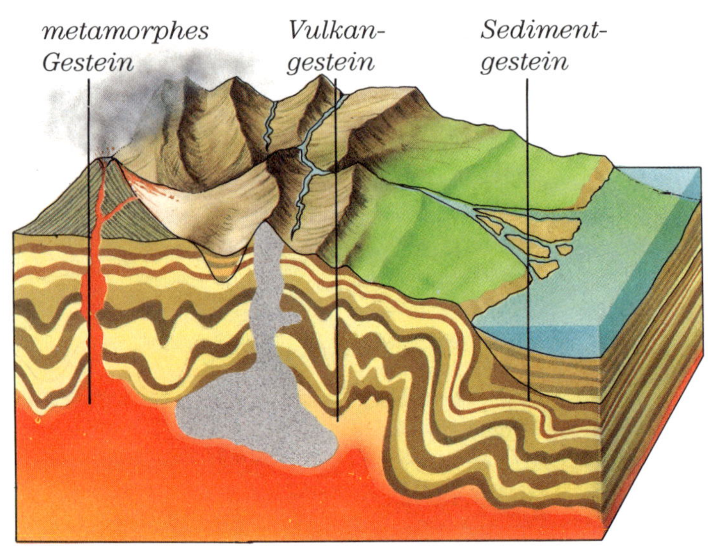

Beispiele für Vulkan-, Sediment- und metamorphes Gestein. Eines der härtesten ist der Granit, ein Vulkangestein. Marmor ist ein metamorphes Gestein, das aus den Sedimentgesteinen Kalkstein und Schiefer entstanden ist. Bimsstein ist ein leichtes, poröses Gestein, das Vulkane ausstoßen, wenn sie ausbrechen.

Wie entsteht Gestein aus Vulkanen?

Bei einem Vulkanausbruch dringt das rotglühende Magma durch Risse und Löcher der Erdkruste an die Oberfläche. An der Luft kühlt es schnell ab, und dabei wird es fest. Auf diese Weise entstehen Vulkangesteine wie der glasähnliche Obsidian oder der Bimsstein mit seinen vielen schaumigen Bläschen. Manchmal kühlt das Vulkangestein langsamer ab, so daß sich Kristalle bilden können. Solche Kristalle findet man zum Beispiel im Basalt.

Wie wird Flußschlamm zu Gestein?

Die Gesteine werden an der Erdoberfläche durch Wasser, Wind, Eis und andere Naturkräfte abgetragen. Die Körner werden vom Regen in die Flüsse gespült und lagern sich als Sediment an langsam fließenden Stellen im Flußlauf ab. Die Sedimentschichten werden im Laufe von Jahrmillionen durch gewaltige Kräfte zusammengepreßt, bis sie zu hartem Gestein werden. Ein solches Sedimentgestein aus Tonerde ist der Schiefer. Aus Sand entsteht Sandstein.

Wie entsteht Granit?

Manchmal dringt das Magma nicht bis an die Oberfläche, sondern es wird eingeschlossen und schiebt das darüberliegende Gestein nach oben. Dann kühlt es langsam ab und verfestigt sich. Auf diese Weise entsteht zum Beispiel Granit.

Wie wird Kalkstein zu Marmor?

Der Begriff "Metamorphose" bedeutet "Verwandlung". Metamorphes Gestein hat sich durch Wärme, Druck oder chemische Reaktionen verändert. Manche Gesteinsarten werden aufgeheizt, wenn Magma hindurchströmt, andere werden unter den Gebirgen durch gewaltigen Druck zusammengepreßt. Wenn Kalkstein auf diese Weise erwärmt und unter Druck gesetzt wird, verwandelt er sich in Marmor.

Woraus bestehen die weißen Klippen von Dover?

Kalkstein ist ein Sedimentgestein, das aus den Skeletten winziger Meereslebewesen entstehen kann. Die weißen Klippen an der Küste vor der englischen Stadt Dover bestehen aus dem Skelettkalk der Foraminiferen, winziger, einzelliger Tiere.

Foraminiferen

Das Regenwasser läßt im Kalkstein Gänge und Höhlen entstehen. Es sickert von der Oberfläche ein (1) und kommt ganz unten wieder ans Licht (5). Stalaktiten (2), Stalagmiten (3) und Säulen (4) bilden sich, wenn das Wasser heruntertropft und dabei gelöste Mineralien ablagert.

Welches ist die häufigste Gesteinsart?

Die Landflächen der Erde bestehen zu etwa 75 Prozent aus Sedimentgestein, aber an der Gesamtmenge der Erdkruste hat dieser Gesteinstyp nur einen geringen Anteil.

Kann Regen am Gestein Spuren hinterlassen?

Sedimentgestein entsteht aus weichem Schlamm oder Sand. Manche Felsen, die früher unter Wasser lagen, haben noch eine wellenförmige Zeichnung. Andere tragen Spuren von Regentropfen, die auf den Schlamm fielen, bevor er hart wurde.

Kann Gestein sich falten?

Sedimentgestein lagert sich in Schichten ab, die man auch als Strata bezeichnet. Wenn die Erdkruste sich bewegt, können die dabei auftretenden riesigen Kräfte die Schichtstruktur zusammenschieben und knicken. Die Gesteinsschichten brechen dann oder falten sich, so daß manchmal Gestein aus größerer Tiefe an die Oberfläche gelangt.

Was ist ein Batholith?

Ein Batholith ist eine Masse aus Vulkangestein, die sich tief im Erdinneren gebildet hat. Manchmal werden solche Felsformationen an der Oberfläche freigelegt.

Wie entstehen Höhlen?

Die meisten Höhlen wurden vom Wasser aus dem Gestein gewaschen. Das Wasser, das als Regen auf die Erde fällt, sickert von der Oberfläche ein und löst das Gestein teilweise auf, so daß kleine Gänge und Öffnungen entstehen. Durch das Kohlendioxid der Luft enthält das Wasser oft ein wenig Säure, die den Fels auflöst. Später können größere Wasserläufe durch die Höhle fließen und sie erweitern.

Was ist ein Schlundloch?

Bei manchen Höhlen führt die Öffnung unmittelbar senkrecht hinunter. Solche Öffnungen, Schlundlöcher genannt, entstehen, wenn das Höhlendach zusammenbricht. Bei anderen Höhlen liegt die Öffnung am Abhang eines Hügels. Oft entspringt aus der Öffnung ein Wasserlauf.

Wo befinden sich die größten Höhlen?

Das größte erforschte Höhlensystem ist die Mammuthöhle, Mammoth Cave, im US-Bundesstaat Kentucky. Die Höhlen sind zusammen 560 Kilometer lang und durch viele Röhren verbunden. Sie wurden erstmals 1799 erkundet.

Sind alle Höhlen klein und eng?

Höhlenforscher, auch Speläologen genannt, müssen oft auf allen vieren in enge Gänge kriechen. Manche Höhlen sind aber auch so groß wie mehrere Fußballfelder! In Sarawak, einem Teil des südostasiatischen Staates Malaysia, gibt es eine Höhlenkammer von 700 Metern Länge, 300 Metern Breite und 70 Metern Höhe. Einige besonders große und interessante Höhlen sind Touristenattraktionen und werden jährlich von vielen tausend Menschen besucht.

Was fand man in der Höhle von Lascaux?

In dieser Höhle im Südwesten Frankreichs gibt es sehr gut erhaltene Wandmalereien, die Steinzeitkünstler vor vielen tausend Jahren angefertigt haben. In prähistorischer Zeit lebten die Menschen oft in Höhlen, die ihnen Schutz vor Wetter und wilden Tieren boten. Manche Höhlen dienten über Generationen hinweg als Behausung.

Was ist der Unterschied zwischen Stalaktiten und Stalagmiten?

Stalagmiten und Stalaktiten findet man in Tropfsteinhöhlen. Das Wasser, das ständig von der Decke tropft, enthält ein gelöstes Mineral namens Calcit. Wenn das Wasser trocknet, bleibt das Calcit zurück und bildet im Laufe der Zeit eine Säule. Stalaktiten wachsen vom Höhlendach nach unten. Stalagmiten entwickeln sich von unten nach oben. Treffen sie sich, entsteht eine Säule.

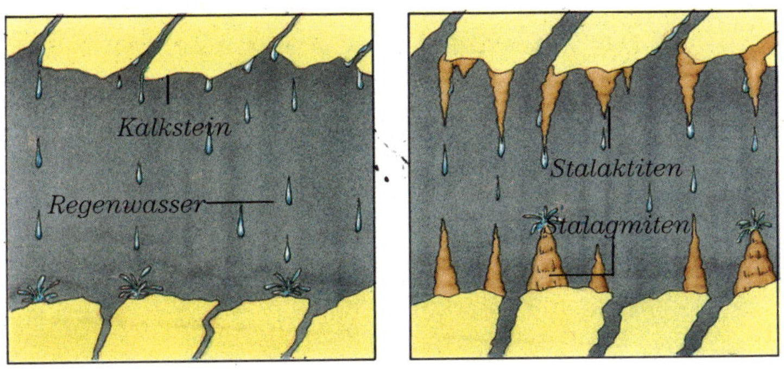

Stalaktiten und Stalagmiten können in einer Höhle in unterschiedlichen, oft seltsamen Formen heranwachsen.

Wer steigt in Strudellöcher?

Höhlenforscher steigen manchmal in ein Strudelloch, eine Öffnung im Kalkstein, die über lange Zeit vom Wasser ausgewaschen wurde.

Wo ist die Blaue Grotte?

Die Blaue Grotte ist eine berühmte Meereshöhle auf der Mittelmeerinsel Capri, die zu Italien gehört. Sie trägt ihren Namen, weil die Sonnenstrahlen, die durch das Wasser fallen, die ganze Höhle in ein wunderschönes saphirblaues Licht tauchen.

Gibt es in Höhlen Gesteinsblumen?

Manche gelösten Mineralien können in Höhlen blumenartige Formen bilden. Gipsblumen sind Kristalle, die wie raffinierte Blüten aus dem Boden wachsen. Andere derartige Gebilde sehen aus wie verdrehte Pilze.

Wo liegen die Höhlen von Carlsbad?

Diese berühmten Höhlen befinden sich im US-Bundesstaat New Mexico. Sie enthalten einige der größten Stalaktiten und Stalagmiten der Welt.

Was ist ein geologischer Graben?

Ein Graben ist ein Riß in der Gesteinsschichtung. Steht er unter Druck, kann sich das Gestein bewegen, und ein Erdbeben entsteht.

Wie ist die Kohle entstanden?

Die Kohle, die uns als Brennstoff dient, liegt in Schichten (auch Flöze genannt) unter der Erde. Sie ist vor vielen Millionen Jahren aus den Überresten toter Tiere und Pflanzen entstanden. Die Pflanzen bildeten Torfschichten, die zwischen Lagen aus Sand und Schlamm begraben wurden. Aus Sand und Schlamm entstand Gestein, dessen Gewicht den Torf zu Braunkohle, Steinkohle und schließlich Anthrazit zusammenpreßte.

Kohle ist aus Urzeitpflanzen entstanden. Sie wurden unter vielen Schichten von Sand und Schlamm begraben und schließlich zu Kohle zusammengepreßt.

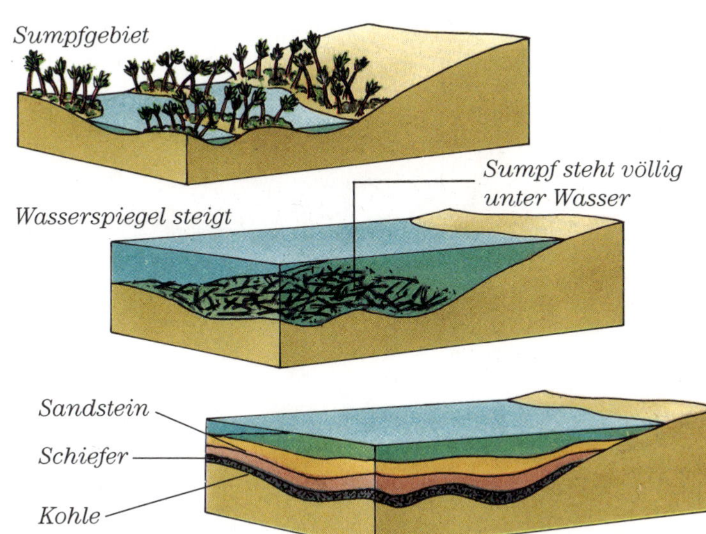

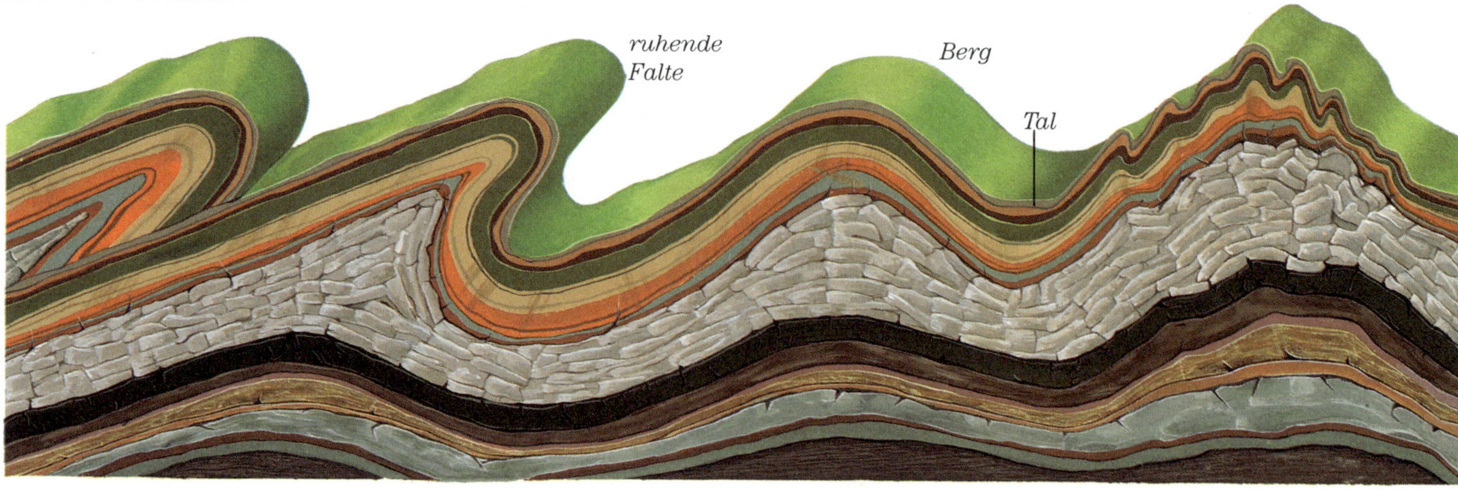

Durch einfache Faltung des Gesteins entstehen Berge und Täler.

Wie entstehen Gebirge?

Es gibt drei verschiedene Arten von Gebirgen, die auf je unterschiedliche Weise entstanden sind: Vulkane, Faltengebirge und Blockgebirge.

Wie hoch ist der Mount Everest?

Die höchste Erhebung über dem Meeresspiegel ist der Mount Everest im Himalaja. Bei so hohen Bergen in abgelegenen Gegenden ist die genaue Höhenmessung recht schwierig. Landvermesser berechneten seine Höhe im Jahr 1860 mit 8840 Metern. Im Jahr 1973 korrigierte man diesen Wert auf 8848 Meter. Nach Satellitenmessungen aus dem Jahre 1983 ist er 8863 Meter hoch.

Der höchste Berg der Erde ist der Mount Everest im Himalaja-Gebirge in Asien.

Wie hoch ist der größte Berg der Erde?

Der größte Berg der Erde ist die Inselspitze des Mount Kea in Hawaii. Er erhebt sich vom Meeresboden des Pazifik 10 203 Meter hoch, aber nur 4205 Meter befinden sich über der Wasseroberfläche.

Wann sind die Alpen entstanden?

Die Alpen sind ein Faltengebirge. Sie entstanden, als die Landmassen im Norden und Süden näher aneinanderrückten. Dabei wurden die Gesteinsschichten durch die gewaltigen Kräfte der Plattentektonik zu Falten zusammengedrückt, so daß sich ein großes Gebirge auftürmte. Wo sich heute die Alpen befinden, war früher ein riesiges Meer. Die Berge bildeten sich vor etwa 15 Millionen Jahren.

Sind hohe oder niedrige Berge älter?

Hohe Gebirge sind jünger als niedrigere, denn alte, hohe Berge wurden von Wind, Regen und anderen natürlichen Erosionskräften abgetragen, so daß sie heute recht niedrig sind. Höhere Gebirge sind erst in jüngerer Zeit entstanden, und deshalb ist die Erosion bei ihnen noch nicht so weit fortgeschritten.

Was für ein Gebirge ist die Sierra Nevada?

Die Sierra Nevada in Nordamerika ist ein Blockgebirge. Solche Gebirge bilden sich an Rissen der Erdkruste, den geologischen Gräben. Bei einem Erdbeben werden große Gesteinsmassen nach oben gehoben oder ins Erdinnere gedrückt. Auf diese Weise können Berge entstehen.

Wo liegen die höchsten Berge?

Die höchsten Berge der Erde liegen in den großen Gebirgszügen: im Himalaja in Asien, in den südamerikanischen Anden und in den Rocky Mountains in Nordamerika.

Welches Gebirge hat die höchsten Gipfel?

Die 20 höchsten Berggipfel der Erde liegen alle im Himalaja/Karakorum-Gebirge in Asien. Sie sind sämtlich über 8000 Meter hoch.

Warum sind hohe Berge mit Schnee bedeckt?

Hohe Berggipfel sind von sehr kalter Luft umgeben. Die Temperatur sinkt alle 1000 Höhenmeter um etwa fünf Grad. Die höchsten Berge sind das ganze Jahr über von Schnee bedeckt. Selbst mitten im Sommer ist es dort oben immer eisig kalt.

Wie hoch sind die Anden?

Die Anden sind das höchste Gebirge der westlichen Hemisphäre. Es gibt dort über 50 Gipfel mit mehr als 6000 Metern. Der höchste von ihnen ist der Cerro Aconcagua in Argentinien, ein erloschener (d.h. nicht mehr aktiver) Vulkan mit einer Höhe von 6960 Metern.

Was ist ein Gebirge?

Als Gebirge bezeichnet man eine Gruppe von Bergen. Die meisten Berge gehören zu Gebirgen, nur wenige, beispielsweise manche Vulkane, stehen allein. Mehrere Gebirge bilden eine Gebirgskette. Zur Pazifischen Gebirgskette in Nordamerika gehören unter anderem die Sierra Nevada, die Cascade Range und die Alaska Range.

Hat der Mount Everest ernsthafte Konkurrenz?

Es wurde mehrfach behauptet, der K2, ein anderer Gipfel im Himalaja, sei höher als der Mount Everest. Nach den neuesten Satellitenmessungen bringt es der K2, der heute auch Godwin Austen oder Chogori genannt wird, aber nur auf 8607 Meter.

Welches ist der steilste Berg der Erde?

Viele Berge haben an manchen Stellen steile Felswände, an anderen aber sanfte Böschungen. Der steilste Berg ist vermutlich der Mount Rakaposhi (7772 Meter) in Pakistan. Er steigt über eine Entfernung von 10 Kilometern auf 6000 Meter in die Höhe! Das entspricht einer Steigung von einem Meter Höhenunterschied auf 1,6 Meter waagerechter Strecke.

Der Mount Everest in Asien und die höchsten Gipfel der anderen Kontinente

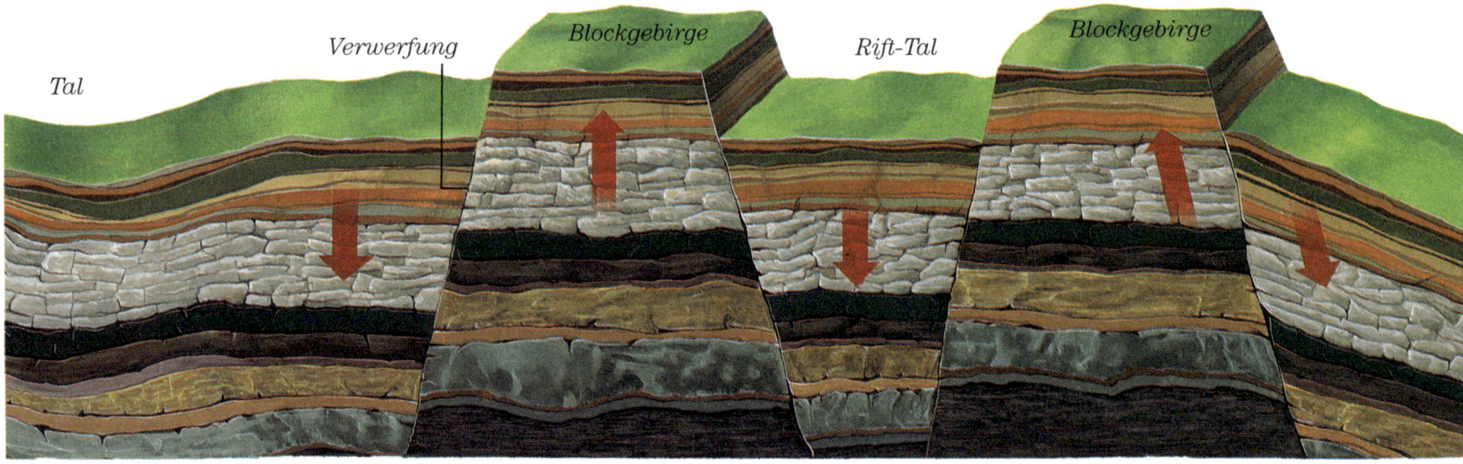

Ein Blockgebirge wird zwischen zwei Verwerfungen oder geologischen Gräben nach oben gedrückt, ein Rift-Tal sinkt ein.

Wie entsteht ein Erdrutsch?

Ein Erdrutsch entsteht, wenn eine große Gesteins- oder Schlammasse einen Berg hinuntergleitet. Die Ursache ist oft ein Erdbeben oder ein Vulkanausbruch. Die Bewegung der Erdoberfläche hat zur Folge, daß lockeres oder feuchtes Material sich löst und den Berg hinunterrutscht. Ein großer Erdrutsch kann ein Tal unter sich begraben und ganze Städte zerstören.

Eine Lawine rast einen Abhang hinunter.

Was ist ein Grabenbruch?

Ein Grabenbruch oder Rift-Tal entsteht, wenn die Landmasse zwischen zwei geologischen Gräben zusammenbricht. Das bekannteste Beispiel ist der Ostafrikanische Graben, der sich über mehrere tausend Kilometer von Norden nach Süden durch Ostafrika zieht. Wegen der Bewegung der geologischen Gräben wird sich ein großes Stück Afrikas in einigen Millionen Jahren von dem übrigen Kontinent lösen.

Was ist eine Lawine?

Eine Lawine ist eine gewaltige Schneemasse, die an einem Berghang nach unten stürzt. Lawinen entstehen, wenn Wind, Erdbewegungen, laute Geräusche oder Skiläufer den Schnee in Bewegung versetzen. Während die Lawine den Berg hinuntergleitet, wird sie immer größer, und dabei reißt sie Felsen und Bäume mit. Trockenschneelawinen stürzen mit über 160 Stundenkilometern zu Tal, solche aus feuchtem Schnee bewegen sich langsamer. Lawinen können große Zerstörungen anrichten.

Was ist ein Vulkan?

Ein Vulkan ist ein Loch oder "Schlot" in der Erdkruste, durch den geschmolzenes Gestein aus dem Erdinneren an die Oberfläche dringt. Ein Vulkan funktioniert wie eine Art Sicherheitsventil: Er baut einen Teil der gewaltigen Kräfte ab, die sich unter der Erdkruste aufstauen.

Was ist ein aktiver Vulkan?

Ein aktiver Vulkan bricht oft aus. Einen Vulkan, der ausbrechen kann, aber meist ruhig ist, bezeichnet man als schlafend. Erloschene Vulkane brechen überhaupt nicht mehr aus.

Was ist ein Vulkanausbruch?

Bei einem Vulkanausbruch wird geschmolzenes Gestein (Magma) aus dem Erdinneren an die Oberfläche gedrückt. Die rotglühende Lava (so nennt man das Magma, wenn es über die Erdoberfläche fließt) strömt aus dem Vulkan. Rauch und Asche steigen auf und verdunkeln den Himmel.

Warum brechen Vulkane aus?

Vor dem Ausbruch sammelt sich in dem Vulkan dickflüssige Lava an. Sie wird sehr langsam nach oben gedrückt und bildet manchmal einen Pfropf, der den Vulkan verschließt. Der Druck staut sich so lange auf, bis Gas und Asche durchbrechen und den oberen Teil des Vulkans in einer gewaltigen Explosion platzen lassen.

Wie viele Vulkane gibt es?

Man kennt auf der Erde über 850 aktive Vulkane. Etwa 80 davon liegen auf dem Meeresboden. Ausbrüche in seichtem Wasser können verheerende Flutwellen auslösen.

Warum rumoren manche Vulkane nur?

Nicht alle Vulkane brechen heftig aus. Manche rumoren nur. Die Lava in ihrem Inneren steigt so langsam nach oben, daß die heißen Gase nach außen sickern können und nicht explosionsartig ausbrechen. Wenn die Lava nach außen fließt, kann der Vulkan zu einem großen Kegel mit steilen Hängen werden.

Was sind Vulkantrümmer?

Manchmal sind in der Lava eines Vulkans Gasblasen eingeschlossen, die explodieren können und dann einen Regen von Felstrümmern entstehen lassen.

Welches Land hat die meisten Vulkane?

Die meisten aktiven Vulkane - etwa 200 - besitzt das südostasiatische Land Indonesien. Der Inselstaat liegt im sogenannten "Feuergürtel", einem großen Ring vulkanischer Aktivität, der sich um den Pazifischen Ozean erstreckt.

Ein Vulkanausbruch. Das geschmolzene Gestein (Magma) wird durch den Schlot des Vulkans nach oben gedrückt (1). Asche und Lava kommen aus dem Hauptschlot und mehreren kleineren Nebenschloten (2). Das Magma verfestigt sich auch unter der Oberfläche und bildet Schlote (3), Gänge (4) und Lakkolithe (5). Auch Geysire (6) findet man in Vulkangebieten.

Nur der Kirchturm blieb von dem Ort San Juan Parangaricútiro in Mexiko übrig, der 1943 bei einem Vulkanausbruch unter Lava begraben wurde.

Wie schnell kann ein Vulkan wachsen?

Ein Bauer in Mexiko bemerkte 1943 eine Bodenspalte auf seinem Maisfeld. Es war die Öffnung eines Vulkans namens Paricutin. Die herausfließende Lava türmte sich in nur sechs Tagen bis auf eine Höhe von 150 Metern auf. Der Vulkan wuchs zehn Jahre lang und ist heute ein Kegel von über 400 Metern Höhe.

Sind Vulkane auch nützlich?

Vulkane können schreckliche Zerstörungen anrichten und Menschen töten. Sie sind aber auch nützlich. Vulkanboden ist sehr fruchtbar. Deshalb leben am Fuß von Vulkanen oft viele Menschen, trotz der Gefahr eines Ausbruchs. Außerdem ist Vulkangestein ein gutes Material für den Straßenbau und viele andere Zwecke. Mit der Wärme eines Vulkans kann man Strom oder heißes Wasser für Haushalte und Industrie herstellen.

Andesitische Vulkane (1) stoßen Asche aus und lassen einen Kegel entstehen. Schildvulkane (2) sind flacher, und die Lava fließt aus mehreren Öffnungen.

Welches ist der größte aktive Vulkan?

Der größte Vulkan, der regelmäßig ausbricht (zuletzt 1984), ist der Mauna Loa in Hawaii. Sein Kegel ist 120 Kilometer lang, 103 Kilometer breit und 4168 Meter hoch. Der Krater hat einen Durchmesser von 10 Kilometern.

Welches war der größte bekannte Vulkanausbruch?

Im Jahr 1883 brach der Krakatau aus, ein Vulkan zwischen den Inseln Java und Sumatra in Indonesien. Der Ausbruch hatte ungefähr die Energie von 26 Wasserstoffbomben. Der Staub, der dabei in die Atmosphäre geschleudert wurde, trieb mit dem Wind um die ganze Erde und ging zum Teil 5000 Kilometer entfernt nieder. Nach Ansicht vieler Wissenschaftler war allerdings der Ausbruch des Vulkans, der 1628 v. Chr. die griechische Insel Santorin zerstörte, noch fünfmal heftiger.

Was richtete der Krakatau an?

Der Ausbruch des Krakatau richtete große Verwüstungen an und kostete etwa 36 000 Menschen das Leben. Die meisten davon wurden von den bis zu 40 Meter hohen Meereswellen getötet, die durch den Ausbruch entstanden und über die benachbarten Inseln rasten.

Wo liegt der Stromboli?

Der Stromboli ist ein berühmter Vulkan im Mittelmeer und gehört zu Italien. Er ist 924 Meter hoch und liegt auf einer Insel in der Nähe von Sizilien. Der Stromboli ist einer der wenigen ständig aktiven Vulkane in Europa. Er ist aber relativ ungefährlich, weil seine Lava ungehindert abfließen kann. Da er nicht durch einen Gesteinspfropf verschlossen ist, baut sich in seinem Inneren kein Druck auf, und deshalb sind heftige Ausbrüche nicht zu erwarten.

Warum stoßen Vulkane schwarzen Rauch aus?

Vulkane stoßen häufig große Gasmengen aus, unter anderem Wasserdampf, Kohlendioxid, Stickstoff und Schwefeldioxid. Mit dem Gas wird auch viel vulkanischer Staub freigesetzt. Gas und Staub zusammen sehen wie schwarzer Rauch aus. Bei einem großen Vulkanausbruch können die Rauchwolken, die in die Atmosphäre steigen, das Sonnenlicht verdunkeln und das Wetter in einem großen Bereich beeinflussen.

Warum treten Vulkanausbrüche und Erdbeben oft gleichzeitig auf?

Erdbeben und Vulkanausbrüche sind oft gekoppelt. Sie ereignen sich vor allem in Gebieten, wo zwei Platten der Erdkruste aufeinandertreffen und sich aneinander reiben. Dabei wird das Gestein zu Gebirgen oder Tälern zusammengedrückt, oder die Platten werden nach unten in den Erdmantel geschoben. Durch solche Bewegungen wird die Erdkruste instabil, so daß es leicht zu Erdbeben und Vulkanausbrüchen kommt.

Wie entstehen Erdbeben?

Erdbeben treten oft in Gegenden auf, wo die Erdkruste Risse hat, das heißt im Bereich der geologischen Gräben. An diesen Stellen treffen die großen Platten der Erdkruste zusammen. Sie bewegen sich langsam gegeneinander, und wenn sich dabei die Gesteinsschichten der beiden Platten aneinander reiben, kann es zu starken Erschütterungen kommen – ein Erdbeben entsteht.

Erdbeben kommen vor allem in Gegenden vor, wo die Platten der Erdkruste sich gegeneinander verschieben.

Was geschieht bei einem Erdbeben?

Bei einem Erdbeben schwankt der Boden, manchmal nur ein paar Sekunden lang, in anderen Fällen mehrere Minuten. Das kann dazu führen, daß Gebäude Risse bekommen oder zusammenbrechen. Manchmal öffnen sich auch Spalten in der Erde, in denen ganze Landabschnitte versinken.

Bei einem Erdbeben werden gewaltige Kräfte frei. Manche Gebäude sind weitgehend erdbebensicher, aber die meisten brechen zusammen.

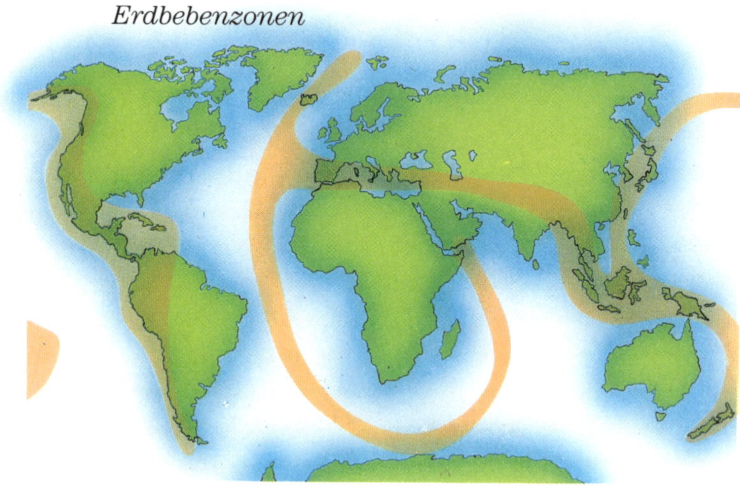

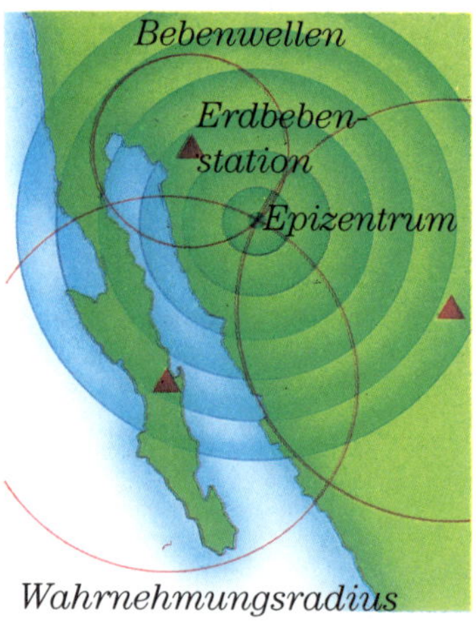

Oben: Die Gegenden der Erde, in denen am häufigsten Erdbeben vorkommen.

Links: Die heftigsten Stöße spürt man im Epizentrum des Erdbebens, also an der Oberfläche über der Stelle, wo sich das Gestein bewegt.

Welches war das schlimmste Erdbeben?

Das Erdbeben, das die größten Zerstörungen anrichtete, ereignete sich 1923 in Japan. Es zerstörte in Tokio und Yokohama über 575 000 Häuser. Weitere Schäden entstanden durch die Brände, die nach dem Beben ausbrachen. Mehr als 142 000 Menschen kamen ums Leben.

Welches Erdbeben forderte die meisten Todesopfer?

In Shensi in China kamen 1556 bei einem Erdbeben etwa 800 000 Menschen ums Leben. Ein Beben in Tangshan (ebenfalls in China) tötete 1976 ungefähr 750 000 Menschen.

Sind Erdbeben selten?

Nein. Die Erde bebt etwa 500 000mal im Jahr, meist allerdings nur so schwach, daß man es nicht bemerkt. Etwa 1000 Erdbeben sind so stark, daß sie – in unterschiedlichem Ausmaß – Schäden anrichten.

Können die Wissenschaftler ein Erdbeben vorhersagen?

Man kennt die Gebiete der Welt, in denen sich die meisten Erdbeben ereignen, und man kann geringfügige Bewegungen des Gesteins an den geologischen Gräben messen. Aber wann ein Erdbeben stattfindet, können die Wissenschaftler nicht genau vorhersagen. Die Erdbebenforschung bezeichnet man auch als Seismologie.

Wie mißt man die Stärke eines Erdbebens?

Um die Stärke von Erdbeben zu vergleichen, bedienen sich die Wissenschaftler der Gutenberg-Richter-Skala. Sie reicht von 0 bis 12. Bei einem Beben der Stärke 2 spürt man ein leichtes Zittern unter den Füßen. Bei Stärke 6 werden meist bereits Gebäude beschädigt. Erdbeben der Stärke 8,5 oder darüber haben katastrophale Folgen. Jede Zahl der Skala bezeichnet eine Bebenstärke, die zehnmal so groß ist wie bei der nächstniedrigeren Zahl.

Jeder Wert auf der Richter-Skala bezeichnet ein Erdbeben, das zehnmal so stark ist wie eines mit dem nächstniedrigeren Wert: 1. Wird nur vom Seismographen aufgezeichnet. 2. Sehr schwach. 3. Schwach, als wenn ein Lastwagen vorbeifährt. 4. Mäßig. 5. Recht stark, wird von den meisten Menschen bemerkt. 6. Stark. 7. Sehr stark, Risse in Wänden. 8. Zerstörungen. 9. Starke Zerstörungen, Häuser stürzen ein. 10. Verheerend, Risse im Boden. 11. Sehr verheerend. 12. Katastrophal, Boden hebt und senkt sich in Wellen.

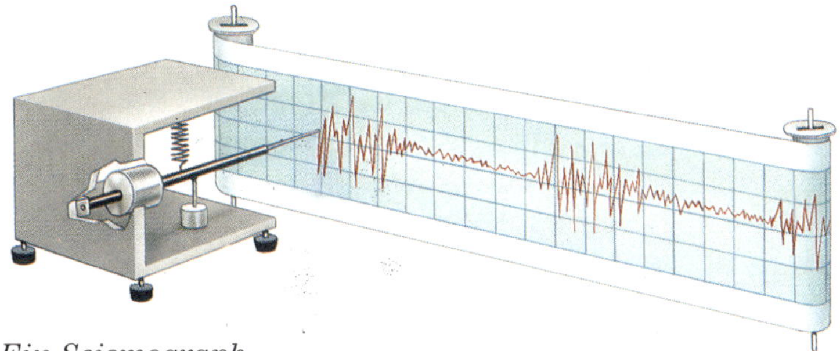

Ein Seismograph

Wie funktioniert ein Seismograph?

Ein Seismograph ist ein Gerät, mit dem man die Stoßwellen von Erdbeben messen kann. Oft verursachen die Wissenschaftler auch künstlich kleine unterirdische Explosionen, weil sie mit Hilfe der Stoßwellen Öl finden oder die Dicke eines Gletschers messen wollen. Der Seismograph besteht aus einem Gerüst, in dem an Federn ein Gewicht aufgehängt ist. Wenn die Erde bebt, bewegt sich das Gerüst, während das Gewicht in seiner Lage verharrt. An dem Gewicht ist ein Schreiber befestigt, der bei Auf- und Abbewegungen des Seismographen eine Zackenlinie auf einen Papierstreifen zeichnet.

Wo liegt der Andreasgraben?

Im US-Bundesstaat Kalifornien. Er ist ein riesiger geologischer Graben von über 1200 Kilometern Länge. Am Andreasgraben treffen zwei Platten der Erdkruste aufeinander: die pazifische Platte und die nordamerikanische Platte. Diese beiden Platten gleiten mit etwa fünf bis sechs Zentimetern im Jahr aneinander vorbei. An manchen Stellen verhaken sie sich, und dann entstehen gewaltige Druckkräfte. Wenn sie sich entladen, kommt es zu Erdbeben, wie sie sich in San Francisco 1906 und 1989 ereigneten.

Was geschah 1906 in San Francisco?

Am 18. April 1906, kurz nach 5 Uhr morgens ereignete sich in der Stadt San Francisco im Westen der USA ein verheerendes Erdbeben. Viele Gebäude stürzten ein, aber die schlimmsten Schäden entstanden durch Brände, die von geplatzten Gasleitungen und gerissenen Elektrokabeln ausgingen. Das Beben zerstörte auch die Wasserleitungen, so daß die Brandbekämpfung noch schwieriger wurde. Die Stadt hatte damals etwa 350 000 Einwohner. Fast alle wurden obdachlos, und etwa 3000 von ihnen kamen ums Leben. Als das Feuer schließlich gelöscht war, lagen 28 000 Gebäude der Stadt in Trümmern.

Was ist ein Geysir?

Ein Geysir ist eine heiße Quelle mit Wasserfontäne. Man findet Geysire in Bereichen mit hoher Vulkanaktivität, zum Beispiel in Island. Heißes Vulkangestein bringt das Wasser unter der Erde zum Kochen, und dann kommt es als heiße Quelle ans Licht. Wird das Wasser in größerer Tiefe noch stärker erwärmt, verwandelt es sich in Dampf, so daß es das darüberliegende kühlere Wasser als Geysir in die Höhe spritzen läßt.

Welches ist der berühmteste Geysir?

Im Yellowstone-Nationalpark im US-Bundesstaat Wyoming gibt es einen berühmten Geysir namens Old Faithful. Er bricht alle 73 Minuten aus und läßt dabei eine heiße Wassersäule über 40 Meter hoch spritzen. Er hat in den letzten 80 Jahren keinen einzigen Ausbruch ausgelassen.

Warum bilden Geysire manchmal seltsame Krater?

Das Wasser, das ein Geysir ausstößt, enthält gelöste Mineralien. Wenn es verdampft oder wieder in die Erde sickert, bleiben die gelösten Stoffe als Ablagerung zurück. Solche Ablagerungen können zu seltsam geformten Kegeln und wassergefüllten Kratern werden.

In Island gibt es viele Geysire.

Boden und Erosion

Was ist Boden?

Die Erdoberfläche ist zu einem großen Teil mit Boden bedeckt, einer Mischung aus mineralischen und organischen Teilchen, toten Teilen von Pflanzen und Tieren, Luft und Wasser. Es gibt viele Bodenarten, die alle auf unterschiedliche Weise entstanden sind.

Ist Leben ohne Boden möglich?

Leben wie wir es kennen ist auf den Boden angewiesen. Die meisten Pflanzen wachsen auf Boden und beziehen daraus ihre Nährstoffe. Und Tiere fressen Pflanzen. Mikroorganismen im Boden bauen abgestorbene Tiere und Pflanzen ab, so daß diese verrotten und wieder als Nährstoffe in den Boden gelangen.

Der Mutterboden liegt auf den tieferen Bodenschichten. Böden sind aus unterschiedlichen Teilchen zusammengesetzt. Am fruchtbarsten ist Lößboden mit einer Mischung aus großen und kleinen Partikeln.

Sandboden

Lehmboden

Lößboden

Wie entsteht Boden?

Die mineralischen Bodenbestandteile sind winzige Gesteinsstücke, die von Regen, Kälte, Wind und Sonne abgetragen wurden. Auch chemische Reaktionen und Wasser, das Salze löst, tragen zur Bodenentstehung bei. Boden bildet sich langsam. Am besten eignet sich dafür feuchte Wärme.

Wie wird Boden zu Staub?

Wenn man Boden, auf dem noch nie etwas angebaut wurde, zum erstenmal umpflügt, ist er eine Zeitlang fruchtbar, denn durch das Pflügen gelangt Sauerstoff in den Boden, und die Mikroorganismen werden angeregt, abgestorbene Pflanzenteile schneller abzubauen. Wenn darauf aber jedes Jahr die gleichen Nutzpflanzen wachsen, sind irgendwann alle Nährstoffe aufgebraucht, und der Boden verliert an Haftung. Er zerfällt und wird zu Staub. Dann kann ihn der Wind leicht forttragen, und es bleiben nur die tieferen, unfruchtbaren Schichten oder das nackte Gestein zurück.

Wie dick ist der Boden?

Die Gärtner sprechen oft vom Mutterboden; damit meinen sie die oberste Bodenschicht, in der ihre Pflanzen gedeihen. Der Mutterboden ist in den gemäßigten Klimazonen meist etwa 25 Zentimeter dick. Darunter liegen die tieferen Bodenschichten, und ganz zuunterst befindet sich Gestein.

Wie tragen Flüsse und Gletscher zur Bodenentstehung bei?

Flüsse tragen Mineralteilchen, die sie an Biegungen ablagern. Auf diese Weise entsteht Schwemmboden. Material, das Gletscher transportieren und beim Schmelzen zurücklassen, nennt man Moränen.

Warum sind manche Böden fruchtbarer als andere?

Fruchtbare Böden enthalten viel Humus. Humus ist organisches Material, das durch Bodenbakterien und andere Mikroorganismen gebildet wird, wenn sie die Reste von Tieren und Pflanzen abbauen. Am besten arbeiten die Mikroorganismen in warmem, gut durchlüftetem Boden, der viel Laub oder Gras enthält. In fruchtbarem Boden sind auch Wasser und Mineralstoffe in der richtigen Menge vorhanden. Zuviel Wasser wäscht die Nährstoffe aus, Trockenheit dagegen bringt die Salze an die Oberfläche, so daß der Boden nicht mehr so fruchtbar ist und weniger Pflanzen gedeihen läßt.

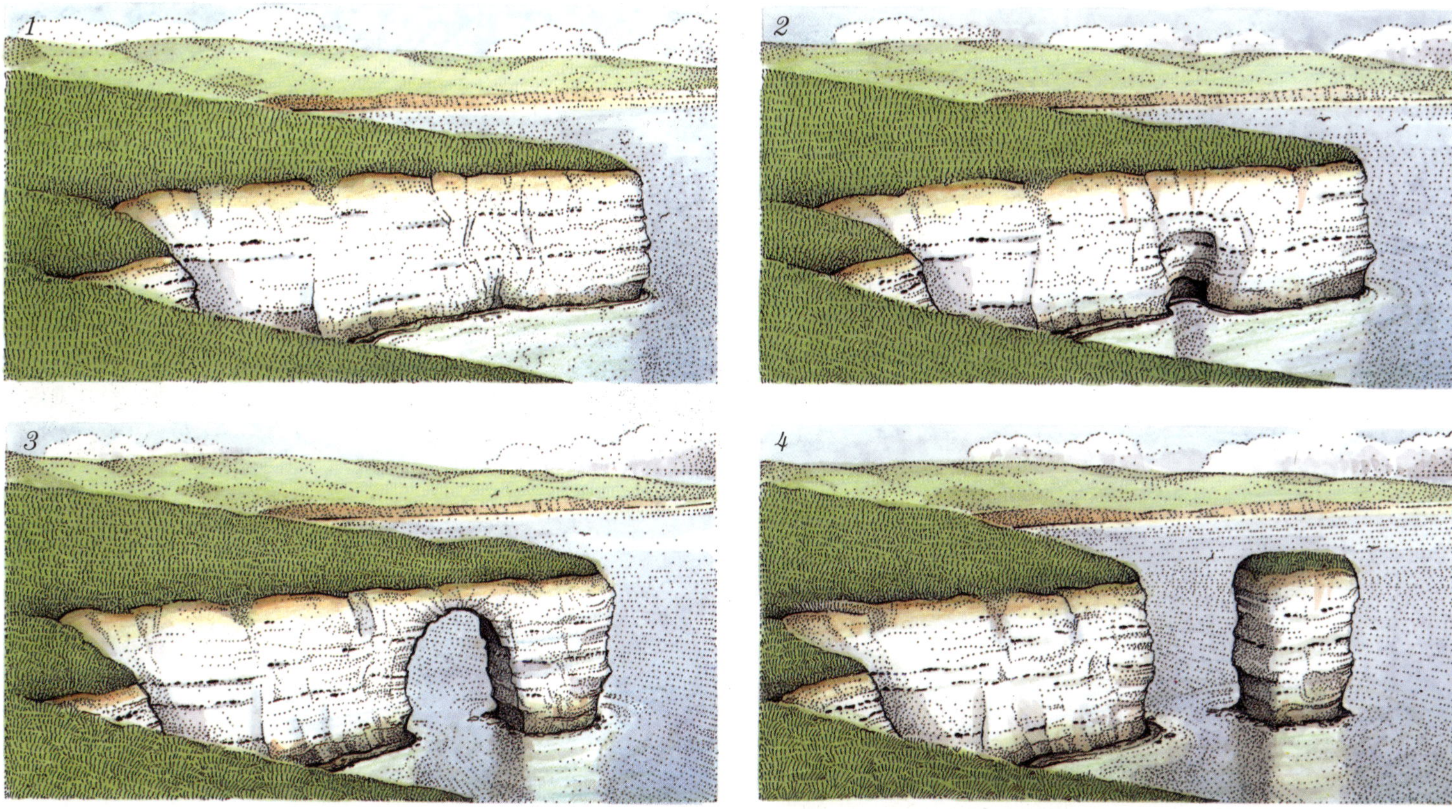

Aus einer Felszunge im Meer wird durch Erosion allmählich ein Bogen und dann ein steinerner Pfeiler.

Was ist Erosion?

Erosion ist die Zersetzung von Gestein und Boden durch Wind, Wasser, Eis und Frost. Sie kann sich recht schnell (im Laufe weniger Jahre) oder über Jahrtausende hinweg abspielen. Das Wort Erosion bedeutet "Zerfressenwerden". Erosion findet ständig statt – durch Gletscher, Sonnenwärme oder die Schmirgelwirkung von Wind, Regen, Flüssen und Meereswellen. Die Erosion verändert Landschaften und sorgt für eine ständige Umgestaltung der Erdoberfläche.

Kann Landwirtschaft zu Erosion führen?

Ein großes Feld, das umgepflügt und nicht bepflanzt wird, kann zu Staub werden, der vom Wind weggetragen wird. Bäume und Hecken können als Windschutz dienen.

Wie entsteht die Bodenfarbe?

Grasbewachsener Boden ist reich an Ausscheidungen und abgestorbenen Resten von Tieren und Pflanzen (Humus) und deshalb braun gefärbt. Je mehr Humus er enthält, desto dunkler ist die Farbe.

Kann die Sonne Felsen spalten?

In vielen Wüsten ist es tagsüber heiß und nachts sehr kalt, weil es keine Wolken gibt, die die Sonnenstrahlen abhalten bzw. nachts die Wärme am Boden festhalten. Die Felsen heizen sich tagsüber auf und dehnen sich dabei aus. Nachts, wenn sie abkühlen, ziehen sie sich zusammen. Wenn das sehr schnell geschieht, können Risse im Gestein entstehen, so daß schließlich Stücke abbrechen.

Kann Eis Felsen spalten?

Wenn Wasser gefriert, dehnt es sich aus. Deshalb können eingefrorene Wasserleitungen platzen. Die gleiche Wirkung hat Wasser, das in Felsspalten zu Eis wird: Der Druck, der durch die Ausdehnung entsteht, kann die Spalte erweitern und ein Gesteinsstück abbrechen lassen.

Welchen Schaden können Regengüsse anrichten?

Einen einzelnen Regentropfen spürt man kaum auf der Haut, aber bei einem heftigen Guß kommen viele Millionen Tropfen herunter. In Gegenden, wo es nur kurze Zeit im Jahr heftig regnet, können die Wassermassen große Schäden anrichten: Sie zerstören den Boden und spülen die fruchtbare obere Schicht weg.

Wann zerstören Tiere den Boden?

Grasende Tiere (zum Beispiel Ziegen) fressen manchmal jeden Grashalm, wenn zu viele von ihnen auf einer Weide sind. Auf trockenen Böden knabbern sie auch die Wurzeln ab, die den Boden zusammenhalten. Ohne Pflanzen jedoch wird der nackte Boden leicht vom Wind weggetragen.

Warum pflügt ein kluger Bauer an einem Berghang nie von oben nach unten?

Starke Regenfälle können dem Boden ebenso schaden wie ein Sturm. Das Wasser strömt über das nackte Feld und spült den kostbaren Mutterboden weg. In hügeligem Gelände pflügt der Bauer immer quer zur Steigung und nicht auf und ab, denn sonst würden die Furchen wie Ablaufkanäle wirken, in denen das Wasser bergab fließt, so daß der Mutterboden weggeschwemmt wird.

In hügeligem Gelände pflanzen die Bauern das Getreide zwischen Streifen mit Klee oder Gras, um den Abfluß des Regenwassers zu verlangsamen.

Wie bekämpfen Bauern die Erosion?

Bäume und Sträucher halten den lockeren Boden fest und wirken so der Erosion entgegen. Auch durch das Säen von Gras kann man die Erosion bekämpfen. Das Gras läßt neue organische Substanzen entstehen, welche die Bodenkrume binden und verhindern, daß sie weggeweht wird.

Wie bleibt der Boden fruchtbar?

Mit Mist und Kunstdünger ersetzen die Bauern die Nährstoffe im Boden. Man kann sie auch wiederherstellen, indem man ein Feld ein Jahr lang nicht bestellt. Wenn man nacheinander verschiedene Nutzpflanzen anbaut, spricht man von Fruchtwechsel: In einem Jahr wird zum Beispiel Weizen ausgesät, im nächsten Kartoffeln und im übernächsten Klee. Auf diese Weise bleibt der Boden nährstoffreich.

Der Angel-Gletscher in Kanada. Gletscher sind riesige, langsam fließende Schnee- und Eismassen, die sich ihren Weg bergab freihobeln.

Was ist ein Gletscher?

Gletscher sind langsam fließende "Flüsse" aus Eis. Man findet sie in kalten, schneereichen Gegenden und im Hochgebirge, wo im Winter soviel Schnee fällt, daß er im Sommer nicht wegtauen kann. Schnee und Eis bilden eine gewaltige Masse, die sich langsam bergab schiebt.

Wie kommt ein Gletscher in Bewegung?

Hochgebirgsgletscher gehen meist von einer hochgelegenen Senke aus. Die Senke füllt sich mit Schnee, der sich unter seinem eigenen Gewicht zu einer riesigen Eismasse verdichtet. Schließlich wird der Druck so groß, daß das Eis zu fließen beginnt.

Wie schnell fließen Gletscher?

Die Oberseite eines Gletschers fließt schneller als der untere Teil. Die meisten Gletscher bewegen sich nur langsam, mit höchstens 30 Zentimetern am Tag. Der Quaraya-Gletscher auf Grönland fließt aber täglich 24 Meter und ist damit wahrscheinlich der schnellste Gletscher. Vorübergehend bewegen sich andere Gletscher mit bis zu 120 Metern am Tag. Eine solche "Rennsaison" dauert manchmal etwa ein Jahr, und dann kommt der Gletscher wieder 100 Jahre lang zur Ruhe.

Wie kommt ein Gletscher zur Ruhe?

Manche Gletscher gelangen schließlich in warme Niederungen, wo sie schmelzen. Erreicht ein Gletscher in einem sehr kalten Gebiet das Meer, brechen riesige Eisbrocken ab, die dann als Eisberge auf dem Wasser treiben.

Wie ebnet ein Gletscher Hügel ein?

Ein Gletscher wirkt wie ein riesiger Hobel, der die Landschaft glättet. Er schiebt Gestein vor sich her und schleift auf seinem Weg Unebenheiten ab. Das losgebrochene Material lagert sich in Form von Moränen ab. Die Seiten eines Tals hobelt der Gletscher U-förmig ab, und wenn er schmilzt, bleiben Schutthaufen zurück. Oft bildet das Schmelzwasser einen See in der vom Gletscher geschaffenen Vertiefung.

Was sind Eiszeiten?

In manchen Phasen früherer Zeiten waren große Teile der Erde mit Eis bedeckt. Solche Eiszeiten treten alle paar Millionen Jahre auf. Heute leben wir in einer wärmeren Periode, Zwischeneiszeit genannt. Die letzte Eiszeit endete vor etwa 10 000 Jahren. Damals waren große Teile Europas und Nordamerikas von einer 3000 Meter dicken Eisschicht bedeckt.

Wie sind die Fjorde entstanden?

An den Küsten Skandinaviens gibt es Fjorde, tief eingeschnittene Meeresarme. Sie wurden durch Gletscher geschaffen. Ein Gletscher sucht sich immer den einfachsten Weg zum Meer, beispielsweise durch ein Flußtal, das dann vom Eis erweitert und vertieft wird. Wenn das Eis später schmilzt, füllt sich das Tal mit Wasser. Fjorde gibt es auch in Spanien, Chile, Alaska und Neuseeland.

Wie entstehen Gletscherspalten?

Die Gletscheroberfläche ist sehr hart, und das darunterliegende Eis verschiebt sich dauernd, weil der Gletscher bergab fließt. Deshalb reißt die Oberfläche häufig auf, und die tiefen Gletscherspalten bilden sich.

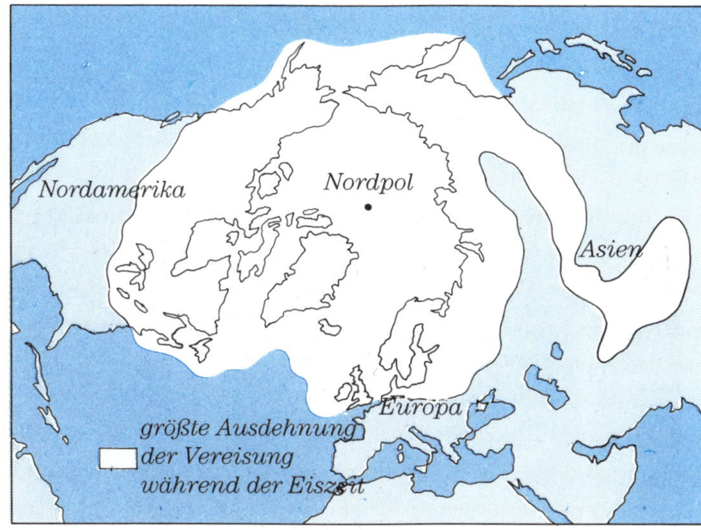

In der Eiszeit waren große Teile Europas und Nordamerikas von einer dicken Eisschicht bedeckt.

Was ist ein Kar?

Ein Kar ist ein langes Tal mit steilen Wänden, das von einem Gletscher geformt wurde. Wenn der Gletscher sich später zurückzieht und schmilzt, füllt es sich häufig mit Wasser, so daß ein See entsteht.

Ein Gletscher geht von einer Senke im Hochgebirge aus. Gestein und Boden, die der Gletscher vor sich herschiebt, türmen sich zu Moränen auf.

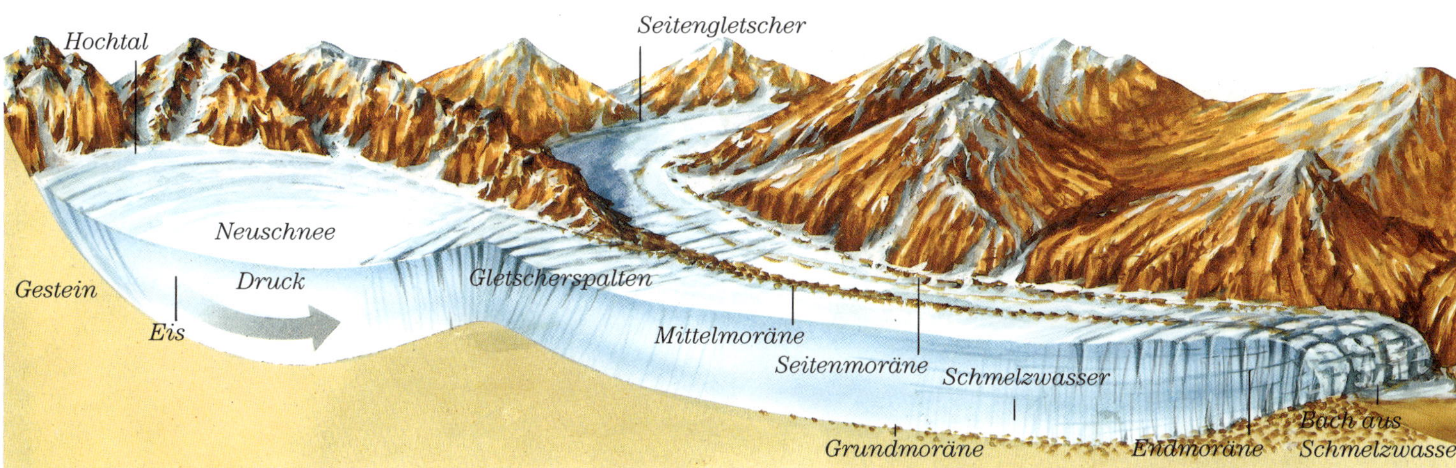

ATMOSPHÄRE UND WETTER

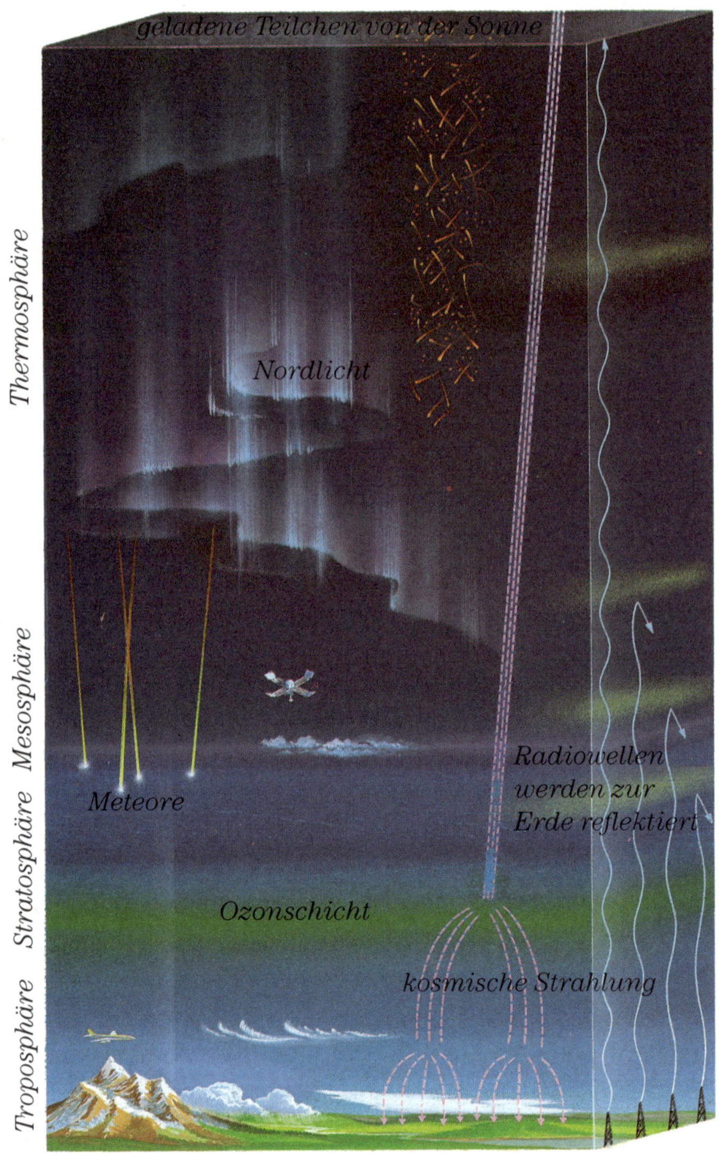

Die Atmosphäre besteht aus vier wichtigen Schichten. Die oberste, Thermosphäre genannt, gliedert sich nochmals in Ionosphäre und Exosphäre. Das Wetter spielt sich zum größten Teil in der Troposphäre ab.

Was ist die Atmosphäre?

Die Atmosphäre ist eine Gashülle, die die Erde umgibt. Sie ist eigentlich recht dünn, aber ohne sie gäbe es auf der Erde kein Leben. Kurz nach der Entstehung der Erde bestand die Atmosphäre vorwiegend aus giftigen Gasen. Die Pflanzen, die bei der Photosynthese Sauerstoff abgeben, verliehen ihr später eine Zusammensetzung, in der auch Tiere und Menschen leben konnten.

Wo hört die Atmosphäre auf?

Die Atmosphäre ist an der Erdoberfläche am dichtesten und wird mit zunehmender Höhe immer dünner. Bei 10 000 Metern, der Reisehöhe der meisten Flugzeuge, hat sie nur noch ein Drittel der Dichte auf Meereshöhe. In etwa 800 Kilometern Höhe geht sie in die Leere des Weltraums über. Dort sind nur noch vereinzelte Luftmoleküle vorhanden.

Wie wird die Atmosphäre an der Erde festgehalten?

Die Erdschwerkraft sorgt dafür, daß die Atmosphäre sich nicht in den Weltraum verflüchtigt. Sie hält die Gase zum größten Teil nahe am Erdboden fest. Über 75 Prozent der gesamten Atmosphäre befinden sich in der untersten Schicht, die man auch Troposphäre nennt.

Wie viele Schichten hat die Atmosphäre?

Oft teilt man die Atmosphäre in vier Schichten ein, an deren Grenzen sich jeweils die Temperatur ändert. Die unterste Schicht ist die Troposphäre. Sie ist 10 bis 16 Kilometer dick. Darüber folgen die Stratosphäre mit etwa 48 Kilometern und die Mesosphäre mit 80 Kilometern. Die oberste Schicht, Thermosphäre genannt, gliedert sich in zwei Teile, die Ionosphäre und die Exosphäre.

Was ist Luft?

Luft ist ein Gasgemisch. Den größten Anteil stellen Stickstoff mit 78 Prozent und Sauerstoff mit 21 Prozent. Das restliche Prozent teilen sich Wasserdampf und kleine Mengen anderer Gase wie Kohlendioxid, Argon und Helium. Das Leben auf der Erde wird schon durch geringe Veränderungen dieser Zusammensetzung stark beeinflußt.

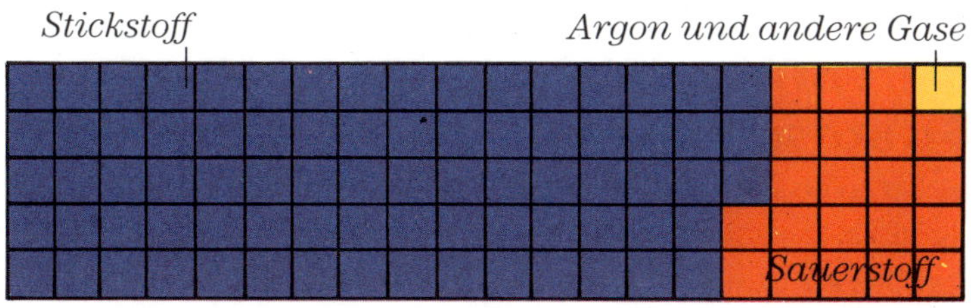

Sauerstoff und Stickstoff machen zusammen 99 Prozent der Atmosphäre aus.

Wieviel wiegt Luft?

Luft ist viel leichter als Feststoffe oder Flüssigkeiten, aber gewichtslos ist sie nicht. Ein Kubikmeter Luft wiegt auf Meereshöhe etwa 1,2 Kilogramm. Alle Luft der Erde zusammen wiegt ungefähr 5,2 Billiarden Tonnen. Auf jedem Menschen lastet Luft mit einem Gewicht von etwa einer Tonne. Unter diesem Gewicht brechen wir aber nicht zusammen, weil der Luftdruck von allen Seiten gleichmäßig auf unseren Körper einwirkt.

Was ist Licht?

Licht ist wie Wärme eine Form von Energie. Es kommt unter anderem von den Sternen, die diese Energie in ihrem Inneren in gewaltigen Kernreaktionen erzeugen. Das Licht von der Sonne, "unserem" Stern, braucht etwa acht Minuten, um die Erde zu erreichen.

Warum ist der Himmel blau?

Das Sonnenlicht, das zur Erde fällt, ist weiß, das heißt, es enthält alle Regenbogenfarben. Wenn die Lichtstrahlen von der Sonne durch die Atmosphäre dringen, werden sie von den winzigen Staub- und Wasserteilchen in der Luft abgelenkt und gestreut. Der blaue Anteil ist von der Streuung am stärksten betroffen und erreicht unsere Augen von allen Seiten. Deshalb sehen wir das Blau stärker als alle anderen Farben, so daß der Himmel für uns blau aussieht.

Beim Sonnenuntergang filtern die Staubteilchen in der Atmosphäre alle Farben außer Rot aus dem Sonnenlicht.

Wie ist die Ozonschicht entstanden?

Vor vielen Millionen Jahren gelangte ein Teil des Luftsauerstoffs in die höheren Schichten der Atmosphäre. Dort verwandelte er sich unter dem Einfluß der Sonnenstrahlung in Ozon. Die so entstandene Ozonschicht schirmt die schädliche Ultraviolettstrahlung der Sonne ab. Ohne sie gäbe es keine Tiere und Menschen.

Warum sollte man nie direkt in die Sonne schauen?

Die Sonne ist ein riesiges Kraftwerk, das gewaltige Wärme- und Lichtmengen aussendet. Obwohl ihr Licht von der Erdatmosphäre abgeschwächt wird, ist es viel zu hell für unsere Augen. Auch mit einer Sonnenbrille sollte man deshalb nie direkt in die Sonne sehen, denn die Strahlung ist so stark, daß sie die Augen schädigen kann.

Warum färbt sich der Himmel bei Sonnenuntergang rot?

Die untergehende Sonne steht niedrig am Himmel, so daß wir sie in einem flacheren Winkel sehen. Ihre Strahlen müssen mehr Luftschichten durchdringen, bevor sie zu unseren Augen gelangen. Auf diesem langen Weg werden alle Farben außer Rot aus dem Licht herausgefiltert. Nur der rote Anteil erreicht unsere Augen, und deshalb sieht der Sonnenuntergang für uns rot aus.

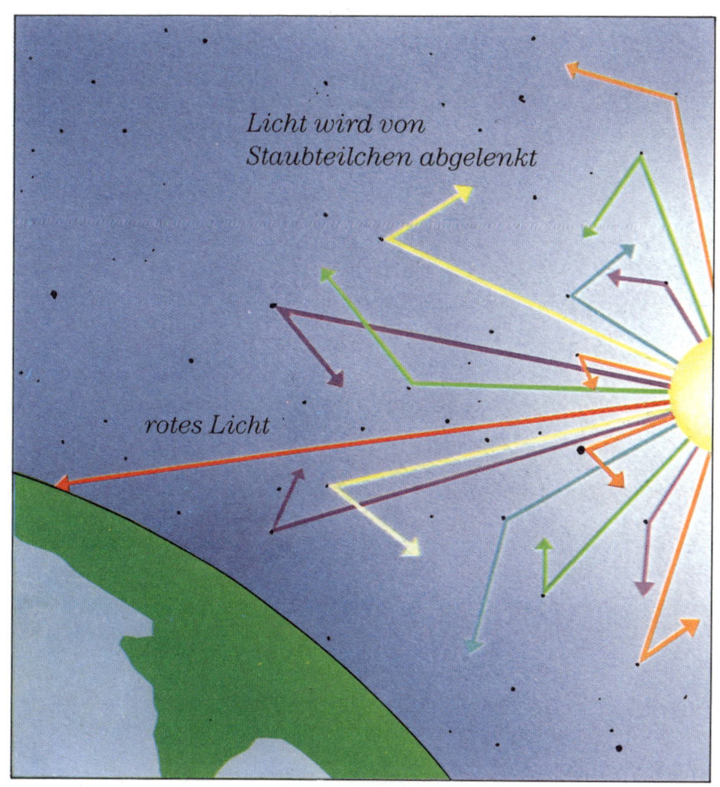

Links: Die Ozonschicht liegt 15 bis 30 Kilometer über dem Boden. Das Ozon bildet einen Strahlenschutz und schwächt die Ultraviolettstrahlen ab, die zur Erdoberfläche gelangen.

Unten: Ozon entsteht in den oberen Atmosphärenschichten, wenn die Ultraviolettstrahlung der Sonne die Sauerstoffmoleküle (O2) in einzelne Atome spaltet. Diese Einzelatome verbinden sich mit Sauerstoffmolekülen zu Ozon (O3).

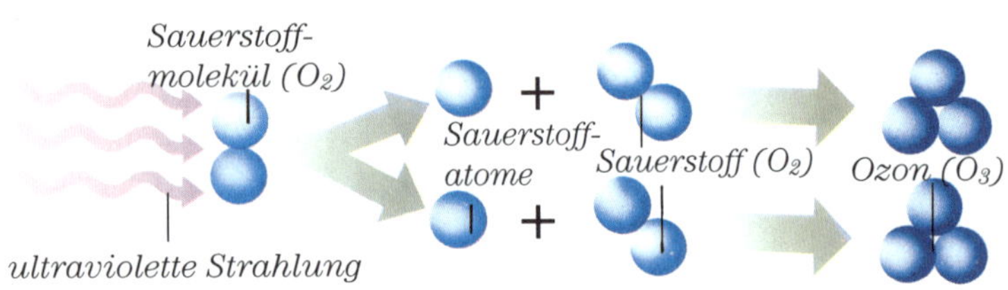

Wo liegt die Ozonschicht?

Ozon ist eine Form von Sauerstoff. Es bildet sich in der Atmosphäre, wenn der Sauerstoff der Luft durch die Sonnenstrahlung zu einer chemischen Reaktion angeregt wird. Die größten Ozonmengen bilden sich über dem Äquator, und von dort treiben sie mit dem Wind um die ganze Erde. Die Ozonschicht ist ein unsichtbarer Schutz, denn sie filtert die schädlichen ultravioletten Strahlen aus dem Sonnenlicht.

Wieviel Ozon enthält die Atmosphäre?

Das Ozon ist in der Atmosphäre sehr fein verteilt. Wäre es auf Meereshöhe zusammengedrängt, würde es nur eine drei Millimeter dicke Schicht bilden. Wie die Wissenschaftler festgestellt haben, ist die Ozonschicht heute dünner als früher. Dieses Ozonloch ist unter anderem durch die Fluorchlorkohlenwasserstoffe (FCKWs) entstanden, Gase, die in Spraydosen, Kühlschränken und Verpackungen verwendet wurden.

Könnten Menschen in der Thermosphäre leben?

In solchen Höhen könnte kein Mensch leben: Es gibt dort kaum noch Luft, und es ist so heiß, daß wir verbrennen würden. Die Thermosphäre liegt in über 85 Kilometern Höhe. Die Luft ist dort sehr dünn, ihr Druck hat nur ein Millionstel des Wertes auf Meereshöhe. Außerdem ist die Thermosphäre ungeschützt der Sonnenstrahlung ausgesetzt.

Warum fliegen Flugzeuge in der Stratosphäre?

Die Stratosphäre ist trocken und fast wolkenlos. Das Wetter spielt sich größtenteils in tieferen Schichten ab. Deshalb geraten Flugzeuge in der Stratosphäre kaum in Stürme oder Gewitter, was die Flugsicherheit erhöht.

Was ist Nord- und Südlicht?

Das Nordlicht, auch Aurora borealis genannt, ist ein wunderschönes Lichtschauspiel, das man am Nachthimmel des Nordpolargebiets beobachten kann. Es ähnelt mit seinen tollen Effekten ein wenig einer gigantischen Lasershow. Im Südpolargebiet bezeichnet man die gleiche Erscheinung als Südlicht oder Aurora australis. Das Licht entsteht durch elektrisch geladene Teilchen von der Sonne, die vom Magnetfeld der Erde zu den Polen gelenkt werden.

Nordlicht in Alaska (USA)

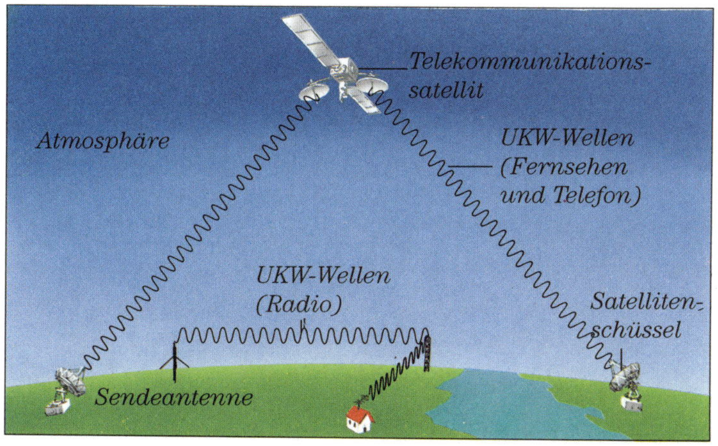

Die sehr kurzen UKW-Wellen werden in der Ionosphäre nicht reflektiert. Um sie um die Erde zu senden, braucht man Satelliten.

Was hat die Ionosphäre mit dem Radio zu tun?

Durch die Sonnenstrahlung werden manche Atome und Moleküle der Atmosphäre elektrisch geladen. Solche geladenen Teilchen, auch Ionen genannt, findet man vor allem in der Ionosphäre, dem unteren Teil der Thermosphäre. Radiowellen mit niedriger Frequenz werden von der Ionosphäre reflektiert und zur Erde zurückgeworfen. Deshalb überbrücken manche Radiowellen (die Kurzwellen) auch ohne Satelliten große Entfernungen.

Warum werden Raumschiffe bei der Rückkehr in die Atmosphäre heiß?

Wenn ein Raumschiff zur Erde zurückkehrt, wird es von der Schwerkraft mit großer Geschwindigkeit zu Boden gezogen. Wenn es in die Atmosphäre eintritt, muß es immer dichtere Luftschichten durchqueren. Die dabei entstehende Reibungswärme heizt die Außenhaut des Raumschiffs bis zur Rotglut auf. Ein Hitzeschutzschild verhindert, daß das Raumschiff auf dem Weg zur Erde verglüht.

Warum wird man in der Sonne braun?

Sonnenlicht enthält unsichtbare ultraviolette Strahlen, die wir für unsere Gesundheit brauchen. Sie sorgen dafür, daß in der Haut Vitamin D entsteht. Ultraviolettlicht schädigt aber auch die äußere Hautschicht, und als Schutz bildet der Körper das braune Pigment Melanin in größerer Menge. Deshalb wird die Haut dunkler. Die meisten Ultraviolettstrahlen werden von der Ozonschicht abgeschirmt.

Wie heiß wird die Atmosphäre?

Die Atmosphäre schützt die Lebewesen vor der ungeheuren Hitze der ungehindert einfallenden Sonnenstrahlung. Ihre Außenschichten sind der Sonnenenergie in vollem Umfang ausgesetzt und werden aus diesem Grunde sehr heiß. Bei Sonnenstürmen, wenn besonders viel Energie von der Sonne ausgeht, kann sich die dünne Luft 400 Kilometer über dem Erdboden bis auf 2000 Grad aufheizen.

Wird es in großer Höhe immer kälter?

Wer schon einmal auf einen hohen Berg gestiegen ist, der weiß, daß man auf dem Gipfel wärmere Kleidung braucht als im Tal. Die Temperatur sinkt alle 1000 Höhenmeter um etwa fünf Grad. In der Troposphäre kann die Temperatur bis auf -80 °C sinken. Noch höher, in der Stratosphäre, steigt sie wieder bis auf -2 °C. Die Mesosphäre ist mit bis zu -109 °C wieder kälter, und in der Thermosphäre, etwa 400 Kilometer über dem Boden, klettert die Temperatur bis auf 2000 °C.

Was sind Perlmuttwolken?

Über Gebirgen in nördlichen Breiten, beispielsweise in Norwegen oder Schottland, kann man in Sommernächten leuchtende Wolken am dunklen Himmel beobachten. Wahrscheinlich handelt es sich um Staub, der bei heftigen Vulkanausbrüchen in die Stratosphäre geschleudert worden ist.

Wenn ein Raumfahrzeug wie das Space Shuttle wieder in die Atmosphäre eintritt, wird es durch die Reibungswärme sehr heiß. Schutzschilde aus hitzebeständigem Material sorgen dafür, daß das Raumfahrzeug und seine Besatzung nicht verbrennen.

Was ist Klima?

Als Klima bezeichnet man das durchschnittliche oder "normale" Wetter eines Ortes. Das Wetter kann sich von einem Tag zum nächsten ändern, das Klima bleibt immer gleich.

Warum gibt es wärmeres und kühleres Klima?

Das Klima wird von der Sonne bestimmt. Ihre Strahlen heizen Land, Luft und Wasser auf. Die meiste Wärme gelangt in der Nähe des Äquators auf die Erde, denn dort fallen die Sonnenstrahlen fast senkrecht ein. Deshalb haben diese Länder allgemein ein wärmeres Klima als solche, die weiter vom Äquator entfernt sind. Am wenigsten Sonnenstrahlung erhalten die Pole, denn dort ist ihr Einfallswinkel am flachsten. Deshalb ist das Klima in den Polargebieten sehr kalt.

Warum ist es mittags wärmer als morgens?

Morgens und abends wärmt die Sonne weniger als um die Mittagszeit, wenn sie höher am Himmel steht und ihre Strahlen in einem steileren Winkel zur Erde schickt. Je höher die Sonne steht, desto mehr Strahlung fällt auf jeden Quadratmeter der Erdoberfläche.

Was sind Klimazonen?

Es gibt auf der Erde fünf Hauptklimazonen: Polarklima (kalt), kalt gemäßigtes Klima (kalte Winter), warm gemäßigtes Klima (milde Winter), Wüstenklima (trocken) und tropisches Klima (feuchtwarm). In allen Zonen gibt es aber auch Abweichungen, denn Faktoren wie die Höhenlage und die Entfernung zum Meer sind für das Klima ebenfalls von großer Bedeutung.

Was sind Hoch- und Tiefdruckgebiete?

Hoch- und Tiefdruckgebiete, auch Hochs und Tiefs genannt, bestimmen das Wetter. Wenn kalte, schwere Luft zu Boden sinkt, steigt der Luftdruck: Ein Hoch entsteht, das von einer kreisenden Luftspirale umgeben ist. Diese Spirale dreht sich auf der Nordhalbkugel im Uhrzeigersinn und auf der Südhalbkugel im Gegenuhrzeigersinn. Ein Hoch bringt klaren Himmel, im Sommer mit Wärme und Trockenheit, im Winter dagegen mit Frost, eisigem Wind und bitterer Kälte. In einem Tief steigt warme Luft nach oben, so daß der Luftdruck am Boden sinkt. Durch die nachströmende Luft entsteht eine nach innen gerichtete Spiralbewegung, die auf der Nordhalbkugel im Gegenuhrzeigersinn und auf der Südhalbkugel im Uhrzeigersinn rotiert. Solche Tiefdrucksysteme bringen oft unbeständiges Wetter mit Wind, Sturm und Regen.

Bei einem Hoch (links) bewegt sich die Luft um das Gebiet hohen Luftdrucks spiralförmig nach außen. In einem Tiefdruckgebiet geschieht das Umgekehrte (rechts).

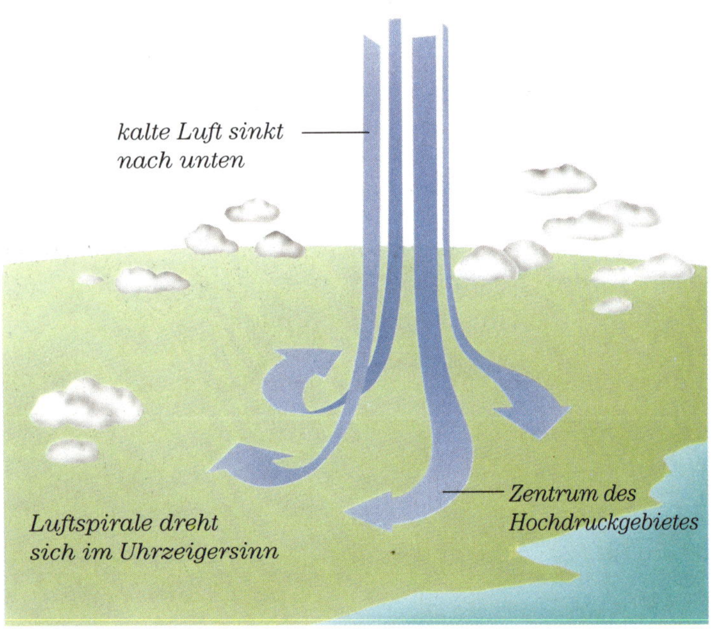

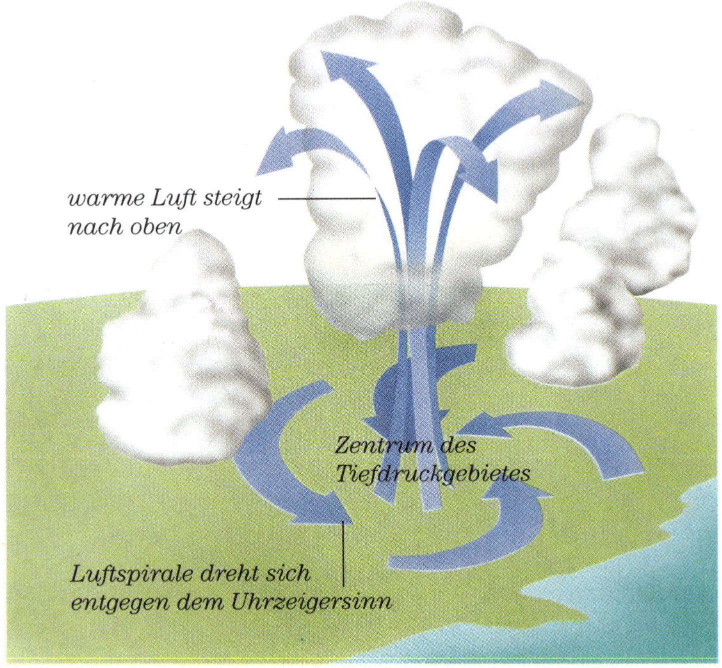

Der Wasserkreislauf

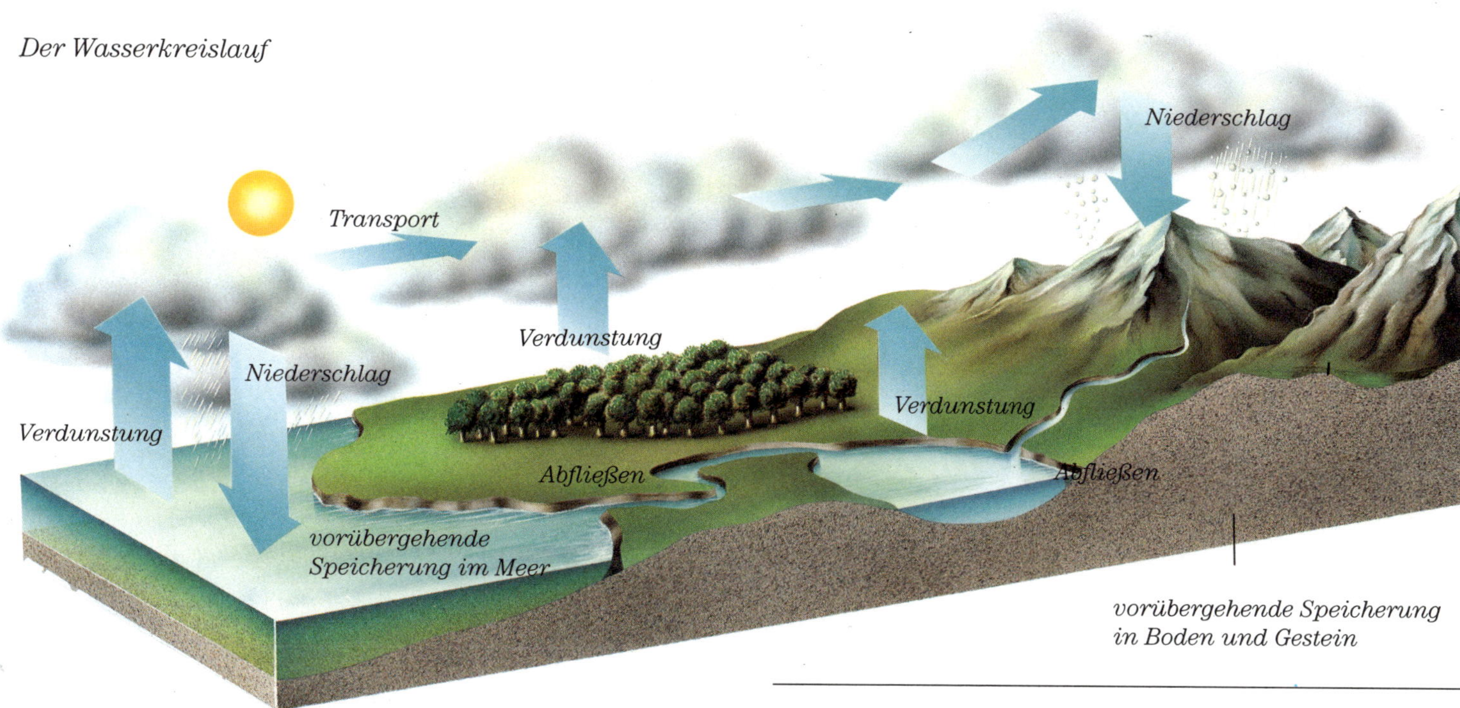

Das Wasser aus Meeren, Flüssen und Pflanzen verdunstet bei Wärme. Der Wasserdampf steigt nach oben, kühlt ab und kondensiert zu Wassertröpfchen, die als Niederschläge (Regen oder Schnee) wieder auf die Erde gelangen und von Flüssen und Bächen zurück ins Meer geleitet werden.

Wie entsteht Regen?

Die Sonnenwärme läßt das Wasser aus Meeren, Seen, Flüssen und Pflanzen verdunsten, so daß Wasserdampf entsteht. Dieses gasförmige Wasser befindet sich in der Atmosphäre und steigt nach oben, wenn die Luft an Berghängen oder durch nachströmende schwerere Luft in die Höhe getrieben wird. Die warme, mit Feuchtigkeit beladene Luft kühlt sich in größerer Höhe ab, und dabei kondensiert der Wasserdampf zu Tröpfchen, die sich zu Wolken zusammenballen. Wenn immer mehr Wasser kondensiert, werden die Wolken größer, und schließlich sind die Tropfen so schwer, daß sie nicht mehr in der Luft schweben können, sondern als Regen zu Boden fallen.

Warum verändern Wolken ihre Form?

Manche Wolken sind flauschige weiße Massen, andere sind zarte, federartige Strukturen, wieder andere erscheinen als riesige graue Decke. Die Formveränderungen entstehen, weil die Wolken mit wärmerer Luft zusammentreffen, so daß ein Teil ihres Wassers verdunstet. Auch der Wind trägt dazu bei, daß sich das Aussehen der Wolken wandelt.

Was ist Schneeregen?

Schneeregen ist eine Mischung aus Regen und Schnee oder teilweise geschmolzenem Schnee.

Was ist ein Hygrometer?

Das Hygrometer ist ein Instrument, mit dem die Wetterforscher (Meteorologen) die Luftfeuchtigkeit messen.

Wie sehen Gewitterwolken aus?

Gewitterwolken bilden sich besonders häufig an warmen Sommertagen. Die Erde heizt sich infolge der Sonneneinstrahlung auf, Oberflächenwasser verdunstet, und am Himmel entstehen kleine Haufenwolken, die allmählich zu großen Wolkentürmen werden. Wenn diese Türme immer weiter in die Höhe wachsen, werden sie zu Haufen-Regenwolken, die bis zu 18 000 Meter hoch reichen können. Solche Wolken lassen oft Gewitter entstehen.

Warum hängen Wolken besonders oft über Bergen?

Wolken entstehen, wenn feuchte Luft hochsteigt und sich abkühlt. Das geschieht häufig über Bergen. Die Luft muß sich nach oben bewegen und kühlt sich ab, so daß der Wasserdampf zu Tröpfchen kondensiert. Die Tröpfchen bilden dann die Wolken, die über den Bergen hängen und die Gipfel verhüllen.

Die einzelnen Wolkentypen bringen unterschiedliches Wetter mit. Mit flauschigen Haufenwolken bleibt es oft schön. Tiefe Schichtwolken bedeuten meist Regen.

Kann man das Wetter beeinflussen?

Wissenschaftler sind heute in der Lage, Regen zu erzeugen, wenn auch nur unter bestimmten Bedingungen und in geringem Ausmaß. Dazu werden Eiskerne (z.B. Silberjodid oder Trockeneis) aus einem Flugzeug in eine wasserdampfreiche Wolke gestreut. Die unterkühlten Wassertropfen heften sich an die Eiskerne und gefrieren. Die Eiskristalle wachsen, bis sie so schwer sind, daß sie nach unten sinken. Unterwegs schmelzen sie und fallen dann als Niederschlag in Form von Regen auf die Erde.

Welches sind die höchsten Wolken?

Die höchsten Wolken sind die Feder-, Feder-Schicht- und Feder-Haufenwolken. Sie bestehen vorwiegend aus Eiskristallen. Die Federwolken sind dünn und bilden sich in Höhen bis zu 10 000 Metern.

Welches ist der feuchteste Ort der Erde?

Den höchsten durchschnittlichen jährlichen Niederschlag, nämlich 11 770 Millimeter, hat Tutunendo in Kolumbien (Südamerika). Man stelle sich sechs große Männer vor, die übereinander stehen: So tief wären 11 770 Millimeter Wasser! Cherrapunji in Indien hält den Rekord für die größte Regenmenge in einem Monat (9000 Millimeter) und für den meisten Niederschlag in einem einzigen Jahr: 1860/61 waren es erstaunliche 26 461 Millimeter!

Wo regnet es fast jeden Tag?

Am häufigsten brauchen die Menschen in der Nähe des Äquators, die dort an den Küsten und auf Inseln leben, ihren Regenschirm. Täglicher Regen ist der Normalfall in Teilen Westafrikas und im Amazonasbecken in Südamerika.

Wo fällt der meiste Schnee?

Auf dem Mount Rainier im US-Bundesstaat Washington fielen in einem Jahr (1971/72) über 31 000 Millimeter Schnee. Damit ist dieser Berg der schneereichste Ort der Welt. Der Rekord für die größte Schneemenge in einem einzigen Schneesturm liegt bei 4800 Millimeter. Dieses Unwetter ging 1959 über dem Mount Shasta in Kalifornien (ebenfalls USA) nieder.

Wie entsteht der Monsun?

Der Monsun ist ein Wind, der in manchen Ländern (z. B. Indien) im Sommer vom Land zum Meer und im Winter vom Meer zum Land weht. In heißen Gegenden am Äquator steigt die warme Luft im Sommer auf, und an ihrer Stelle zieht kalte, mit Wasser aus dem Meer beladene Luft über das Land. Dieser kühlere Wind bringt oft sintflutartigen Regen mit, der zu Überschwemmungen führt. In Indien dauert der Monsunregen drei bis vier Monate.

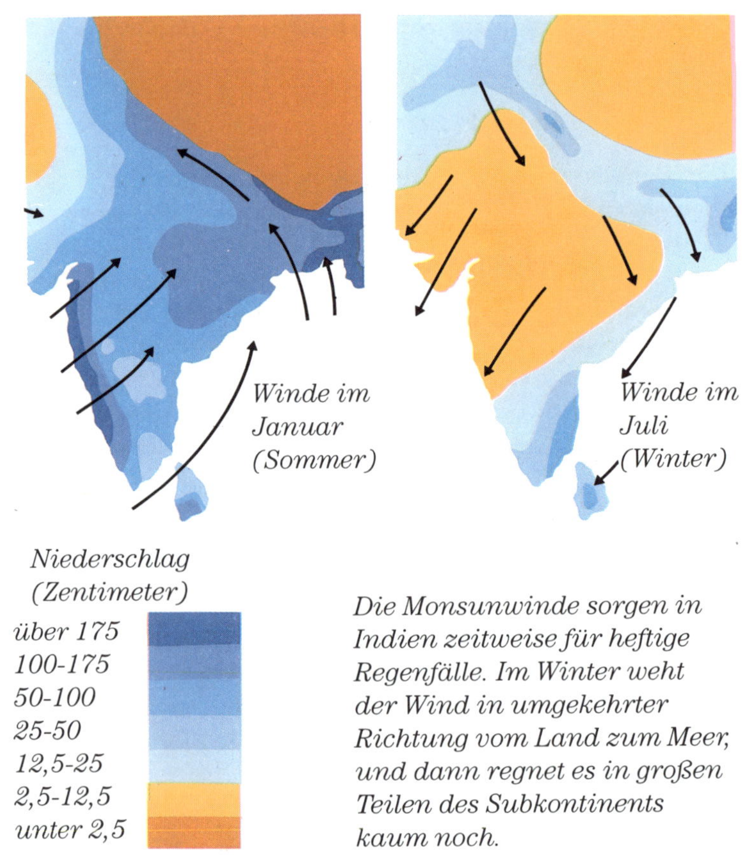

Die Monsunwinde sorgen in Indien zeitweise für heftige Regenfälle. Im Winter weht der Wind in umgekehrter Richtung vom Land zum Meer, und dann regnet es in großen Teilen des Subkontinents kaum noch.

Wie entsteht ein Regenbogen?

Sonnenlicht ist ein Gemisch von Farben. Regentropfen, die von den Sonnenstrahlen getroffen werden, wirken wie winzige Spiegel oder Glasprismen: Sie beugen das Licht und zerlegen es in die einzelnen Farben. Einen Regenbogen sieht man, wenn man die Sonne im Rücken und den Regen vor sich hat. An einem sonnigen Tag kann man mit der Düse des Gartenschlauchs selbst einen Regenbogen erzeugen.

Welches ist der heißeste Ort?

Am heißesten ist es in den tropischen Gebieten, wo die Sonnenstrahlen am steilsten auf die Erde treffen. Den Temperaturrekord hält ein Ort in der libyschen Wüste, wo 1922 nicht weniger als 58 °C im Schatten gemessen wurden. Sehr heiß ist es auch im Death Valley in Kalifornien (USA): 1913 wurden dort 56,7 °C gemessen.

Wo ist es kälter: am Nord- oder am Südpol?

Am Südpol wird es kälter als am Nordpol. Der kälteste Ort der Erde ist die Station Wostok in der Antarktis: Dort sank die Temperatur im Juli 1983 auf -89,2 °C.

Wo scheint die Sonne nie?

Auch an bewölkten Tagen verschwindet die Sonne nicht: Über den Wolken, in einem Flugzeug, kann man sie sehen. In der Nähe der Pole geht die Sonne aber im Polarwinter über längere Zeit hinweg nicht auf. Am Südpol scheint sie jedes Jahr 182 Tage lang nicht. Am Nordpol ist es ein wenig sonniger: Hier dauert die dunkle Zeit nur 176 Tage.

Was ist Rauhreif?

Die weiße Reifschicht, die an einem kalten Morgen die Erde bedeckt, entsteht aus der Luftfeuchtigkeit. Wenn der Wasserdampf in der eisigen Nacht den Erdboden berührt, gefriert er, so daß eine dünne Schicht aus Eiskristallen entsteht – der Rauhreif.

Was enthält mehr Wasser: Schnee oder Regen?

Polarforscher schmelzen manchmal Schnee, um Trinkwasser herzustellen. Bis der Topf voll ist, muß man eine Menge Schnee einfüllen, denn er enthält viel weniger Wasser als Regen. Um eine Tasse Wasser herzustellen, muß man zehn Tassen Schnee schmelzen.

Ein Regenbogen entsteht, wenn das Sonnenlicht von den Regentropfen gebrochen wird. Dabei wird es in die Spektralfarben zerlegt.

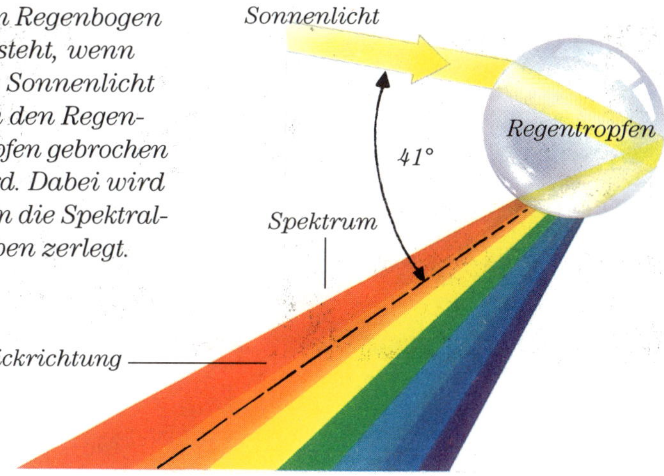

Entstehen Schnee und Hagel auf die gleiche Weise?

Schnee und Hagel sind gefrorenes Wasser, aber sie entstehen auf unterschiedliche Weise. In sehr kalter Luft wird der Wasserdampf in der Luft zu Eiskristallen, die sich dann zu Schneeflocken zusammenlagern. Gefrieren dagegen Regentropfen, entstehen Hagelkörner. Sie bilden sich in Gewitterwolken, wo die Luft sich heftig auf- und abbewegt. Wenn die Hagelkörner in der wirbelnden Luft hoch und nieder gerissen werden, lagern sich weitere Eisschichten an, so daß sie immer größer werden.

Wie groß können Hagelkörner werden?

Es gibt Hagelkörner, die größer sind als ein Tennisball und etwa ein Kilogramm wiegen. Bei einem Gewitter in Bangladesh sollen große Hagelkörner 1986 etwa 60 Menschen erschlagen haben. Je öfter ein Hagelkorn in der Gewitterwolke auf- und abgezogen wird, desto mehr nehmen Größe und Gewicht zu. Schließlich wird es so schwer, daß die Luft es nicht mehr nach oben tragen kann, und dann fällt es zur Erde.

Niederschlag fällt je nach Temperatur als Regen, Graupel oder Schnee.

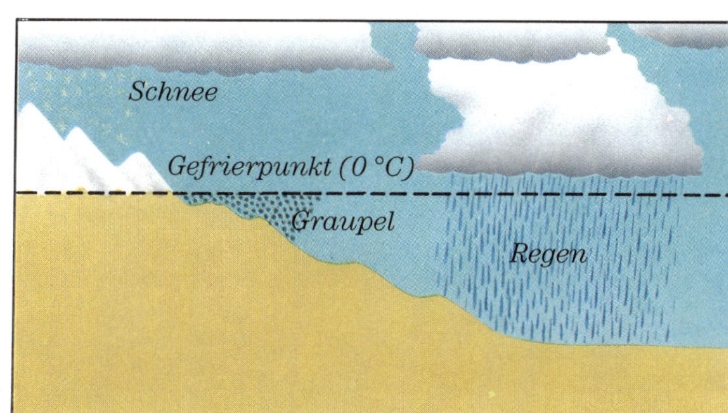

Nachts kann sich auf Blättern Tau bilden.

Was ist Tau?

Tau bildet sich in klaren, windstillen Nächten. Wenn die Temperatur sinkt, kondensiert der Wasserdampf in der Luft zu kleinen Tröpfchen, die morgens wie winzige Perlen auf Autos, Pflanzen und Spinnennetzen liegen. Wenn der Tau gefriert, wird er zu Rauhreif.

Wo ist die Erde ständig gefroren?

In den Polargebieten ist der Erdboden das ganze Jahr über gefroren. Diese Regionen bezeichnet man deshalb auch als Permafrostgebiete. In Sibirien ist die gefrorene Bodenschicht stellenweise über 1300 Meter dick.

Wie entsteht Nebel?

Nebel entsteht, wenn eine Wolke bis auf den Boden hängt. Er besteht aus winzigen Wassertröpfchen, die in der Luft schweben. Je kühler die Luft ist, desto weniger Wasserdampf kann sie aufnehmen. Deshalb kondensiert der Dampf zu kleinen Tröpfchen: Es wird neblig.

Warum löst Sonne den Nebel auf?

Der Frühnebel verschwindet schnell, wenn die Sonne ihn erwärmt. Ihre Strahlen heizen die Luft auf, so daß sie mehr Wasserdampf aufnehmen kann. Deshalb verdunsten die Tröpfchen des Nebels zu unsichtbarem Wasserdampf, und die Luft wird wieder klar.

Was ist Luftfeuchtigkeit?

Luftfeuchtigkeit ist die Menge des unsichtbaren Wasserdampfes in der Luft. Je wärmer sie ist, desto mehr Wasserdampf kann sie aufnehmen. Wenn sie die größtmögliche Wassermenge enthält, bezeichnet man sie als gesättigt. Die relative Luftfeuchtigkeit ist der Anteil an Wasserdampf in der Luft im Verhältnis zu der Menge bei Sättigung. Am höchsten (fast 100 Prozent) ist die relative Luftfeuchtigkeit über den Meeren, die geringsten Werte (etwa 10 Prozent) hat sie in der Wüste.

Wie entstehen Blitze?

Ein Blitz ist ein großer elektrischer Funke. Bei einem Gewitter entstehen in den Wolken sowie zwischen Wolken und Erdboden große elektrische Spannungsunterschiede, die immer mehr zunehmen und sich schließlich in einem Blitz entladen. Blitze können zwischen Wolken und Boden oder zwischen zwei Wolken entstehen.

Wie oft gehen Blitze auf die Erde nieder?

In jedem Augenblick toben auf der Welt mindestens 1500 Gewitter. In allen entstehen Blitze, deshalb wird die Erde in jeder Minute etwa 6000mal vom Blitz getroffen.

Advektionsnebel entsteht, wenn warme, feuchte Luft sich über kühlen Boden bewegt oder wenn kalte Luft über warmes Wasser streicht. Nebelfelder bilden sich, wenn kalte und warme Luftmassen aufeinandertreffen. Strahlungsnebel entsteht nachts, wenn sich die Luft in Bodennähe abkühlt. Und an Berghängen kommt es zur Nebelbildung, wenn feuchte Luft hochsteigt und dabei kälter wird.

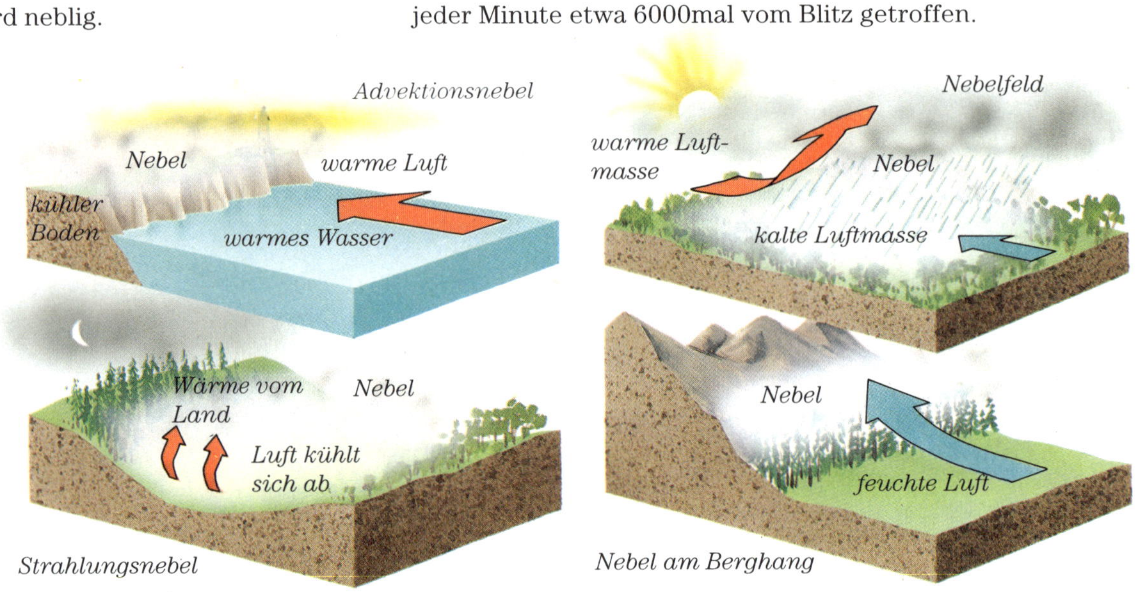

Blitze sind elektrische Entladungen. Zunächst sucht ein "Leitblitz" den kürzesten Weg zum Boden, und anschließend zuckt die Hauptentladung nach oben. Oft folgen viele Blitze schnell hintereinander.

Welche Geschwindigkeit erreicht ein Blitz?

Der Blitz beginnt mit einer "Vorentladung" von oben nach unten, die sich mit 1600 Kilometern je Sekunde den leichtesten Weg zur Erde sucht. Die dann folgende Gegenentladung ist wesentlich schneller: Sie bringt es auf 140 000 Kilometer je Sekunde, fast die halbe Lichtgeschwindigkeit. Ein Blitz ist also wirklich "blitzschnell".

Können Blitze zweimal dieselbe Stelle treffen?

Blitze können Menschen töten und Gebäude beschädigen. Ein altes Sprichwort sagt: "Der Blitz schlägt nie zweimal an der gleichen Stelle ein." Aber das stimmt nicht. Manche hohen Gebäude (die immer durch Blitzableiter geschützt sind) werden jedes Jahr mehrere hundertmal getroffen. Ein Nationalparkwächter in den USA wurde siebenmal vom Blitz getroffen – und überlebte!

Warum sollte man bei einem Gewitter Bäume meiden?

Die abwärts gerichtete Entladung sucht sich den leichtesten Weg zur Erde. Große, allein stehende Bäume sind deshalb gefährlich, besonders wenn sie sich auf einem Hügel befinden. Auch wenn man einen Metallgegenstand (zum Beispiel einen Regenschirm oder einen Golfschläger) bei einem Gewitter in die Höhe hält, steigt die Gefahr, daß das elektrisch leitende Material vom Blitz getroffen wird.

Wie entsteht der Donner?

Früher glaubte man, die Götter donnerten, wenn sie sich ärgerten. In Wirklichkeit entsteht der Donner, weil die Luft durch einen Blitz stark aufgeheizt wird und sich dabei ausdehnt.

Wie erkennt man die Entfernung eines Gewitters?

Je näher ein Gewitter ist, desto dichter folgen Blitz und Donner aufeinander. Wenn man die Sekunden zwischen beiden zählt und durch drei teilt, weiß man ungefähr, wie viele Kilometer das Gewitter entfernt ist.

Warum kommt der Donner immer nach dem Blitz?

Der Blitz heizt die Luft in seiner Umgebung stark auf, so daß sie sich ausdehnt und dabei ein Donnerrollen entstehen läßt. Den Blitz sieht man praktisch sofort, aber der Schall des Donners ist viel langsamer, so daß man ihn erst ein paar Sekunden später hört.

Donner entsteht, weil der Blitz die Luft plötzlich stark aufheizt. Die Schallwellen wandern langsamer als das Licht, und deshalb hört man den Donner mit einer gewissen Verzögerung.

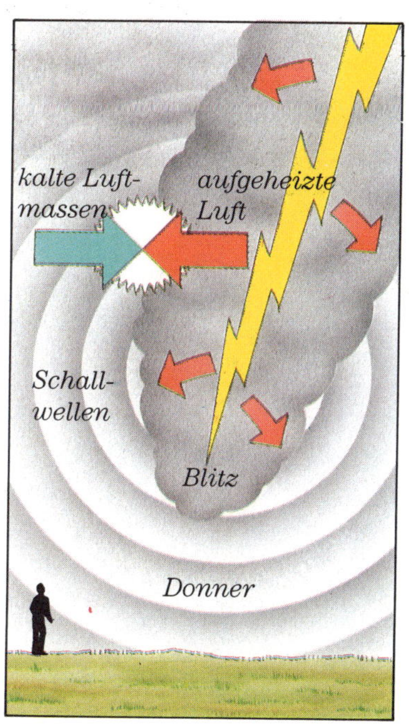

Warum weht der Wind?

Wenn die Luft von der Sonne aufgeheizt wird, entsteht Wind. Die warme Luft dehnt sich aus und wird leichter. Deshalb steigt sie nach oben, und kühlere Luft tritt an ihre Stelle. Am stärksten ist die Sonnenstrahlung am Äquator. Die Luft, die dort hochsteigt, kühlt sich in größerer Höhe ab und fließt nach Norden und Süden. Aus diesen Luftbewegungen entstehen die Winde der Erde.

Die Windstärke mißt man mit der Beaufort-Skala. Stärke 0 ist Windstille (unter 1,6 km/h). Stärke 1-3 ist leichter Wind (bis 29 km/h). Stärke 4-5 ist mäßiger Wind (bis 38 km/h), in dem kleine Bäume schwanken. Bei Stärke 6-7 (bis 61 km/h) bewegen sich auch kräftige Bäume. Stärke 8-9 ist stürmischer Wind (bis 87 km/h), und Stärke 10-11 ist ein Sturm (bis 116 km/h), bei dem Gebäude zerstört werden. Stärke 12 ist ein Orkan mit Windgeschwindigkeiten über 125 km/h.

Was ist ein Sturm?

Winde, die mit verschiedenen Geschwindigkeiten wehen, haben unterschiedliche Namen. Leichten, langsamen Wind bezeichnet man als Brise. Starker Wind heißt Sturm. Der britische Admiral Sir Francis Beaufort entwickelte 1803 eine Skala der Windgeschwindigkeiten, die von 1 bis 12 reicht. Windstärke 0 bedeutet Windstille, bei der Rauch senkrecht nach oben steigt. Bei Windstärke 5 schwanken kleinere Bäume, und Stärke 9 ist bereits ein Sturm, der Ziegel von den Häusern reißen kann. Windstärke 12 ist ein Orkan, der große Verwüstungen anrichtet.

Wie schnell weht der Wind?

Die höchste Windgeschwindigkeit, 371 Kilometer in der Stunde, wurde 1934 auf einem Berg im US-Bundesstaat New Hampshire gemessen. Bei Wirbelstürmen kann der Wind noch viel höhere Geschwindigkeiten erreichen: bis zu 450 Stundenkilometer.

Was sind die Passatwinde?

In der Frühzeit der Schiffs- und Entdeckungsreisen brauchten die Seeleute den Wind, um die Meere zu überqueren. Dabei entdeckten sie in den Tropen die Passatwinde, die stetig in Richtung des Äquators wehen und auch als "vorherrschende" Winde bezeichnet werden. Von der Drehung der Erde angetrieben, wehen sie vorwiegend von Ost nach West. Die Seefahrer mit ihren Segelschiffen machten sich die Passatwinde auf ihren langen Reisen zunutze.

Was ist das Auge eines Hurrikans?

Ein Hurrikan ist ein heftiger tropischer Wirbelsturm. Er erreicht auf der Beaufort-Skala die Stärke 12. In einem Hurrikan weht der Wind sehr schnell im Kreis, und der gesamte Wolkenwirbel kann einen Durchmesser von 500 Kilometern erreichen. In seiner Mitte liegt das sogenannte Auge des Hurrikans mit 15 Kilometern Durchmesser und ruhiger Luft.

Wo entstehen Hurrikane?

Hurrikane entstehen über tropischen Meeren, wo die warme Luft schnell nach oben steigt. Wenn kühlere Luft nachströmt, kann eine Kreisbewegung einsetzen, so daß ein riesiger Wirbel entsteht. Hurrikane bilden sich im Atlantik. Ähnliche Wirbelstürme heißen im Pazifik Taifune und im Indischen Ozean Zyklone.

In einem Hurrikan wirbelt der Wind spiralförmig um das ruhige Auge.

Ein Tornado ist ein heftiger Wirbelsturm. Aus den dunklen Wolken ragt ein wirbelnder Trichter, der schließlich den Boden erreicht. Der Sog in einem Tornado kann so stark werden, daß Häuser und entwurzelte Bäume mehrere hundert Meter hoch gehoben werden.

Was ist ein Tornado?

Ein Tornado ist wie der Hurrikan ein Wirbelsturm. Er bildet sich über dem Land, wenn große Wolkenmassen aufeinandertreffen und sich umeinander drehen. Zusammen bilden die rotierenden Wolken einen riesigen Trichter, der am Boden alles aufsaugt, was sich ihm in den Weg stellt. Im Mittleren Westen der USA richten Tornados jedes Jahr große Schäden an. Sie rasen mit 50 Stundenkilometern über das Land und sind 40 Kilometer weit zu hören.

Was geschieht, wenn Wind auf einen Berg trifft?

Wenn Wind gegen einen Berg weht, wird die Luft nach oben gedrückt, so daß sie sich abkühlt. Die Wolken, die dabei entstehen, hüllen einige Berge ständig ein. Regen und Schnee fallen meist auf der Windseite der Berge. Die Windschattenseite ist trockener.

Was ist der Chinook?

Der Chinook ist ein warmer, trockener Wind, der in Nordamerika den östlichen Abhang der Rocky Mountains hinunterfegt. Er kann sehr plötzlich warmes Wetter bringen und den Schnee schnell schmelzen lassen. Ein ähnlicher Wind in den Alpen ist der Föhn.

Wie entsteht eine Meeresbrise?

An den Küsten weht der Wind oft vom Meer zum Land. Im Sommer heizt die Sonne das Land schneller auf als das Meer. Die Luft über dem Land wird warm und steigt auf, so daß darunter kältere Luft vom Meer nachströmt: Eine kühle Meeresbrise entsteht.

Was ist eine Wetterfront?

Fronten sind Bereiche, in denen sich das Wetter ändert. Sie entstehen, wenn kalte und warme Luftmassen aufeinandertreffen. Kaltfronten bringen oft schlechtes Wetter mit, zum Beispiel starken Wind, Regen oder Schnee. Warmfronten verursachen meist allmähliche Veränderungen.

Was sind die Hoch- und Tiefdruckgebiete im Wetterbericht?

Der Luftdruck ist der Druck, mit dem die Luft auf der Erde lastet. Warme Luft wiegt weniger als kalte und bildet deshalb ein Tiefdruckgebiet, oft einfach Tief genannt. In einem Hochdruckgebiet oder Hoch ist die Luft kühler, und der Himmel ist meist klar.

Wer macht den Wetterbericht?

Wissenschaftler, die das Wetter vorhersagen, nennt man Meteorologen. Sie sammeln die Daten von über 3500 Wetterstationen auf der ganzen Welt, von Wetterschiffen und Wetterbojen auf dem Meer, von Flugzeugen und Ballonen sowie von Wettersatelliten im Weltraum.

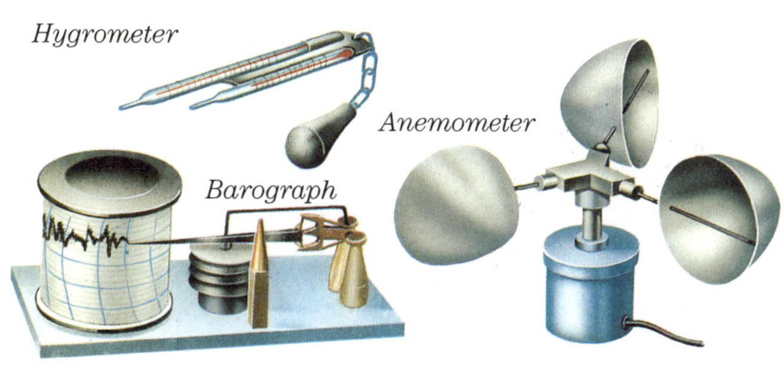

Einige Instrumente zur Messung der Wetterbedingungen. Mit dem Anemometer mißt man die Windgeschwindigkeit, mit dem Hygrometer wird die Luftfeuchtigkeit ermittelt, und der Barograph zeichnet Luftdruckveränderungen auf.

MEERE, FLÜSSE UND SEEN

Die größten Ozeane sind der Atlantik und der Pazifik.

Welchen Teil der Erde bedecken die Meere?

Die Erde ist fast zu 71 Prozent von Meeren bedeckt, das sind 363 033 000 Quadratkilometer. Die Ozeane enthalten 97 Prozent des gesamten Wassers. Eigentlich ist die Erdoberfläche ein Ozean mit den Kontinenten als Inseln.

Wie sind die Ozeane entstanden?

Wann und wie die Ozeane entstanden sind, weiß man nicht genau. Nach Ansicht mancher Wissenschaftler wurde das Wasser beim Abkühlen der Erde aus dem Gestein freigesetzt. Andere glauben, daß es aus dichten Wolken herunterfiel, die über der neu entstandenen Erde hingen. Danach hätte es jahrhundertelang geregnet, während Erde und Wolken langsam abkühlten und sich die Ozeane mit Wasser füllten.

Sind die Ozeane verbunden?

Alle Meere bilden eine einzige riesige Wassermasse. Die drei großen Ozeane – Pazifik, Atlantik und Indischer Ozean – sind im Süden rund um die Antarktis verbunden. Atlantik und Pazifik treffen auch in der Arktis zusammen und bilden dort das nördliche Polarmeer.

Wie schnell bewegt sich das Wasser um die Erde?

Nach Berechnungen mancher Ozeanographen (das sind Wissenschaftler, die sich mit den Ozeanen beschäftigen) dauert es etwa 5000 Jahre, bis ein Wasserteilchen alle Ozeane der Erde einmal durchlaufen hat.

Was ist eine Meeresströmung?

Eine Meeresströmung ist ein Wasserlauf im Ozean. Es gibt Oberflächenströmungen und Tiefenströmungen. Die großen Oberflächenströmungen transportieren warmes Wasser vom Äquator weg. Es kühlt sich auf dem Weg in die kälteren Regionen ab und mischt sich mit Wasser von geringerer Temperatur. Wenn eine solche Strömung sich dann wieder zum Äquator wendet, ist ihr Wasser kalt. Strömungen vor den Küsten entstehen durch die Gezeiten. Die viel größeren Strömungen, die sich quer über die Ozeane ziehen, wie zum Beispiel der Golfstrom, werden dagegen vom Wind angetrieben.

Wie verlaufen Meeresströmungen?

Aufgrund der Erddrehung bewegen sich die großen Meeresströmungen auf der Nordhalbkugel im Uhrzeigersinn und auf der südlichen Hemisphäre im Gegenuhrzeigersinn. Unter den Oberflächenströmungen gibt es oft Tiefenströmungen, die das vom Wind abgetriebene Wasser ersetzen. Oberflächen- und Tiefenströmungen verlaufen in entgegengesetzter Richtung.

Was sind Meereswirbel?

Durch die großen Meeresströmungen entstehen in den Ozeanen der Erde sechs große Kreisbewegungen, die Meereswirbel. Jeweils zwei davon befinden sich im Atlantik, im Pazifik und im Indischen Ozean. Diese riesigen Wirbel transportieren Wärme durch die Weltmeere und beeinflussen das Klima der angrenzenden Landmassen.

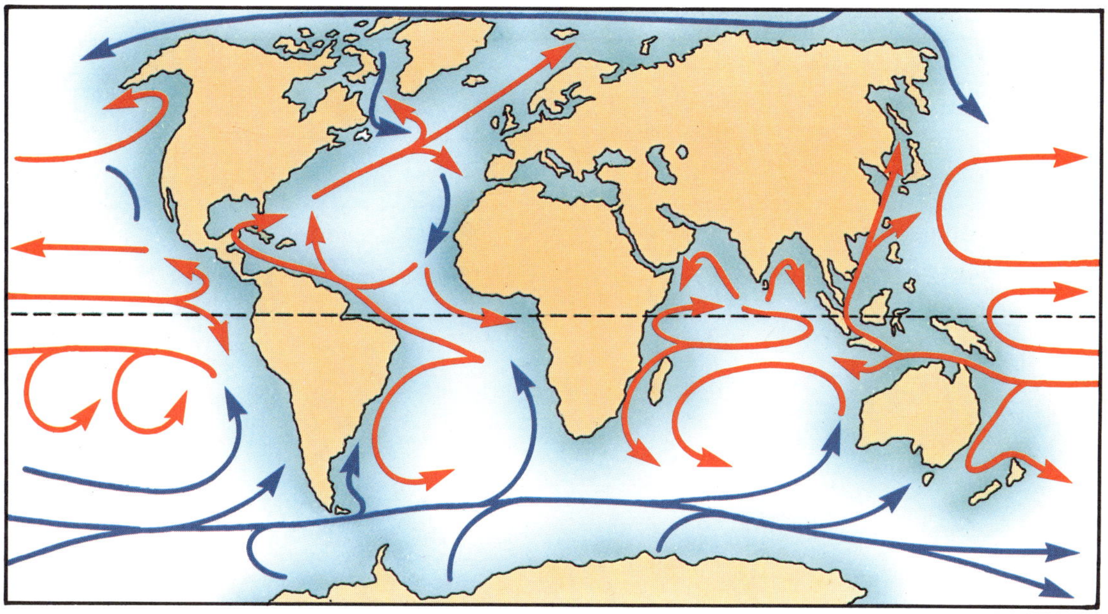

Die Meeresströmungen werden vom Wind getrieben. Sie fließen in jedem Ozean ungefähr im Kreis, wobei warmes Wasser vom Äquator weg und kaltes Wasser zu ihm hin strömt.

Wie beeinflussen Meeresströmungen die Kontinente?

Die Meeresströmungen haben erhebliche Wirkungen auf die Temperatur an Land. Der Golfstrom, eine warme Strömung im Atlantik, fließt nach Nordosten und erwärmt die Küsten Europas. Deshalb ist zum Beispiel der Winter in Frankreich, Großbritannien, Norwegen und Island wärmer als in den meisten anderen Gebieten, die so weit nördlich liegen. Das Wasser ist im Golfstrom um bis zu 10 °C wärmer als außerhalb davon. Eine kalte Strömung im Pazifik, der Humboldtstrom, zieht sich an der Westküste von Peru und Ecuador entlang. Sein Wasser ist etwa 8 °C kälter als der übrige Pazifik auf derselben geographischen Breite und sehr fisch- und nährstoffreich.

Wie gelangt warmes Pazifikwasser an die Küsten Großbritanniens?

Die Wärme des Golfstroms stammt zum Teil aus dem Pazifik. Der sogenannte Agulhasstrom, eine gewaltige warme Meeresströmung, fließt aus dem Pazifik nach Osten in den Indischen Ozean und von dort um die Südspitze Afrikas in den Atlantik. Auf seinem weiteren Weg erwärmt er schließlich das Wasser, das nach Norden bis an die Küsten Großbritanniens transportiert wird. Deshalb gibt es auf den Britischen Inseln im Winter kaum Frost.

Wellen wandern zur Küste, aber das Wasser kommt dabei nicht voran. Die Wasserteilchen bewegen sich kreisförmig, bis die Welle schließlich den Strand erreicht.

Wie schnell fließt der Golfstrom?

Das Wasser der großen Meereswirbel bewegt sich mit etwa 10 Kilometern am Tag. Schmale Warmwasserströmungen wie der Golfstrom fließen schneller, nämlich mit bis zu 160 Kilometern täglich.

Wie hoch können sich Wellen auftürmen?

Wellen, die von starkem Wind aufgetürmt werden, können auf dem offenen Meer Höhen von 12 Metern und mehr erreichen. Die höchste Welle, die von einem Schiff beobachtet und offiziell bestätigt wurde, hatte 1933 bei einem Hurrikan eine Höhe von 34 Metern.

Wie entstehen Wellen?

Wenn man einen auf dem Wasser schwimmenden Ball beobachtet, scheinen die Wellen darunter hindurchzulaufen. Eine Welle besteht aus Wasserteilchen, die eine Kreisbewegung vollziehen. Der Wind treibt die Welle vorwärts und erzeugt den Wellenkamm, der dann von der Schwerkraft ins Wellental gezogen wird.

Wie warm ist das wärmste Meerwasser?

Es gibt im Meer unsichtbare Grenzen, die durch Druck- und Temperaturunterschiede entstehen. Die höchste Temperatur wurde mit 35 °Celsius (das ist fast die menschliche Körpertemperatur) im Persischen Golf gemessen. Viel heißeres Wasser (bis zu 404 °Celsius) strömt aus Quellen am Meeresboden. Der dort herrschende hohe Druck verhindert, daß es verdampft.

Welche Wellen richten den größten Schaden an?

Bewegungen des Meeresbodens, vor allem Erdbeben, lassen manchmal riesige Flutwellen entstehen, die man mit einem japanischen Begriff als Tsunamis bezeichnet. Sie erreichen Geschwindigkeiten von 800 Stundenkilometern, sind aber im offenen Meer so niedrig, daß sie nicht einmal Fischerboote in Gefahr bringen. Wenn sie jedoch in seichtes Wasser kommen, können sie sich auf über 80 Meter auftürmen, und dann zerstören sie alles, was in ihrem Weg liegt.

Warum ist Meerwasser salzig?

Wolken, Regen und Schnee sind reines Süßwasser. Sobald es dann den Boden durchdringt und die Flüsse durcheilt, nimmt es kleinere Mengen von Salzen und Mineralstoffen aus den Gesteinen auf. Diese Fracht, über Jahrmillionen nur in eine Richtung geleitet, hat das Meerwasser salzig gemacht.

Warum hat das Tote Meer den höchsten Salzgehalt?

Das Tote Meer ist ein Binnensee in der Wüste zwischen Israel und Jordanien. Die Sonne läßt einen großen Teil seines Wassers verdunsten, so daß das verbleibende Wasser immer salziger wird. Das Tote Meer enthält etwa neunmal so viel Salz wie die großen Ozeane und trägt Schwimmer deshalb besonders gut: Man kann sich in seinem Wasser einfach auf den Rücken legen und bleibt an der Oberfläche, ohne daß man sich bewegen muß.

Wie entstehen die Gezeiten?

Die Gezeiten wechseln ungefähr zweimal in 24 Stunden. Ihre Ursache ist die Schwerkraft von Sonne und Mond, die das Meerwasser anzieht. Sie wirkt auch auf die Landmassen, aber nur Wasser kann sich leicht bewegen, und deshalb strömt es unter ihrem Einfluß hin und her. Da die Erde sich um ihre Achse dreht, zieht die Schwerkraft das Wasser immer abwechselnd in die eine und andere Richtung, so daß das Wasser an den Küsten steigt (Flut) und wieder fällt (Ebbe).

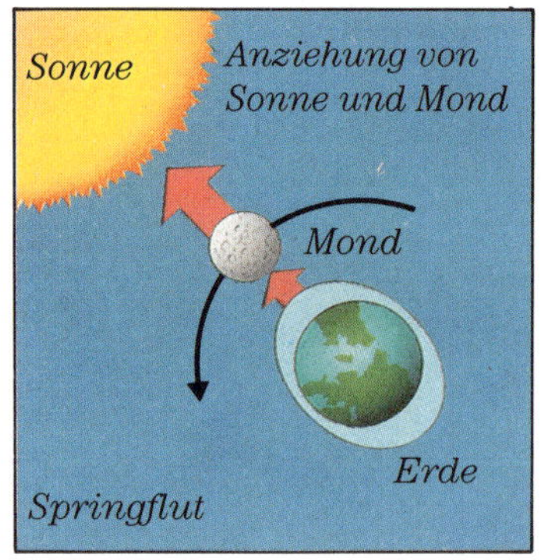

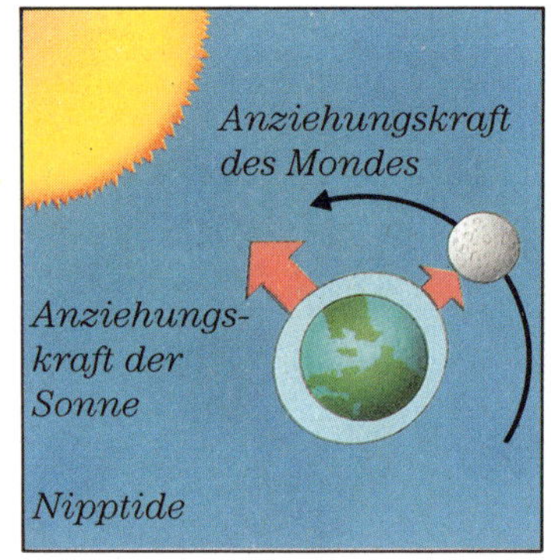

Die höchste Flut (Springflut) ergibt sich, wenn Sonne und Mond in derselben Richtung ziehen. Am niedrigsten ist die Nipptide, bei der die beiden Anziehungskräfte entgegengesetzt wirken.

Was bezeichnet man als Aufwallen?

Wenn Wind, der vom Land aufs Meer weht, das warme Oberflächenwasser wegdrückt, kann kühleres Wasser aus tieferen Meeresschichten aufsteigen. Dieses Wasser ist nährstoffreich, und deshalb ist ein solches Aufwallen gut für die Fischgründe.

Was ist eine Springflut?

Eine Springflut ist eine besonders hohe Flut. Sie entsteht, wenn die Anziehungskraft von Sonne und Mond in der gleichen Richtung wirkt. Ziehen die beiden Kräfte dagegen in entgegengesetzter Richtung am Meerwasser, entsteht eine besonders niedrige Flut, auch Nipptide genannt.

Wo ist der Gezeitenunterschied am größten?

Der Gezeitenunterschied ist die Höhendifferenz zwischen Ebbe und Flut. Rekordwerte erreicht die Bay of Fundy zwischen der kanadischen Provinz Nova Scotia und den USA. Bei Springfluten wird dort zwischen Ebbe und Flut ein Unterschied von 14,5 Metern gemessen. Die Gezeiten können durch die Form der Küste und des Meeresbodens sowie durch die Windrichtung verstärkt werden.

Welches ist die größte Meeresströmung?

Am größten ist die Zirkumpolarströmung im Südpolarmeer. Sie mißt an der breitesten Stelle 2000 Kilometer. Von dort gelangt das Wasser bis nach Japan, wo es sich mit kaltem Wasser aus dem Nordmeer mischt.

Ozeane und Meere

Welches ist der größte Ozean?

Der bei weitem größte Ozean der Erde ist der Pazifik. Er hat eine Fläche von 166 Millionen Quadratkilometern, mehr als der Atlantik und der Indische Ozean zusammen. Etwa 45 Prozent des gesamten Meerwassers der Erde befinden sich im Pazifik.

Wie viele Ozeane gibt es?

Die drei großen Ozeane sind der Pazifik, der Atlantik und der Indische Ozean. Zwei kleinere Ozeane sind das Nördliche und das Südliche Polarmeer, die aber in den Augen vieler Geographen als Teile der großen Ozeane anzusehen sind. Meere sind kleinere Salzwassergebiete, die mit den großen Ozeanen in Verbindung stehen. Das Mittelmeer ist zum Beispiel mit dem Atlantik verbunden.

Der Pazifik ist mit Abstand der größte Ozean. Er ist größer als Atlantik und Indischer Ozean zusammen.

Welches ist die tiefste Stelle der Ozeane?

Die tiefste Stelle aller Ozeane ist der Marianengraben im Pazifik. Er reicht nach verschiedenen Messungen 10 916 bis 11 034 Meter tief hinab.

Was ist ein Golf?

Ein Golf ist eine große Meeresbucht, die teilweise von Land umschlossen ist. Der größte Golf ist der Golf von Bengalen in Südasien mit einer Fläche von 2 172 000 Quadratkilometern. Die längste Küste eines Golfs hat die Hudsonbai in Kanada: Wenn man sie umrunden wollte, müßte man 12 000 Kilometer zurücklegen!

Warum wirbelt ein Wirbel?

Ein Wirbel ist eine Wassermasse, die rotiert, als ob sie in einen riesigen Abfluß fließt. Wirbel können auf mehrere Arten entstehen, beispielsweise wenn eine Strömung auf Felsen oder den Gezeitenstrom trifft. Auch wenn zwei Strömungen zusammenstoßen oder wenn der Wind gegen den Gezeitenstrom drückt, können sich Wirbel bilden. Ein berühmter Wirbel ist der Maelstrom vor der Küste Norwegens.

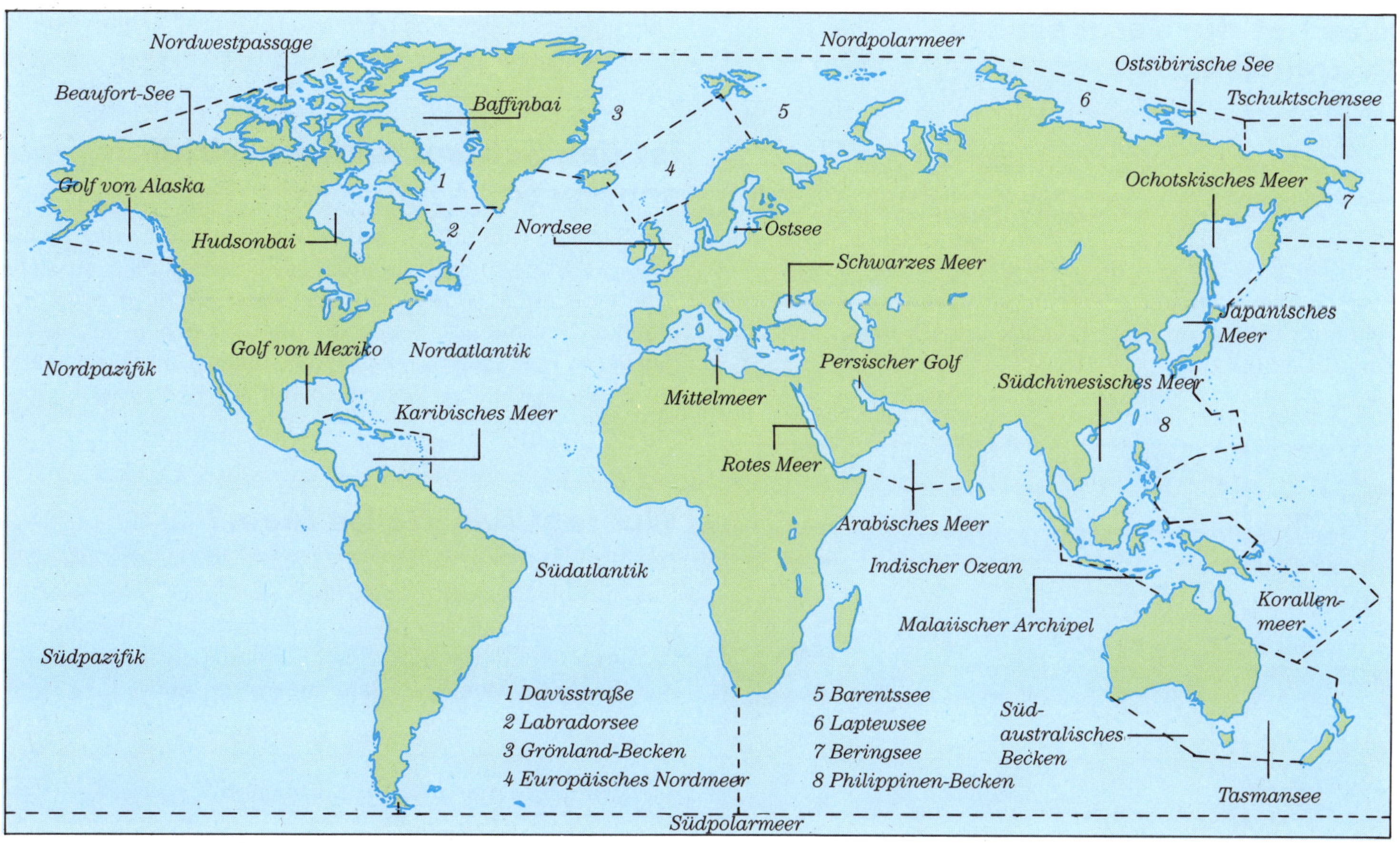

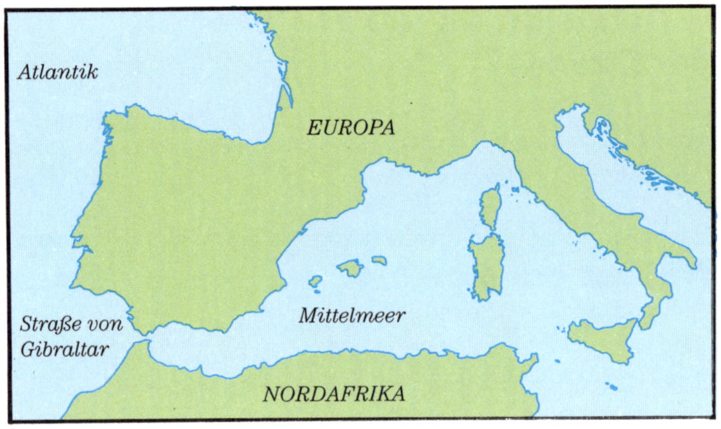

Das Mittelmeer ist das größte Binnenmeer der Welt.

Was ist eine Meeresstraße?

Eine Meeresstraße ist eine schmale Wasserverbindung zwischen zwei Ozeanen oder Meeresteilen. Die Straße von Gibraltar verbindet zum Beispiel das Mittelmeer mit dem Atlantik. Sie ist etwa 51 Kilometer lang und an der schmalsten Stellen nur 13 Kilometer breit. Sie trennt Europa (Spanien) von Afrika (Marokko).

Was hat die Sargassosee Besonderes?

Die Sargassosee, ein großer Bereich im westlichen Atlantik, ist ungewöhlich wegen des vielen Seetangs, der dort wächst und auf der Wasseroberfläche treibt. Zwischen und unter den Pflanzen leben unzählige Krebse, Krabben und Fische. Das Wasser der Sargassosee ist ungewöhnlich blau, sehr warm, sehr salzig und besonders klar. In der Sargassosee herrschen nur geringe Strömungen, aber sie ist von viel schneller bewegtem Wasser eingeschlossen, unter anderem vom Golfstrom.

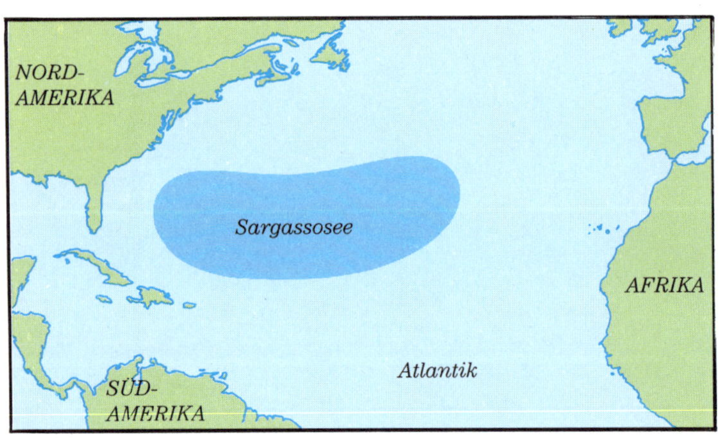

Die Sargassosee gehört zum westlichen Atlantik. Ein eigenes Meer ist sie nicht.

Warum hatten Seeleute Angst vor der Sargassosee?

Als Seefahrer nach 1400 erstmals den Atlantik erkundeten, berichteten sie seltsame Dinge über die Sargassosee. Sie erzählten, es sei ein äußerst geheimnisvolles Gebiet, in dem Seeungeheuer zwischen dem Tang auf Schiffe lauerten. In Wirklichkeit sind die Pflanzen ungefährlich. Sie sind auf dem Wasser so locker verteilt, daß sie ein Schiff nicht festhalten können. Und Seeungeheuer gibt es auch nicht!

Wo liegt Kap Hoorn?

Ein Kap ist eine Landspitze, die ins Meer ragt. Kap Hoorn liegt an der Südspitze Südamerikas. Es gibt dort viele Stürme, und in der Frühzeit der Seefahrt hatten Schiffe, die Kap Hoorn umrunden und aus dem Atlantik in den Pazifik segeln wollten, oft eine unruhige Reise vor sich.

Was ist El Niño?

Alle paar Jahre erwärmt sich das Wasser im östlichen Pazifik und drückt das kalte Wasser von der Küste Perus und Ecuadors weg. Diese Erwärmung nennt man "El Niño" (das Kind), weil sie oft um die Weihnachtszeit auftritt. El Niño beeinflußt das Klima und sorgt für mehr Regen und Überschwemmungen am östlichen Pazifik sowie für weniger Niederschlag und Dürre im Westen des Pazifiks.

Ist das Schwarze Meer wirklich schwarz?

Das Schwarze Meer liegt zwischen Europa und Asien. Es ist dort im Winter oft neblig, so daß das Wasser dunkel aussieht – daher stammt vermutlich der Name. Außerdem treten plötzlich Stürme auf. Schon die alten Griechen fürchteten das Schwarze Meer. Sie nannten es aber "pontos euxeinos" (freundliches Meer), weil sie damit die Meeresgötter besänftigen wollten.

Wo liegt das Weiße Meer?

Das Weiße Meer ist ein Teil des Nordpolarmeers, der nach Rußland hineinreicht. Es ist über eine lange Meeresstraße mit der Barentssee verbunden. Die Küste des Weißen Meers ist durch eine Reihe tiefer Buchten oder Fjorde gegliedert, die über sechs Monate im Jahr zugefroren sind.

Der Meeresboden

Was ist das Kontinentalschelf?

Das Land ist meist an der Küste nicht plötzlich zu Ende, sondern es fällt unter der Meeresoberfläche langsam bis auf 180 Meter Tiefe ab. Dieses "Land unter dem Meer" nennt man Kontinentalschelf. Es erstreckt sich an manchen Stellen mehrere hundert Kilometer in den Ozean. Am Ende des Kontinentalschelfs fällt dann der Kontinentalsockel steil in die Tiefsee ab. Die Nordsee liegt zum Beispiel vollständig über dem europäischen Kontinentalschelf.

Wie sieht der Meeresboden aus?

Die tiefen Ozeanbecken bestehen aus Basalt, einem schweren Gestein. Die Tiefseegräben und manche ebenen Teile des Meeresbodens sind mit Schlamm bedeckt, der oft die Überreste abgestorbener Tiere und Pflanzen enthält. Diesen Schlamm nennt man auch Schlick. Er ist an manchen Stellen mehrere hundert Meter dick.

Gibt es Berge am Meeresboden?

Unter den Ozeanen befindet sich eine vielfältige Landschaft, genau wie auf den Kontinenten. Vom Meeresboden erheben sich gewaltige Gebirge. Der Mittelatlantische Rücken erstreckt sich mitten im Atlantik über 16 000 Kilometer von Nord nach Süd. Seine höchsten Gipfel bilden Inseln wie die Azoren. Viele unterseeische Berge sind Vulkane, die ebenfalls Inseln bilden können. Die Hawaii-Inseln im Pazifik sind aus Vulkanen entstanden, die vom Meeresboden nach oben gestiegen sind.

Gibt es Gold im Meer?

Meerwasser enthält alle natürlich vorkommenden chemischen Elemente, darunter auch viele Millionen Tonnen gelöstes Gold und Silber. Beide Metalle sind aber so fein verteilt, daß eine Gewinnung sich nicht lohnen würde. Außerdem findet man Magnesium, Schwefel, Kalium und Calcium. Die Mengenverhältnisse an Kochsalz und anderen Verbindungen sind in allen Ozeanen ungefähr gleich. In Zukunft wird das Meer uns vielleicht Mineralien liefern, die an Land knapp werden.

Das meiste Leben gibt es in den oberen Wasserschichten, in die das Sonnenlicht eindringt. Die Tiefseegräben kann man nur mit speziell konstruierten Tauchbooten erforschen.

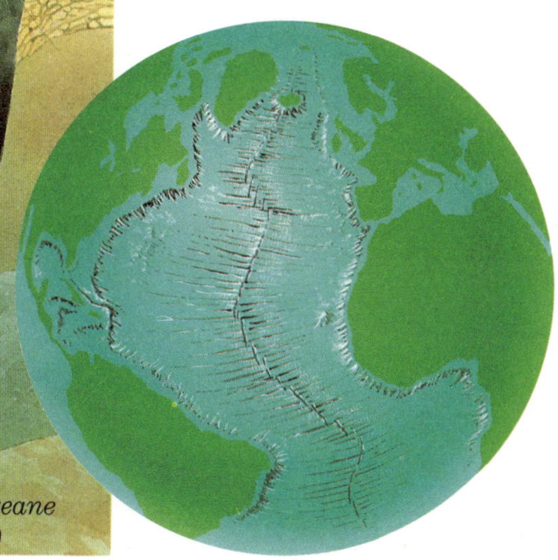

Der Mittelatlantische Rücken zieht sich in der Mitte des Atlantiks von Nord nach Süd.

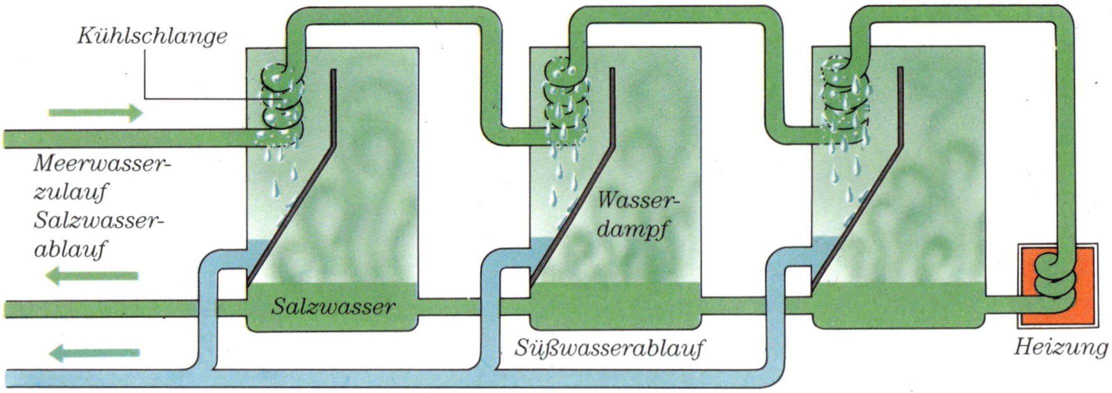

Durch Destillieren kann man Meerwasser entsalzen. Man bringt Salzwasser zum Kochen, und den dabei entstehenden Süßwasserdampf läßt man kondensieren, so daß flüssiges Süßwasser abläuft.

Kann man Meerwasser trinken?

Meerwasser enthält etwa siebenmal soviel Salz wie Wasser, das man gefahrlos trinken kann. Wenn man nur Meerwasser zu sich nimmt, stirbt man: Der Körper trocknet aus, weil er versucht, das Salz loszuwerden.

Wie kann man aus Meerwasser Trinkwasser machen?

Man hat viele Methoden ausprobiert, um das Salz aus dem Meerwasser zu entfernen. Am einfachsten ist die Destillation: Man bringt das Wasser zum Kochen und leitet den Dampf in einen gekühlten Behälter. Dort kondensiert Süßwasser, denn das Salz bleibt beim Verdampfen zurück. Neuere Methoden zur großindustriellen Meerwasserentsalzung sind teuer und liefern relativ wenig Süßwasser. Alle Entsalzungsanlagen der Welt produzieren zusammen etwa 3,8 Milliarden Liter Süßwasser am Tag, einen winzigen Bruchteil des Trinkwasserbedarfs der Weltbevölkerung.

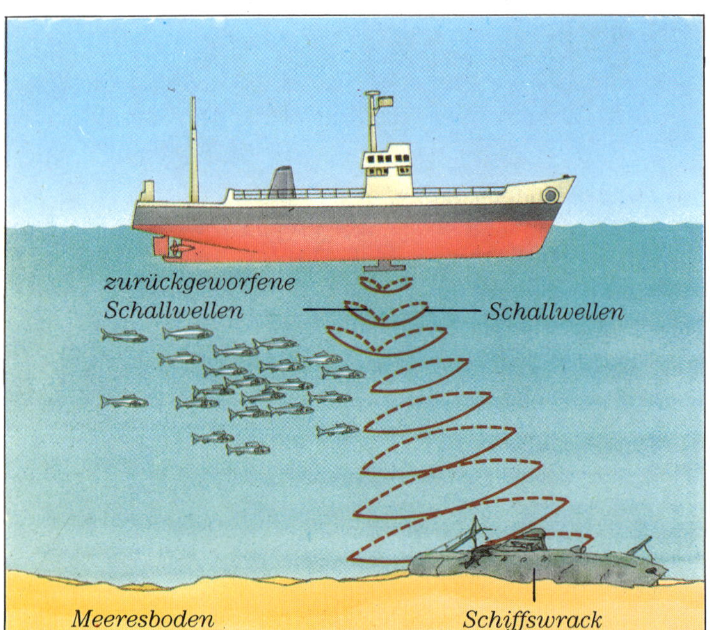

Wie tief sind Menschen in die Ozeane vorgedrungen?

Normale U-Boote halten den gewaltigen Druck in mehreren tausend Metern Tiefe nicht aus. Daher entwickelten die Wissenschaftler ein besonderes Tauchboot, das Bathyskap. Mit einem solchen Boot, der “Trieste”, tauchte man 1960 etwa 11 000 Meter tief in den Marianengraben.

Kann man in der Tiefsee sehen?

In Tiefen von mehr als 1500 Metern gibt es kein Licht. Es ist dort pechschwarz und sehr kalt. Den Meeresboden erreicht das Sonnenlicht nicht. Um die seltsamen Lebewesen zu sehen, die dort zu Hause sind, braucht man besondere Lampen und Kameras.

Wann wurde die Tiefsee zum ersten Mal erforscht?

Zum ersten Mal beschäftigte sich die Challenger-Expedition 1872 mit der Tiefsee. Dreieinhalb Jahre lang sammelten die Wissenschaftler Erkenntnisse über die Ozeane. Es war der Beginn der Ozeanographie oder Meereskunde.

Wie untersucht man den Meeresboden?

Man kann den Meeresboden auf unterschiedliche Weise untersuchen: mit dem Echolot von Schiffen aus, mit Bohrungen im Meeresboden und durch Tauchen. Um tiefere Schichten zu erkunden, verwendet man Tauchboote.

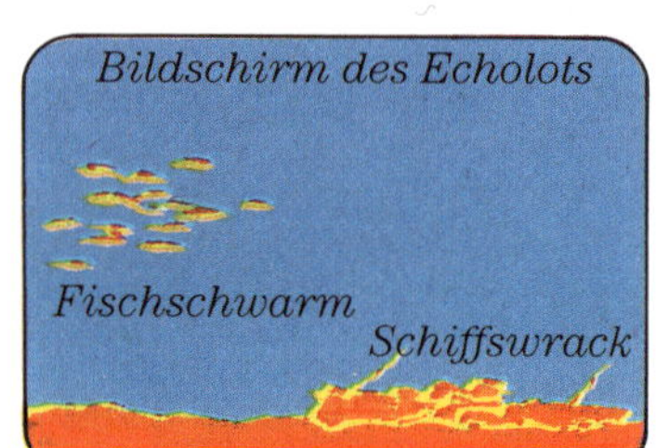

Das Echolot sendet Schallwellen aus, die von Gegenständen im Wasser zurückgeworfen werden und ein Bild vom Meeresboden vermitteln.

Flüsse

Wo entspringt ein Fluß?

Flüsse entstehen aus Regen, aus Seen und Quellen oder aus schmelzendem Eis und Schnee. Zu Beginn ist der Fluß ein kleines Rinnsal, das allmählich immer größer wird. Die Quelle liegt oft im Gebirge.

Können Flüsse bergauf fließen?

Alle Flüsse entspringen in größerer Höhe und fließen unter dem Einfluß der Schwerkraft bergab. Manche Flüsse entstehen aus kleineren Quellflüssen, die sich vereinigen. Auf ihrem Weg zu Tal kommen weitere Wasserläufe hinzu, so daß der Fluß immer mehr Wasser führt.

Was sind Nebenflüsse?

Nebenflüsse münden nicht ins Meer, sondern in einen größeren Fluß. Ein großer Strom wie zum Beispiel der Amazonas kann viele Nebenflüsse haben, von denen einige selbst sehr groß sind. Einen Fluß mit seinen Nebenflüssen bezeichnet man auch als Flußsystem.

Wie wird ein Fluß größer?

Zu Beginn seines Weges ist der Fluß ein kleines, sprudelndes Rinnsal. Aus dem Rinnsal wird ein Bach, der bergab plätschert und dabei weiter anwächst. Mehrere Bäche vereinigen sich schließlich auf ihrem Weg zu Tal zu einem Fluß. Einen sehr breiten Fluß wie zum Beispiel den Rhein bezeichnet man auch als Strom.

Im Nordwesten Brasiliens vereinigt sich das schlammige Wasser des Amazonas mit dem blauschwarzen Rio Negro.

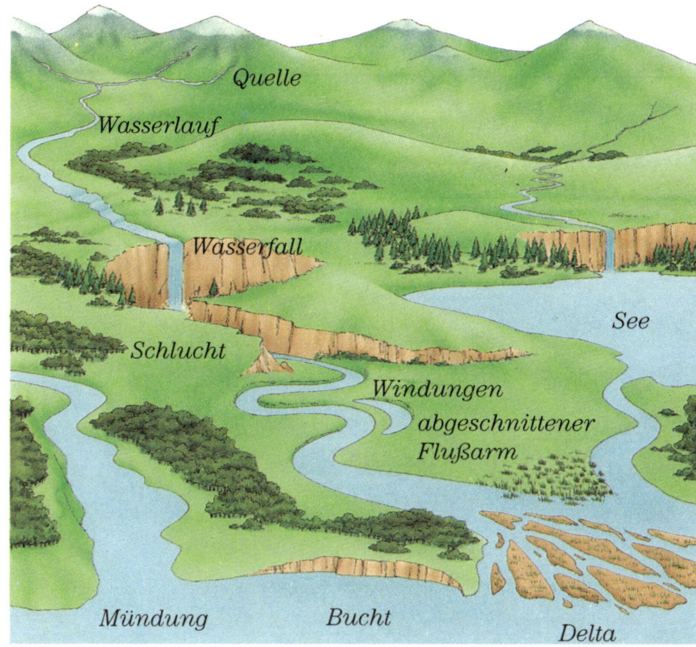

Ein Fluß gräbt sich auf seinem Weg zum Meer im Laufe der Jahrtausende ein Tal. Im Oberlauf ist er ein kleiner Gebirgsbach, der schnell bergab fließt und dabei vielleicht einen Wasserfall bildet. Im weiteren Verlauf strömt er gemächlich durch flacheres Land dem Meer entgegen. In seinem Delta lagert er Sand und Schlamm ab.

Was ist der Einzugsbereich eines Flusses?

Ein Flußsystem dient als Abfluß für ein großes Gebiet, und diesen Bereich bezeichnet man auch als Einzugsgebiet des Flusses. Die größte derartige Landschaft ist das Amazonasbecken in Südamerika. Es erstreckt sich über eine Fläche von sieben Millionen Quadratkilometern; damit ist es fast so groß wie Australien.

Wo enden Flüsse?

Ein Fluß fließt in einen anderen Fluß, in einen See oder ins Meer. Das Ende des Flusses nennt man Mündung. Der Mündungsbereich ist das Gebiet im Meer, in dem sich das Süßwasser des Flusses mit dem salzigen Meerwasser mischt.

Fließen Flüsse in der Nähe des Meeres schneller?

Das Flußbett hat meist in der Nähe der Quelle die stärkste Neigung bergab. Wenn sich der Fluß dem Meer nähert, ist das Bett breiter und weniger steil, so daß das Wasser dort langsamer fließt.

Der Nil hat eines der größten Flußdeltas der Welt. Er lagert an seiner Mündung riesige Mengen an Schlamm und anderem Material ab.

Was ist ein Flußdelta?

Von einem Delta spricht man, wenn ein Fluß sich kurz vor der Mündung in mehrere Arme spaltet. Das Wasser fließt dort sehr langsam und lagert Schlamm, Sand und Kiesel ab. Dieses Material häuft sich zu neuem Land an. Das Delta hat seinen Namen nach dem griechischen Buchstaben Delta (Δ), der wie ein Dreieck aussieht.

Warum sind manche Flußdeltas sehr groß?

Das Delta des Nil umfaßt etwa 24 000 Quadratkilometer, das Mississippidelta ist sogar 36 000 Quadratkilometer groß. Beide Flüsse schwemmen riesige Schlammengen ins Meer. Die Gezeiten sind an ihrer Mündung schwach, so daß der Schlamm nicht weggespült wird: Er lagert sich ab, und der Fluß muß sich neue Wege zum Meer suchen. Ein solches Delta ist ein Netz aus Wasserläufen, die sich ständig verändern.

Warum sind Flußläufe gewunden?

Künstliche Kanäle verlaufen meist schnurgerade. Flußläufe dagegen sind gewunden und gebogen, weil der Fluß sich immer den leichtesten Weg zum Meer sucht. Wenn er auf ein Hindernis wie einen Hügel oder einen Felsblock trifft, windet er sich darum herum.

Wie entstehen stark gewundene Flußläufe?

Wenn ein Fluß durch flaches Gelände langsam dem Meer entgegenströmt, windet sich sein Lauf oft sehr stark. Kurven, die anfangs flach sind, verstärken sich, weil das Wasser auf ihrer Außenseite schneller fließt als innen. Die schnellere Strömung spült das Ufer ab, und der Flußlauf bekommt mäanderförmige Kurven, die sich immer mehr verstärken, manchmal bis zur U-Form.

Was ist ein toter Flußarm?

Manchmal werden die Kurven eines Flußlaufes so eng, daß eine Windung ganz vom Fluß abgeschnitten wird. Der Flußlauf begradigt sich, und das abgeschnittene Gewässer wird zu einem toten Flußarm.

Was ist das Überflutungsgebiet eines Flusses?

In seinem mittleren und letzten Abschnitt fließt ein Fluß häufig durch flache Ebenen. Manchmal ist das Gebiet beiderseits des Flusses so niedrig, daß es nach heftigen Regenfällen oder im Frühjahr bei der Schneeschmelze zu Überschwemmungen kommt. Bei manchen Flüssen ist ein solches Überflutungsgebiet mehrere hundert Kilometer breit.

Die Form von Flußwindungen kann sich verändern, weil die Strömung auf der Außenseite der Biegungen Material abträgt und an der Innenseite Sand und Schlamm ablagert.

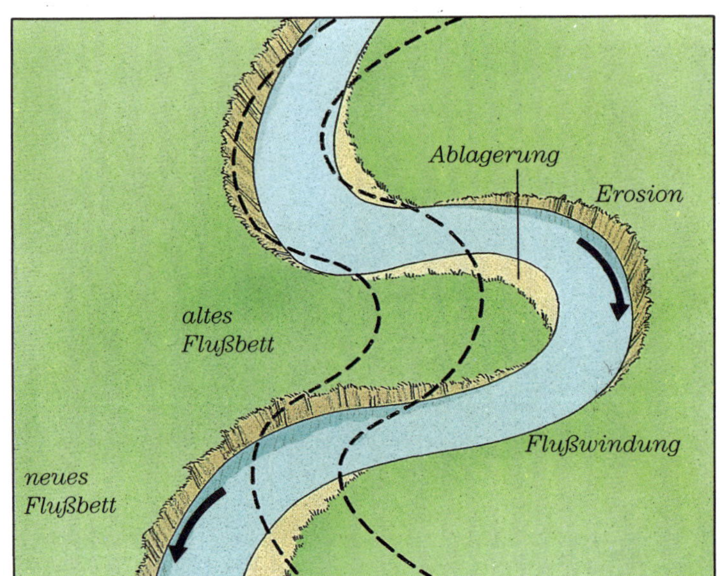

Der Grand Canyon im US-Bundesstaat Arizona ist etwa 350 Kilometer lang und bis zu 20 Kilometer breit.

Wie entsteht ein Canyon?

Ein Canyon ist eine tiefe Schlucht, die von einem Fluß gegraben wurde. Der größte Canyon der Welt ist der Grand Canyon im US-Bundesstaat Arizona. Er wurde im Laufe vieler Millionen Jahre vom Colorado River eingeschnitten und ist an der tiefsten Stelle 1,6 Kilometer tief.

Welches ist der längste Fluß der Welt?

Um die Bezeichnung "längster Fluß der Welt" streiten sich der Nil in Afrika und der Amazonas in Südamerika. Nach den meisten Messungen ist der Nil mit 6695 Kilometern geringfügig länger als der Amazonas mit 6440 Kilometern.

Welcher Fluß führt das meiste Wasser?

Der bei weitem wasserreichste Fluß ist der Amazonas. Aus seiner Mündung, die 140 Kilometer breit ist, ergießen sich in jeder Sekunde durchschnittlich 120 000 Kubikmeter Wasser in den Atlantik.

Welches ist der längste Fluß Deutschlands?

Der Rhein, der in der Schweiz entspringt und in Holland ins Meer mündet, ist insgesamt 1320 Kilometer lang. 867 Kilometer davon verlaufen durch Deutschland.

Wie weit fließt Flußwasser auf das Meer hinaus?

Der Amazonas trägt soviel Wasser in den Atlantik, daß ein Schiff, das sich der Küste nähert, schon 300 Kilometer vorher auf das Süßwasser trifft. Vom Flugzeug aus kann man man das Wasser des Amazonas als schlammigen Fleck im Ozean erkennen.

Wie alt ist unser Trinkwasser?

Die Flüsse gehören zum Wasserkreislauf der Erde. Das Wasser, das wir trinken, ist mindestens drei Milliarden Jahre alt. Damals fiel zum erstenmal Regen auf die Erde, und seither durchläuft dasselbe Wasser immer wieder den gleichen Kreislauf.

Welches ist der schlammigste Fluß der Welt?

Am schlammigsten ist der Huang He, der "Gelbe Fluß" in China. Er spült jedes Jahr zwei Milliarden Tonnen Boden ab. Mit dieser Schlammenge könnte man eine drei Meter hohe und drei Meter dicke Mauer bauen, die sich 27mal um die Erde zieht!

Wie tragen Flüsse zum Wasserkreislauf bei?

Alles Wasser der Erde befindet sich in einem ständigen Kreislauf. Es verdunstet aus den Ozeanen durch die Sonnenwärme, gelangt so als Wasserdampf in die Atmosphäre und wird vom Wind über das Land getragen. Wolken entstehen, und der Wasserdampf fällt als Regen und Schnee wieder zur Erde. Am Boden sammelt sich das Wasser in den Flüssen, die es wieder ins Meer tragen.

Können Flüsse unter dem Meer fließen?

Man kennt unterirdische Flüsse, sogar unter Wüsten. Es gibt sie auch unter dem Meer. Einen Fluß, der 1000mal mehr Wasser führt als der Mississippi, hat man 90 Meter unter der Oberfläche des Pazifik ausgemacht.

Können Flüsse rückwärts fließen?

Ein starke entgegengesetzte Wasserbewegung, zum Beispiel durch die Gezeiten, kann die Fließrichtung eines Flusses umkehren. Dann entsteht die Bore, eine Welle, die sich stromaufwärts bewegt. Der St. John River in Kanada fließt über einen Wasserfall und mündet dann in die Bay of Fundy mit den weltweit stärksten Gezeiten. Bei Flut drückt das Meerwasser den Fluß bis hinter den Wasserfall zurück.

Wie groß kann eine Bore werden?

Bei Flut kann sich eine Gezeitenwelle, auch Bore genannt, stromaufwärts bewegen. Eine berühmte Bore beobachtet man auf dem britischen Fluß Severn. Sie ist ungefähr zwei Meter hoch und wandert mit 20 Stundenkilometern. Bei einem chinesischen Fluß ist die Bore sieben Meter hoch.

Wie entstehen Sümpfe?

Ein langsam fließender Fluß kann in Niederungen ein Feuchtgebiet oder einen Sumpf entstehen lassen. In Sümpfen gibt es mehr Holzgewächse (Bäume und Büsche) als in Marschgebieten, wo eher Gras wächst. In der Nähe des Meeres mischen sich im Sumpf vielfach Salz- und Süßwasser. Solche Sümpfe werden auch oft völlig überflutet.

Sind Marschen immer voller Wasser?

Nein. Sümpfe stehen ständig unter Wasser. Bei Marschgebieten ist das nur zu bestimmten Zeiten der Fall (zum Beispiel wenn die Flut steigt).

Die Entstehung eines Wasserfalls

Anfangs fließt der Fluß über Schichten aus härterem und weicherem Gestein.

Das weiche Gestein wird schneller abgetragen als das harte: Eine Stufe entsteht.

Im Laufe der Jahrtausende spült das Wasser immer mehr Gestein ab, so daß der Wasserfall größer wird.

Wie entsteht ein Wasserfall?

Wasserfälle kommen im Oberlauf von Flüssen vor, und zwar an Stellen, wo der Fluß harte Gesteinsschichten überquert. Dort wird das Gestein langsamer abgetragen als weiter stromabwärts, wo es weicher ist; deshalb bildet sich eine "Stufe", die allmählich immer höher wird. Wenn das Wasser eine solche Stufe hinunterfällt, entsteht ein Wasserfall.

Welches ist der höchste Wasserfall?

Das Wasser der Cherunmeri oder Angel Falls im südamerikanischen Venezuela fällt in einer Stufe 807 Meter in die Tiefe. Insgesamt ist dieser höchste Wasserfall der Erde 979 Meter hoch.

Welcher Wasserfall führt das meiste Wasser?

Besonders wasserreiche Wasserfälle nennt man auch Katarakte. Die Boyoma-Fälle in Zaire haben eine durchschnittliche Wassermenge von 17 000 Kubikmetern je Sekunde. Andere Fälle sind zu manchen Zeiten noch größer und bringen es auf über 50 000 Kubikmeter, wenn der betreffende Fluß sehr viel Wasser führt.

Wo war der größte Wasserfall aller Zeiten?

Wo heute das Mittelmeer liegt, war vor über fünf Millionen Jahren trockenes Land. Es füllte sich mit Wasser aus dem Atlantik, das zwischen Afrika und Europa durch die Straße von Gibraltar einströmte. Dabei muß ein gewaltiger, 800 Meter hoher Wasserfall entstanden sein, der 25mal mehr Wasser führte als die größten Wasserfälle, die wir heute auf der Erde kennen.

Wie kann ein Wasserfall stromaufwärts wandern?

An der Kante eines Wasserfalls liegen Gesteinsschichten, die oben hart und darunter weicher sind. Das Wasser trägt das weiche Gestein ab und unterspült die harten Schichten, die schließlich abbrechen. Deshalb wandert der Wasserfall langsam stromaufwärts.

Die Angel Falls in Venezuela.

Wie viele Wasserfälle hat der Niagara?

Der Niagara ist ein Teil der Grenze zwischen den USA und Kanada. Sein Wasser stürzt an den Niagarafällen über eine Felskante. Er ist dort durch die Ziegeninsel geteilt, eine kleine Insel, durch die zwei Wasserfälle entstehen: die amerikanischen Fälle (305 Meter breit) und die kanadischen oder Hufeisenfälle (790 Meter breit).

Was sind Stromschnellen?

Stromschnellen sind Abschnitte eines Flusses, in denen das Wasser schnell fließt und um große Felsblöcke schäumt. Die Blöcke bestehen aus besonders hartem Gestein und sind zurückgeblieben, nachdem die umgebenden Felsschichten vom Wasser abgetragen wurden.

Eine Fahrt mit dem Gummifloß über die Stromschnellen eines Flusses ist ein spannendes Erlebnis.

Seen

Wie entsteht ein See?

Die meisten Seen liegen in Gebieten, die früher von Gletschern bedeckt waren. Wenn ein Gletscher sich bewegt, läßt er ein tief eingeschnittenes Tal zurück. Erde und Felsbrocken, die der Gletscher mitnimmt, bleiben liegen, wenn das Eis schließlich schmilzt. Sie bilden einen Damm, und aus dem Schmelzwasser wird ein See. Große Seen wie das Kaspische Meer oder der Obere See sind durch Bewegungen der Erdkruste entstanden. Andere liegen in den Kratern erloschener Vulkane oder verdanken ihre Entstehung der Veränderung von Flußläufen.

Woher hat der Große Salzsee seinen Namen?

Der Große Salzsee im US-Bundesstaat Utah wird manchmal kleiner und dann wieder größer. Im Sommer schrumpft er erheblich durch die starke Verdunstung. Obwohl er von Süßwasserflüssen gespeist wird, ist er salziger als die Meere, weil sein Wasser nicht abfließt, sondern nur in der Sommerhitze durch Austrocknung verschwindet.

Die Großen Seen in Nordamerika

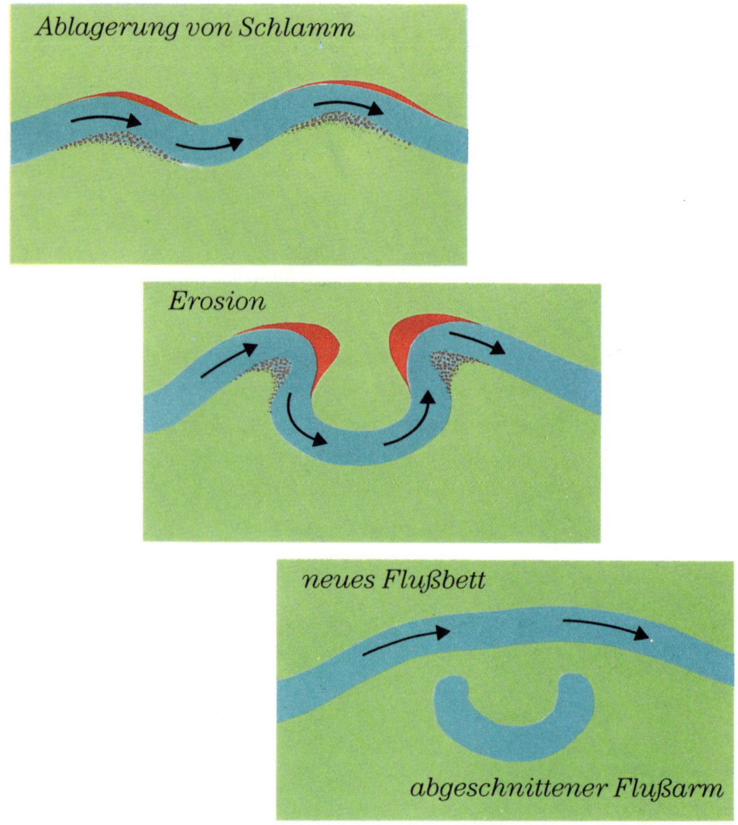

Die Bildung eines neuen Flußlaufs

Wo liegen die Großen Seen?

Die fünf Großen Seen in Nordamerika sind die größte Gruppe von Süßwasserseen der Erde. Am größten ist der Obere See (Lake Superior) mit einer Fläche von 82 000 Quadratkilometern. Er ist auch der tiefste See mit einer Maximaltiefe von 406 Metern. Die vier anderen Großen Seen sind der Huron-, Michigan-, Erie- und Ontariosee.

Welches ist der größte See der Welt?

Das größte Binnengewässer der Welt ist das Kaspische Meer zwischen Rußland, Aserbeidschan, Turkmenistan, Kasachstan und dem Iran. Es ist 1200 Kilometer lang und hat eine Fläche von fast 372 000 Quadratkilometern. Sein Wasser ist salzig, deshalb wird es als Meer bezeichnet, obwohl es in Wirklichkeit ein See ist. Über einen Kanal ist das Kaspische Meer mit dem Schwarzen Meer verbunden.

Wo liegt das Schwäbische Meer?

Schwäbisches Meer nennt man den Bodensee, der mit 538,5 Quadratkilometern Deutschlands größter See ist. Er wird vom Rhein durchflossen.

Wo liegt der Tanganyikasee?

Der Tanganyikasee im südlichen Ostafrika ist mit 680 Kilometern der längste und mit 1035 der zweittiefste Süßwassersee der Welt.

Welches ist der tiefste See?

Der tiefste See der Welt ist der Baikalsee in Rußland. Sein Boden liegt 1620 Meter tief und erreicht an einer Stelle sogar 1940 Meter. Er enthält über 20 Prozent des nicht gefrorenen Süßwassers der Erde.

Welches ist der älteste See?

Der Baikalsee ist auch der älteste See der Welt: Er entstand vor schätzungsweise 25 Millionen Jahren. Wegen seines hohen Alters liegen auf seinem Boden sehr dicke Sedimentschichten.

Welches sind die größten künstlichen Seen?

Der Mensch hat durch das Aufstauen von Flüssen riesige Seen entstehen lassen. Zu den größten Stauseen gehören der Nasser-See in Ägypten mit 4000 und der Voltasee in Ghana mit 8400 Quadratkilometern.

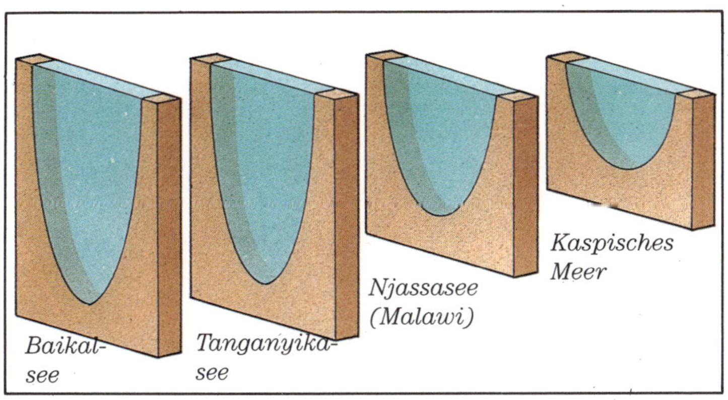

Die vier tiefsten Seen der Welt. Der Baikalsee ist nicht nur am tiefsten, sondern auch am ältesten.

Welcher See droht auszutrocknen?

Der Wasserspiegel des Aralsees in Rußland, eines der größten Binnenseen der Welt, sinkt seit 1957 infolge von Bewässerungsprojekten. Sein Ufer hat sich an einigen Stellen um 100 Kilometer zurückverlagert.

Durch den Assuan-Hochdamm entstand am Nil der Nasser-Stausee.

Welches ist der höchstgelegene schiffbare See?

Der höchstgelegene See, auf dem Schiffsverkehr möglich ist, ist der Titicacasee in Südamerika, der teilweise zu Peru und teilweise zu Bolivien gehört. Er liegt 3811 Meter über dem Meer. Im Himalaja gibt es noch höher gelegene Seen, die aber den größten Teil des Jahres zugefroren sind.

Welcher große See liegt genau auf dem Äquator?

Genau auf dem Äquator liegt der Victoriasee, der größte See Afrikas und zweitgrößte Süßwassersee der Welt. Er hat eine Fläche von 69 484 Quadratkilometern und ist die wichtigste Quelle des Nils, des längsten Flusses der Erde. An die Ufer des Victoriasees grenzen die Länder Uganda, Kenia und Tansania.

Was ist ein Maar?

Ein Maar ist ein See, der sich in einem Vulkankrater gebildet hat. Maare gibt es zum Beispiel in der Eifel (Laacher See) und auf der Schwäbischen Alb.

Warum bestand die Gefahr, daß der Karibasee zuwächst?

Kaum ein Gewächs ist vermutlich so schwer zu beseitigen wie die Wasserpflanze Salvinia auriculata. Sie trat im Karibasee in Afrika 1959 zum erstenmal auf und bedeckte nach vier Jahren schon über 1000 Quadratkilometer.

LANDSCHAFTEN

Was ist eine Wüste?

Als Wüsten bezeichnet man Regionen, in denen jährlich weniger als 25 Zentimeter Niederschlag fallen. Solche Gebiete machen ein Achtel bis ein Siebtel der Landflächen auf der Erde aus. Heiße Wüsten liegen 20 bis 30 Grad beiderseits des Äquators. Es gibt aber auch kalte Wüsten, die ständig von Schnee und Eis bedeckt sind.

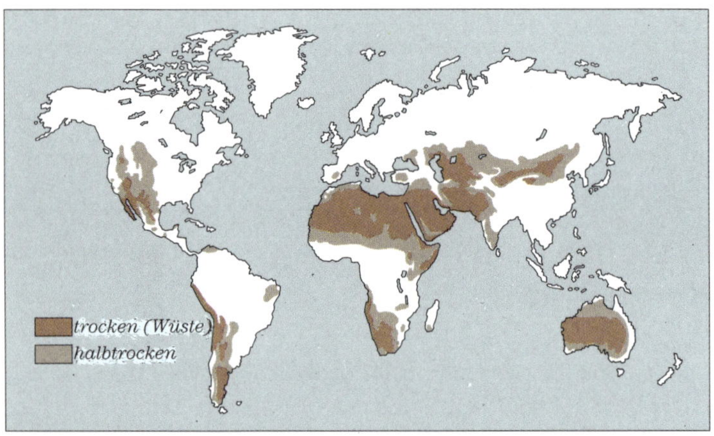

Wüsten machen etwa ein Siebtel aller Landflächen der Erde aus.

Warum liegen manche Wüsten an der Küste?

Wenn das kalte Meerwasser auf warme Luft vom Land trifft, entstehen Wolken und Nebel, aber der Wind, der vom Land her weht, hält diese Feuchtigkeit von den Trockengebieten fern. Deshalb bleiben zum Beispiel die Wüsten an den Küsten von Namibia und Peru erhalten.

Wie sorgen warme Winde für Trockenheit?

Über vielen Wüsten nehmen warme Winde die gesamte Feuchtigkeit auf, so daß die Landflächen austrocknen. Die warme Luft vom Äquator bewegt sich nach Norden und Süden, steigt auf, kühlt sich ab und setzt die Feuchtigkeit als Regen frei. Wenn die Luft den Wüstenbereich erreicht, ist sie trocken, vor allem wenn sie vorher über ein Gebirge gezogen ist.

Gibt es Wüsten, wo es nie regnet?

In der Wüste regnet es wenig, aber völlig trockene Gebiete sind selten. Eines davon ist die Atacama-Wüste in Chile (Südamerika): Dort hatte es 1971 seit 100 Jahren nicht geregnet. In manchen Wüsten gibt es nur alle paar Jahre für kurze Zeit ein wenig Niederschlag.

Waren Wüsten immer Wüsten?

Viele Wüsten waren früher mit Pflanzen bewachsen, die von Tieren abgeweidet wurden. Durch Klimawechsel hörte dann der Regen irgendwann auf. Die Folge: Das Land trocknete aus, und die Pflanzen konnten nicht mehr gedeihen. Und da Pflanzen unentbehrlich sind, damit der Boden gebunden wird und Nährstoffe enthält, wurde das fruchtbare Land zu Ödland, so daß auch die meisten Tiere starben oder abwanderten. Zurück blieb nur noch Wüste.

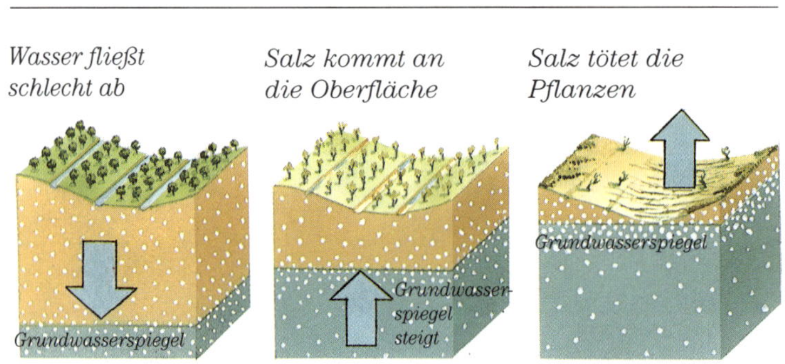

Wenn das Wasser schlecht abfließt, steigt der Grundwasserspiegel, und der Salzgehalt des Bodens nimmt zu. Das Salz tötet Pflanzen ab und trägt so zur Wüstenbildung bei.

Wie tragen Menschen zur Wüstenbildung bei?

Der Rand der Wüste ist eine empfindliche Zone. Wenn die Bauern dort zu viele Tiere halten, zum Beispiel Ziegen, die das Gras bis auf die Wurzel abfressen, und wenn außerdem Bäume gefällt werden, breitet sich die Wüste aus.

Was ist Sand?

Sand besteht aus winzigen Mineralkörnern, die höchstens zwei Millimeter groß sind. Er entsteht, wenn Gestein verwittert und zu kleinen Stücken zerfällt. Das häufigste Mineral im Sand ist Quarz.

Gibt es in allen Wüsten Sand?

Nein, nur ein Fünftel aller Wüstenflächen ist mit Sand bedeckt. Der Rest sind Stein-, Strauch- oder Eiswüsten.

Wie groß ist die australische Wüste?

Die australische Wüste ist nach der Sahara die zweitgrößte Wüste der Erde. Sie besteht eigentlich aus mehreren Wüstengebieten mit einer Gesamtfläche von 1,5 Millionen Quadratkilometern.

Sind alle Wüsten heiß?

Die meisten Wüsten liegen in heißen Gebieten, aber es gibt Ausnahmen. In der Wüste Gobi in Zentralasien ist es im Sommer heiß und im Winter kalt. Die Antarktis ist eine sogenannte Eiswüste.

Eine Sandwüste. Die meisten Wüsten sind aber nicht sandig wie riesige Strände, sondern felsig.

Was ist eine Oase?

Eine Oase ist ein grüner Fleck in der Wüste. Dort gibt es eine Quelle oder ein Wasserloch, so daß Pflanzen gedeihen können. Das Wasser ist im Gestein tief unter dem Wüstenboden eingeschlossen. Die Menschen, die in einer Oase leben, können Palmen und Gemüse anpflanzen. Manche Oasen sind der Mittelpunkt recht großer Städte.

Eine Oase in der Wüste

Welcher Kontinent hat die meisten Wüsten?

Die meisten Wüsten gibt es in Asien, dem größten Kontinent. Dazu gehören die arabische Wüste (die drittgrößte Wüste der Erde) sowie die Wüste Gobi, die Taklimakan-Wüste in China, die Karakum-Wüste in Turkmenistan und die Thar-Wüste in Indien und Pakistan.

Wird die Sahara größer oder kleiner?

Anfang der achtziger Jahre dehnte sich die Sahara nach Süden immer weiter aus. Nach neuesten Satellitenaufnahmen scheint sie sich wieder zurückzuziehen. Ihre Grenze wanderte zum Beispiel 1987 um 54 Kilometer nach Süden, aber 1988 lag sie wieder 96 Kilometer weiter nördlich.

Was ist eine Luftspiegelung?

Ein Reisender in der Wüste sieht unter Umständen eine Wasserstelle und eilt darauf zu – aber er findet nur trockenen Sand. Die "Wasserstelle" war eine Luftspiegelung, auch Fata Morgana genannt. Die Luft über dem Boden kann in der Wüste sehr heiß werden, und wenn sie sich dann ausdehnt und weniger dicht wird, reflektiert sie das Licht auf ungewöhnliche Weise: Die Lichtstrahlen wandern nicht mehr in gerader Linie, sondern sie werden abgelenkt. Das "Wasser" ist das Spiegelbild des Himmels, das von der heißen Luftschicht am Boden zurückgeworfen wird. Deshalb beobachtet man Luftspiegelungen vor allem in heißen Ländern.

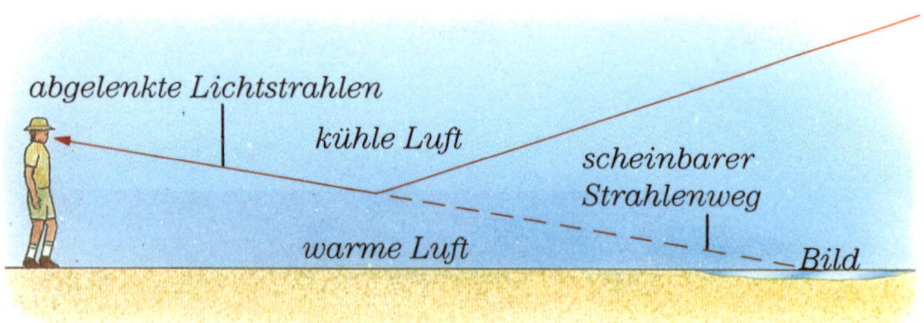

Eine Fata Morgana entsteht, weil die Luft in der Wüste wie ein Spiegel wirken kann.

Was ist eine Sicheldüne?

Als Sicheldüne bezeichnet man eine halbmondförmige Düne. Ihre Spitzen liegen in Windrichtung, die steilere Böschung befindet sich auf der Windschattenseite.

Wann war die Sahara von Eis bedeckt?

Vor etwa 450 Millionen Jahren war die Sahara vermutlich von Eis überzogen. Sie lag damals nahe am Südpol.

Gibt es in der Wüste Wellen?

Lockerer Sand wird leicht vom Wind weitergetrieben und türmt sich dann zu wellenförmigen Dünen auf. An der Seite der Düne, die dem Wind zugewandt ist, wandern die Sandkörner nach oben, und wenn sie den Dünenkamm überschritten haben, rollen sie auf der steilen Windschattenseite nach unten. Wegen dieser ständigen Bewegung der Sandkörner wandert die Düne über die Wüste.

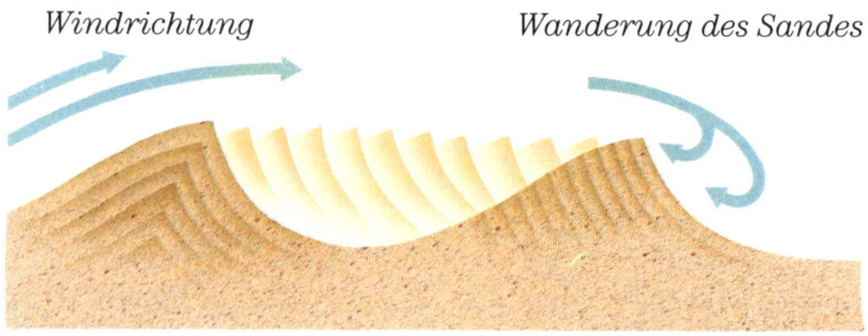

Wanderdünen werden vom Wind vorangetrieben. Die Sandkörner bewegen sich auf einer Seite der Düne nach oben und rollen dann über den Dünenkamm auf der anderen Seite bergab.

Wie hoch können Sanddünen werden?

Im algerischen Teil der Sahara gibt es Sanddünen, die 430 Meter hoch sind.

Was ist ein Erg?

Die Sahara ist zum größten Teil eine Kies- und Steinwüste. Etwa ein Zehntel ist jedoch Sand; er wird vom Wind bewegt und bildet große "Sandseen", die man als Ergs bezeichnet. Der größte Sandsee ist der Östliche Große Erg zwischen Algerien und Tunesien mit einer Fläche von etwa 518 000 Quadratkilometern.

Wo ist das "leere Viertel"?

Die größte Sandfläche der Welt ist die Rub al-Khali in der arabischen Wüste, auf deutsch "das leere Viertel". Sie hat eine Fläche von etwa 650 000 Quadratkilometern, und ihre Sanddünen sind bis zu 250 Meter hoch.

Welches ist die größte Wüste?

Die mit Abstand größte Wüste der Welt ist die Sahara in Nordafrika. Wie man auf einer Landkarte leicht erkennt, bedeckt sie fast den gesamten nördlichen Teil dieses Kontinents. Ihre Gesamtfläche beträgt 9,1 Millionen Quadratkilometer – damit ist sie größer als Australien und fast so groß wie Europa.

Meeresküsten

Was war zuerst da: Meer oder Strand?

Das Meer schlägt ständig gegen die Felsen der Küste und trägt sie ab. Dabei zerfällt das Gestein in kleinere Bruchstücke, aus denen schließlich Sand- und Kiesstrände werden. Sand und Schlick lagern sich vor allem an geschützten Stellen ab, zum Beispiel in Buchten.

Was ist die Spritzwasserzone?

Die Küste wird in verschiedene Zonen unterteilt, in denen jeweils unterschiedliche Tiere und Pflanzen leben. Die Gezeitenzone, auch Litoral genannt, liegt zwischen dem Stand von Ebbe und Flut. Darunter befindet sich das Sublitoral, das fast ständig unter Wasser liegt und nur selten austrocknet. Über der Hochwassermarke schließt sich die Spritzwasserzone an, die von der Gischt der Wellen befeuchtet wird und nur bei sehr hohen Springfluten unter Wasser gerät.

Was sind Mangrovensümpfe?

Mangrovensümpfe findet man an tropischen Küsten. Die Mangrove ist ein Baum mit stelzenartigen Wurzeln, die im Schlamm stehen und den Sumpf bilden. Das Geflecht der Wurzeln hält den Schlick fest, so daß er sich im Wasser anhäuft und schließlich neues Land entstehen läßt. Mangroven gedeihen in seichtem, nur schwach bewegtem Wasser.

Ein Mangrovensumpf. Jeder Baum steht mit einem eng verflochtenem Wurzelwerk im Schlamm. Die Wurzeln halten Ablagerungen fest, so daß allmählich neues Land entsteht.

Widerstandsfähiges Gras hält Sanddünen fest.

Auf welcher Seite einer Sanddüne wachsen die meisten Pflanzen?

Manche Pflanzen, zum Beispiel der Strandhafer, wurzeln sogar in dem Sand, den der Wind an einer Küste aufhäuft. Die meisten Pflanzen wachsen allerdings auf der Windschattenseite der Dünen.

Wie kann man Sand vom Strand und aus der Wüste unterscheiden?

Mit dem Mikroskop sieht man, daß die Körner bei Wüstensand stärker abgerundet sind als bei Sand von der Küste. Der Grund: In der Wüste wirbelt der Wind die Sandkörner ständig durcheinander, so daß sie sich aneinander reiben und schließlich alle rund und gleich groß sind. Am Strand ist der Sand durch das Wasser "gepolstert" und wird weniger stark abgerieben. Deshalb haben seine Körner unterschiedliche Größen.

Was ist Strandgut?

Die Wellen, die auf einen Strand rollen, bringen eine Menge Abfälle und anderes mit. Dieses Material bleibt in einer Linie liegen, die den Stand des Hochwassers anzeigt. Die Linie mit dem Strandgut verläuft jeden Tag anders, weil die Höhe der Flut sich jedesmal ändert.

Was sind Salzwiesen?

Eine Salzwiese ist ein flaches, sumpfiges Gebiet an der Küste, das nur gelegentlich vom Meer überflutet wird. Salzwiesen bilden sich oft in der Nähe von Flußmündungen und hinter Sandbänken, denn dort kann das Meer den Schlamm ablagern. Typische Kennzeichen von Salzwiesen sind kleine Tümpel und Wasserlachen.

Was ist eine Lagune?

Eine Lagune ist ein Bereich mit Salzwasser, der durch eine schmale Landzunge vom offenen Meer getrennt ist. Wenn große Wellen sich vor der Küste brechen, baut sich nach und nach eine Sandbank auf. Näher an der Küste, wo kleinere Wellen auflaufen, bildet sich eine kleinere Sandbank. Der große, weiter außen gelegene Sandstreifen taucht allmählich aus dem Wasser, so daß er zum Land und der kleineren Sandbank hin einen Bereich mit Meerwasser abtrennt.

Warum werden Gezeitentümpel immer salziger?

In Gezeitentümpeln bleibt das Wasser stehen, wenn die Flut zurückgeht. Sie sind wie kleine Aquarien, in denen Fische, Krebse und andere Meeresbewohner leben. Ein solches seichtes Becken erwärmt sich in der Sonne schnell, und ein Teil des Wassers verdunstet, so daß der Salzgehalt in dem verbleibenden Wasser allmählich zunimmt.

Die Wellen spülen weiches Gestein ab, so daß im Laufe der Zeit eine Bucht entsteht.

Wie schafft das Meer Buchten und Landzungen?

Die Wellen der Ozeane tragen die Felsen an den Küsten ständig ab. Weiches Gestein, zum Beispiel Kalkstein, verschwindet dabei schneller als harte Felsen. Das Meer sucht sich die Schwachstellen in den Klippen und läßt dort Risse entstehen. Wenn ein solcher Riß sich erweitert, kann ein Teil der Felsen abbrechen. Härteres Gestein bleibt in Form von Landzungen stehen, oder es bildet Bögen und Säulen, die vom Wasser umgeben sind.

Fjorde sind enge Meeresarme, die von Gletschern geformt wurden. An der norwegischen Küste gibt es viele Fjorde, die zum Teil weit ins Landesinnere reichen

Inseln

Wie entstehen Inseln?

Einige Inseln sind Landstücke, die von den Kontinenten getrennt wurden. Die Britischen Inseln waren zum Beispiel früher mit Europa verbunden. Andere sind Vulkane, die über den Meeresspiegel aufgestiegen sind. Unter anderem sind die japanischen Inseln vulkanischen Ursprungs.

Welches ist das größte Korallenriff der Welt?

Das größte Korallenriff ist das Große Barriereriff, das sich über mehr als 2000 Kilometer vor der Nordostküste Australiens hinzieht. Es ist berühmt für die Farbenpracht seiner Korallen und die Vielfalt seiner Meerestiere.

Wie entstehen Korallenriffe?

Die winzigen Korallentiere schaffen in den warmen Meeren die Korallenriffe, die zu den beeindruckendsten Gebilden in den Ozeanen gehören. Das Riff selbst besteht aus den kalkhaltigen Überresten dieser Tiere. Pflanzen und andere Tiere besiedeln dann das Riff. Korallenriffe findet man nur in tropischen Gewässern, denn in kaltem Wasser können die Korallentiere nicht leben.

Was ist ein Archipel?

Ein Archipel ist eine Gruppe oder Kette von Inseln. Der größte Archipel der Welt ist 5600 Kilometer lang und umfaßt über 13 000 Inseln. Er gehört zum größten Teil zu dem südostasiatischen Land Indonesien.

Korallenriffe bilden sich in flachen tropischen Gewässern. Die Korallen sind farbenprächtig und vielgestaltig.

Sind Korallen tot oder lebendig?

Korallen sind winzige Tiere, Korallenpolypen genannt, die um sich herum ein Kalkgehäuse aufbauen. Sie leben zu Tausenden in großen Gruppen (Kolonien) zusammen. Wenn die Tiere absterben, bleibt das Kalkskelett zurück und bildet die kalkigen Korallenriffe, die man in warmen, seichten Gewässern findet.

Was ist ein Atoll?

Ein Atoll ist eine ringförmige Koralleninsel. Zunächst bildet sich um eine Vulkaninsel herum ein Ring aus Korallenriffen. Später versinkt die ursprüngliche Insel im Meer; auf dem Riff lagern sich Sand und Schlamm ab, und die ersten Pflanzen wachsen. Schließlich befindet sich die Vulkaninsel völlig unter dem Meeresspiegel, und das ringförmige Riff mit seichtem Wasser in der Mitte bleibt zurück. Im Pazifik gibt es zahlreiche Korallenatolle.

Ein Atoll im Pazifik. Das ringförmige Korallenriff umschließt eine Lagune.

Als die Gletscher am Ende der Eiszeit schmolzen, stieg der Meeresspiegel, so daß der Ärmelkanal sich mit Wasser füllte und die Britischen Inseln vom europäischen Festland trennte.

Wie entstehen Vulkaninseln?

Im Pazifik liegen die Inseln vieler Inselgruppen (zum Beispiel die Hawaii-Inseln) nicht zufällig verstreut, sondern sie sind in einer geraden Linie angeordnet. Alle Inseln einer solchen Linie sind vulkanischen Ursprungs: Sie liegen an einer kleinen, besonders dünnen Stelle der Erdkruste, wo starke Vulkanaktivität herrscht. Das heiße Magma aus dem Erdinneren wird durch die Platten der Erdkruste nach oben gedrückt, und wenn es sich abkühlt, entsteht eine Insel. Dann bewegt sich die Krustenplatte ein Stück weiter, und die nächste Insel entsteht. Die erste Insel wird von der Platte weitergetragen, und schließlich ist eine ganze Kette neuer Inseln entstanden. Die Inseln am Anfang einer solchen Kette sind also viel älter als die am Ende.

Entstehung eines Atolls

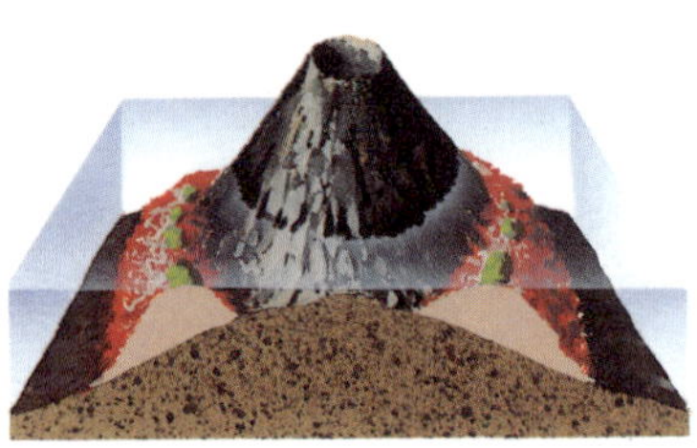

Um die Vulkaninsel bildet sich ein Korallenriff.

Die Insel versinkt allmählich.

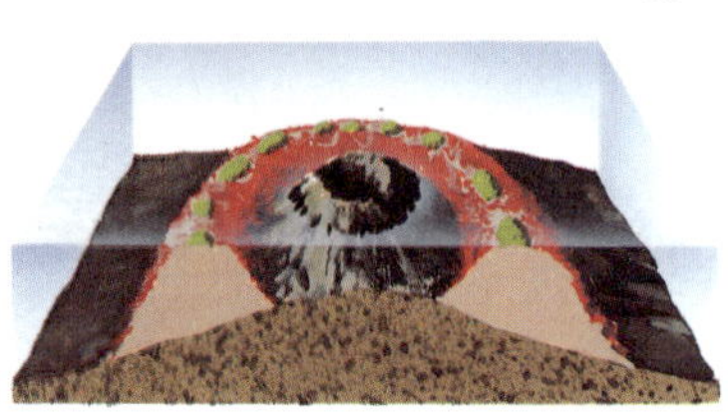

Nur das Korallenriff bleibt über Wasser und bildet ein Atoll.

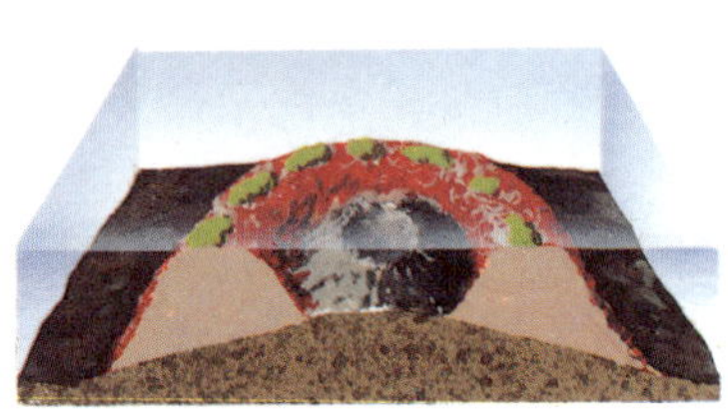

Was ist eine Kontinentalinsel?

Kontinentalinseln sind Landstücke, die früher mit einem Kontinent verbunden waren. Die Britischen Inseln waren beispielsweise ein Teil des europäischen Festlandes, als der Meeresspiegel noch niedriger lag. England und Irland liegen auf dem europäischen Kontinentalschelf. Vom übrigen Europa wurden sie getrennt, als der Wasserspiegel stieg und das Kontinentalschelf überflutete. Manche Kontinentalinseln haben sich vom Festland gelöst, als die Kontinente vor etwa 200 Millionen Jahren auseinandertrieben. Dazu zählt zum Beispiel Madagaskar. Die größte Kontinentalinsel der Welt ist Grönland.

Welches ist die größte Insel der Welt?

Australien betrachtet man gewöhnlich als kontinentale Landmasse, die zu Ozeanien gehört. Die größte Insel ist deshalb Grönland mit einer Fläche von etwa 2,2 Millionen Quadratkilometern. Möglicherweise besteht Grönland in Wirklichkeit aus mehreren Inseln, aber das kann man nicht feststellen, weil es von einer dicken Eisschicht bedeckt ist.

Was ist eine Küsteninsel?

Als Küsteninsel bezeichnet man eine Insel, die sich vor einer Küste aus Sand, Schlick und Kies gebildet hat. Wind und Meereswellen häufen den Sand zu Dünen und Wällen auf, vor allem an Küsten, die sanft ansteigen. Ein Beispiel ist die Insel Hatteras Island im US-Bundesstaat North Carolina.

Die Polargebiete

Wie sieht es am Südpol aus?

Die Polargebiete um den Nord- und Südpol sind riesige gefrorene Wüsten. Am Südpol gibt es so gut wie kein Leben. Schnee und Eis liegen mehrere hundert Meter dick, und die Sonne geht ein halbes Jahr lang nicht auf.

Wie groß ist der nördliche Polarkreis?

Der Polarkreis ist eine Linie, die sich auf 66°30' nördlicher Breite, 2600 Kilometer vom Nordpol entfernt, um die Erde zieht. Innerhalb dieses Kreises, der die Grenze der Arktis darstellt, liegen vorwiegend Meere. Zur Arktis gehören aber auch Teile Nordeuropas, Asiens und Nordamerikas sowie Tausende von Inseln.

Wie groß ist die Antarktis?

Die Antarktis, der sechste Kontinent, ist mit 14 Millionen Quadratkilometern größer als Europa oder Australien. Ihre Landmasse ist aber kleiner als Australien. Die gewaltige Fläche ergibt sich, weil die Antarktis von einer riesigen Eisschicht bedeckt ist, die fast neun Zehntel der gesamten Eismenge auf der Erde enthält. In den meisten Epochen der Erdgeschichte war die Antarktis eisfrei, und irgendwann in ferner Zukunft dürfte es wieder so sein.

Die Antarktis ist kahl und von Eis bedeckt. Die Ozeane um sie herum sind allerdings voller Leben.

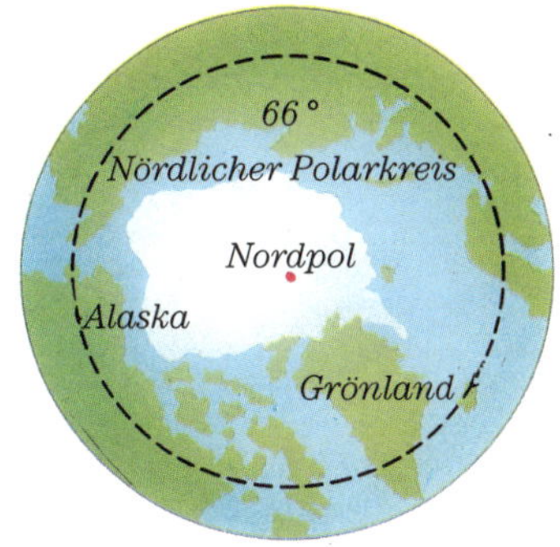

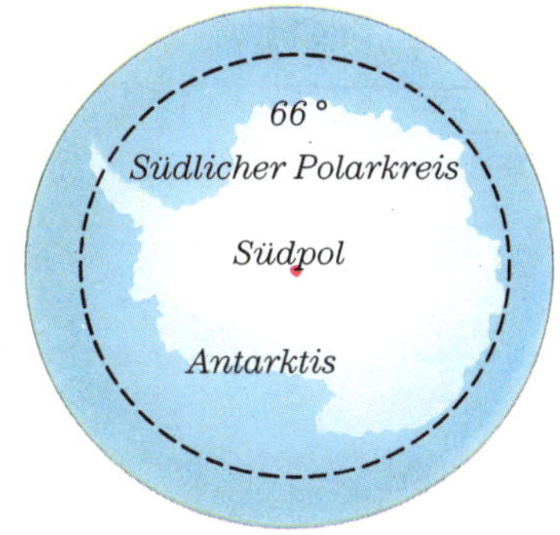

Die Polarkreise umschließen besonders kalte und wenig besiedelte Gebiete.

Wo sind Fliegen die größten Landtiere?

Sowohl in der Arktis als auch in der Antarktis ist es bitter kalt, aber in großen Teilen der Arktis fällt im Sommer kein Schnee. An manchen Stellen wachsen Blumen und Beeren, und von den Pflanzen ernähren sich Rentiere und Moschusochsen. In der Antarktis wachsen dagegen nur ein paar Moose und Flechten sowie zwei Arten von Blütenpflanzen. Das größte Landtier ist dort eine kleine, ungeflügelte Fliege. Während es also in der Antarktis an Land kaum Leben gibt, ist das Meer um sie herum sehr reich an Tieren: Hier sind unter anderem Fische, Robben und Wale zu Hause.

Wie dick ist das Eis der Antarktis?

Das Eis der Antarktis mißt an der dicksten Stelle 4800 Meter. Damit ist die Eisschicht über zehnmal höher als der höchste Wolkenkratzer.

Wie kann man den Nordpol erkennen?

Nord- und Südpol sind nur geographische Punkte. Wenn man wissen will, ob man sich an einem Pol befindet, muß man die Position mit Karte und Kompaß bestimmen. Die ersten Entdecker, die durch die Eiswüste zum Nord- und Südpol vordrangen, fanden dort nichts, wodurch sich der Pol vom umgebenden Schnee und Eis unterschieden hätte.

Was ist Packeis?

Im Winter bildet sich über dem Meer rund um die Antarktis eine dünne Eisschicht, die im Sommer zu einzelnen Eisschollen zerbricht. Aus diesen Stücken machen Wind und Wellen große Massen von Packeis. Es kann im Südpolarwinter von der Küste der Antarktis 1500 Kilometer weit ins Meer reichen.

In der Antarktis sind die Eisberge meist flacher als in der Arktis (kleines Bild). Gewaltige Brocken, die von der Eiskruste abgebrochen sind, treiben im Meer. Nur ein kleiner Teil ragt über die Wasseroberfläche. Eisberge stellen eine große Gefahr für die Schiffahrt dar.

Welcher Teil eines Eisbergs liegt unter Wasser?

Eisberge sind gewaltige Eisbrocken, die von Gletschern oder anderen großen Eismassen abbrechen und wegschwimmen. Ein Eisberg ragt nur mit einem Neuntel seiner Masse aus dem Wasser. Der Rest ist untergetaucht.

Wie groß war der größte bekannte Eisberg?

Die größten Eisberge brechen von der Eiskappe der Antarktis ab. Am Rand des Ross-Packeises im Südpolargebiet bekommt das Eis durch das Steigen und Fallen der Gezeiten große Risse. Eisberge lösen sich und treiben nach Norden in den Pazifik. Den größten Eisberg beobachtete man 1956: Er war mit über 31 000 Quadratkilometern größer als Belgien.

Welcher Anteil der Erdoberfläche ist von Eis bedeckt?

Etwas mehr als ein Zehntel der Erdoberfläche ist das ganze Jahr über von Eis bedeckt. Etwa 90 Prozent befinden sich in der Antarktis; der Rest verteilt sich auf die Arktis und auf die Gletscher in allen Kontinenten.

Wie hoch sind die höchsten bekannten Eisberge?

Die höchsten Eisberge gibt es in der Arktis. Den Rekord hält ein Brocken, den man 1958 beobachtete: Mit 167 Metern über der Wasseroberfläche war er 30 Meter höher als die größte Pyramide.

Wo liegen die längsten Gletscher?

Von den zehn längsten Gletschern der Erde liegen acht in der Antarktis. Am längsten ist der sogenannte Lambert-Fisher-Gletscher mit insgesamt 515 Kilometern.

Schneit es in der Antarktis ständig?

Überraschenderweise fällt in der Antarktis wenig Schnee, vor allem auf der Hochebene in ihrem Inneren. Dort ist es nicht nur sehr kalt, sondern mit 50 Millimetern Schnee im Jahr auch sehr trocken. An der Küste ist es nicht ganz so kalt und erheblich feuchter. Dort gibt es wesentlich mehr Schnee – durchschnittlich 600 Millimeter pro Jahr.

Warum ist das Bauen in Permafrostgebieten schwierig?

In der Antarktis ist der Boden ständig gefroren (Permafrost). Auch in der Arktis gibt es große Permafrostgebiete. Wenn man dort beheizte Häuser baut, taut der darunterliegenden Boden auf, und in den Schlamm, der dabei entsteht, sinken die Gebäude ein. Verhindern läßt sich das nur, wenn man die Häuser so isoliert, daß die Wärme nicht in den Boden eindringt.

Wälder

Was ist ein Wald?

Ein Wald ist ein großes, baumbestandenes Gebiet. Kleinere Flächen mit Bäumen nennt man Gehölze. In manchen Wäldern gibt es nur wenige Baumarten, andere sind ein Gemisch aus vielen verschiedenen Bäumen und anderen Pflanzenarten wie Blumen, Sträuchern usw.

Wie sahen die ersten Wälder aus?

Die ersten Wälder entstanden vor etwa 365 Millionen Jahren in Sumpfgebieten. Damals gab es noch keine Landtiere. Die Pflanzen in diesen prähistorischen Wäldern waren keine Bäume, wie wir sie heute kennen, sondern Lebermoose, Farne und Schachtelhalme. Sie wurden so groß wie Bäume – manche Arten waren über 30 Meter hoch.

Was geschah mit den prähistorischen Riesenschachtelhalmen?

Durch Klimawechsel veränderten sich auch die Wälder. Vor etwa 180 Millionen Jahren hatten die Sumpfwälder riesigen Gebieten mit Nadelbäumen und Gingkobäumen Platz gemacht. Die ersten Bäume mit Blüten tauchten vor ungefähr 130 Millionen Jahren auf.

Welcher Anteil der Erdoberfläche ist bewaldet?

In prähistorischer Zeit, als die Menschen noch keine Wälder rodeten, um Bauernhöfe, Städte und Fabriken zu bauen oder landwirtschaftliche Nutzflächen zu schaffen, waren die Landflächen der Erde zu 60 Prozent bewaldet. Heute sind nur noch 30 Prozent von Wald bedeckt.

Wie viele Arten von Wäldern gibt es?

In den verschiedenen Gegenden der Erde gedeihen je nach Klima unterschiedliche Wälder. Die sechs Haupttypen sind der tropische Regenwald, der subtropische Hartlaubwald mit seinen niedrigen, immergrünen Bäumen, die Savanne, der Mischwald gemäßigter Breiten (dessen Laubbäume im Winter die Blätter abwerfen), der Nadelwald gemäßigter Breiten und der Nadelwald der Polargebiete (Taiga).

Wie sind die Wälder in den gemäßigten Breiten entstanden?

Vor etwa 65 Millionen Jahren wurde das Klima kühler. Deshalb breiteten sich Baumarten aus, die unter gemäßigten Bedingungen (warme Sommer und kalte Winter) gedeihen konnten. Solche Wälder sind heute in Europa und Nordamerika verbreitet.

Die wichtigsten Vegetationszonen. Etwa 30 Prozent der Landflächen auf der Erde sind bewaldet.

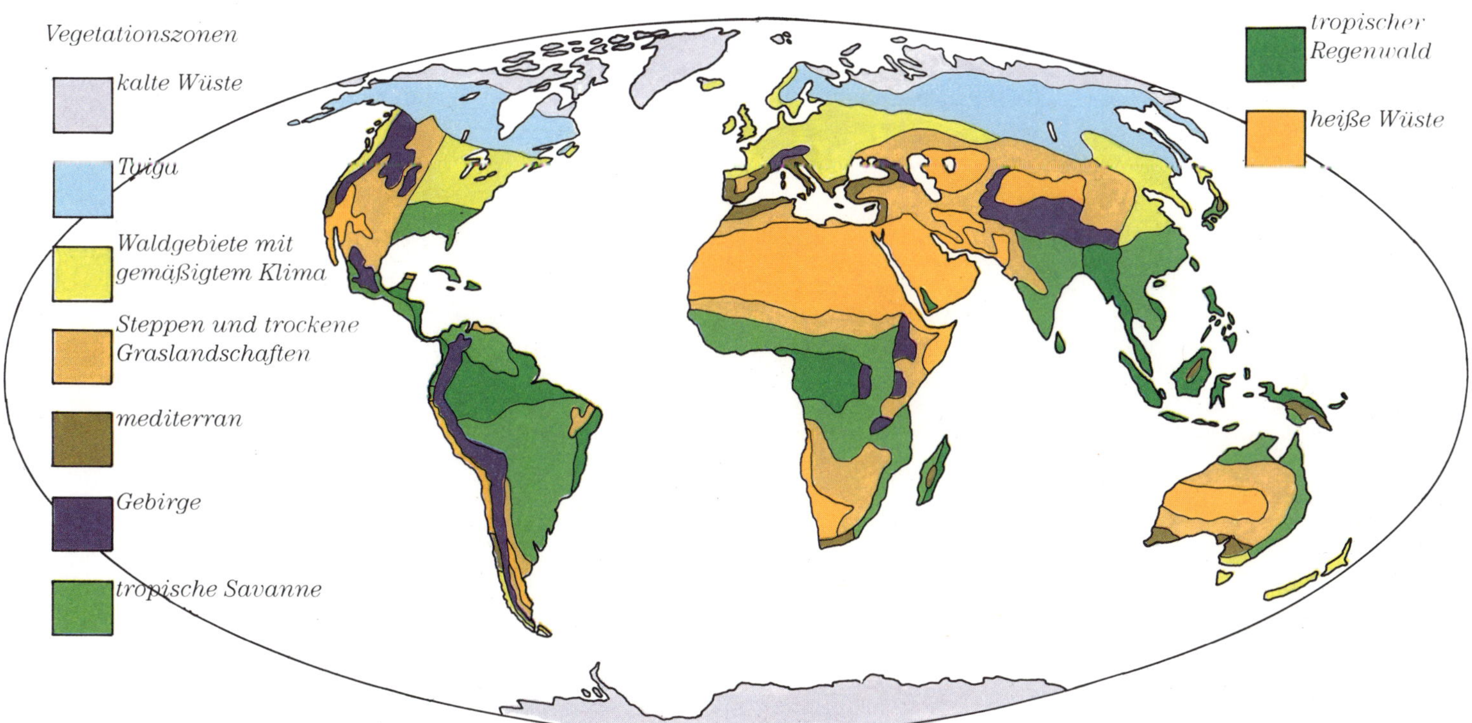

Warum ging die Zahl der Bäume in Nordeuropa während der Eiszeit zurück?

Vor der Eiszeit standen in Europa und Nordamerika die gleichen dichten Wälder mit zahlreichen Baumarten. In der Eiszeit, als das Klima sich abkühlte und große Teile Nordeuropas von Eis bedeckt waren, starben viele dieser Arten aus. Sie konnten sich nicht nach Süden ausbreiten und später, als es wärmer wurde, wieder zurückkehren, weil große Gebirge im Weg standen.

Welche Bäume wachsen in Laubwäldern?

Laubwälder findet man in Gegenden mit warmem Sommer und kühlem Winter. Die Bäume, beispielsweise Eichen, Buchen, Ahorn und Kastanie, haben Blätter, die sie im Herbst abwerfen, um den Wasserbedarf zu vermindern. Aus kaltem Boden können die Wurzeln nämlich nur schlecht Wasser aufnehmen. Und ein vollständig belaubter Baum braucht wesentlicht mehr Wasser als einer, der seine Blätter verloren hat.

Wo wachsen Eukalyptusbäume?

Eukalyptusbäume sind der Hauptbestandteil der Wälder Australiens. Es gibt viele Eukalyptusarten, darunter sehr große mit über 45 Metern Höhe. Genauso hoch sind auch der Blaue Gummibaum und der australische Fieberbaum. Eukalyptusbäume haben eine ungewöhnliche Eigenschaft: Sie werfen jedes Jahr ihre Rinde ab. Aus Eukalyptusblättern macht man ein Öl zur Behandlung von Erkältungskrankheiten.

Was ist die Taiga?

Die Taiga ist der Wald der nördlichen Polarregion, wo der Winter sehr kalt und der Sommer kurz ist. Die größten Taigagebiete liegen in Nordeuropa, Asien (vor allem im Norden Rußlands) und Nordamerika. Die meisten Bäume sind immergrüne Arten wie Kiefern und Tannen.

In welchen Wälder gibt es die meisten Baumarten?

Am artenreichsten sind die tropischen Regenwälder. Ein typisches kleines Waldgebiet in Europa oder Nordamerika enthält vielleicht zehn Baumarten. Im Regenwald Brasiliens oder Indonesiens dagegen stehen auf der gleichen Fläche unter Umständen über 100 Arten.

Warum gibt es im Regenwald so viele verschiedene Pflanzenarten?

Tropische Regenwälder wachsen sehr schnell, weil es keinen Winter gibt, in dem Bäume und andere Pflanzen das Wachstum einstellen. Die Sonne scheint fast jeden Tag, und die Luft bleibt immer warm und feucht. Außerdem fällt fast täglich Regen. Unter diesen Bedingungen gedeihen alle Pflanzen sehr gut.

Wachsen Pflanzen auf dem Boden des Regenwaldes?

Auch in dichtem Regenwald fällt noch soviel Licht in die unteren Schichten, daß dort Pflanzen gedeihen können. Ausscheidungen von Tieren, herabgefallene Blätter und andere Überbleibsel dienen ihnen als Nährstoffe.

In den Laubwäldern der gemäßigten Klimazonen wachsen verschiedene Baumarten, z.B. Eichen, Buchen und Kastanien. In den kühlen Wäldern Nordamerikas ist die Artenvielfalt größer als in Europa.

Der tropische Regenwald besteht aus mehreren Stockwerken, die jeweils andere Tierarten beherbergen. Den Unterwuchs bilden Sträucher und Kriechpflanzen – vorausgesetzt, die Bäume lassen genügend Licht durch.

Was ist das Kronendach eines Regenwaldes?

Die Kronen der höchsten Bäume im Regenwald bilden das Kronendach. Es erhält die meiste Sonnenstrahlung und wächst deshalb schnell. Auf diese Weise wird es häufig zu einem dichten Schirm, aus dem nur vereinzelt einige sehr hohe Bäume ragen. Im Kronendach, das bis zu 45 Meter hoch werden kann, leben zahlreiche Tiere, unter anderem Affen, Vögel und Insekten.

Wie halten Wälder das Wasser fest?

Der Waldboden saugt das Regenwasser auf und verhindert, daß es nach einem Regen zu schnell abläuft. Das Regenwasser sickert in die Erde, wird gefiltert und speist als Grundwasser schließlich Flüsse, Seen und Quellen.

Warum werfen einige tropische Bäume das Laub ab?

Viele tropische Bäume wachsen in Wäldern, wo es jedes Jahr einen deutlichen Unterschied zwischen Regen- und Trockenzeit gibt. In der Trockenzeit werfen die Bäume das Laub ab, um Wasser zu sparen. Sobald der Regen kommt, sprießen sehr schnell wieder neue Blätter.

Warum haben die Wälder in Amerika die Eiszeit überlebt?

Nordamerika erlebte die Eiszeit genauso wie Europa, aber seine Wälder erholten sich besser von Schnee und Kälte. Das Verbreitungsgebiet der Bäume verlagerte sich nach Süden in wärmere Regionen, und als das Eis geschmolzen war, verschob es sich wieder nach Norden. Die Gebirge verlaufen in Nordamerika vorwiegend von Norden nach Süden und behinderten deshalb diese Verschiebungen nicht. Heute gibt es in den Wäldern der gemäßigten Klimazonen Nordamerikas etwa zehnmal so viele Baumarten wie in Europa.

Was ist die Baumgrenze?

Manche Baumarten, zum Beispiel die Douglasfichte, gedeihen auch im Hochgebirge. In großen Höhen wird das Klima aber so rauh, daß dort keine Bäume mehr wachsen können. Die Vegetation wird immer dünner, und schließlich ist nur noch nackter Fels vorhanden. Als Baumgrenze bezeichnet man die größte Höhe, in der Bäume noch wachsen können.

Nadelbäume gedeihen auch in dünnen Böden und ertragen Kälte besser als Laubbäume.

Was ist Tundra?

Die Tundra ist der Bereich im Nordpolargebiet, wo das Klima für Bäume zu kalt und zu trocken ist. Große Teile der Tundra sind jedes Jahr lange von Schnee bedeckt. Die einzigen Pflanzen, die dort überleben können, sind Moose, Flechten und widerstandsfähige Grasarten.

Was sind Steppen?

Steppen sind trockene Graslandschaften. Am bekanntesten sind die Steppen Mittelasiens, aber ähnliche Landschaften findet man auch in Nordamerika. Sie sind typisch für Regionen mit heißem Sommer und kaltem Winter. Das Gras der Steppen ist kurz und wächst spärlich. Bäume gibt es nur in geringer Zahl.

Was ist der Unterschied zwischen Prärie und Steppe?

Prärien sind Graslandschaften, in denen es mehr regnet als in der Steppe. Deshalb ist ihr Gras länger und dichter.

Welches war die größte Prärie der Welt?

Die Große Prärie erstreckte sich früher im Mittleren Westen der USA vom Süden des Staates Texas nach Norden bis nach Kanada. Sie war die größte Prärie der Erde, und das Gras war an manchen Stellen mannshoch. Heute ist von der ursprünglichen Prärie kaum noch etwas übrig. Sie wurde seit dem 19. Jahrhundert umgepflügt, und man säte Weizen und andere Nutzpflanzen.

In der Tundra wachsen vor allem kleine Sträucher, Kräuter, Moose und Flechten. Diese Pflanzen ertragen die Kälte und bilden die Nahrung für Rentiere.

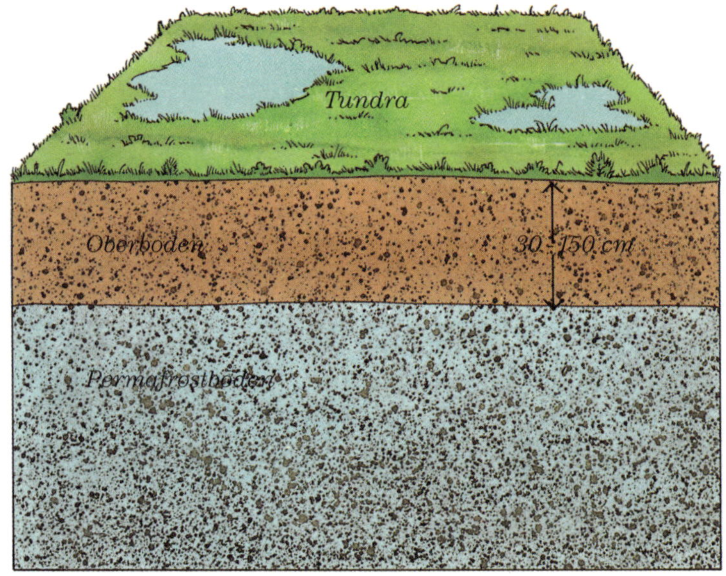

Der Querschnitt durch die Tundra zeigt eine dünne Oberbodenschicht und darunter den ständig gefrorenen Permafrostboden.

Was ist Savanne?

Die Savanne ist eine tropische Graslandschaft. Sie ist typisch für heiße Gegenden mit Regen- und Trockenzeit. Die Regenzeit der afrikanischen Savanne dauert nur vier Monate. In ihren Grasebenen stehen vereinzelte Akazien und Affenbrotbäume.

Warum gibt es in Graslandschaften so viele Tierarten?

Graslandschaften bieten Tieren eine Menge Nahrung. Das Gras und andere Pflanzen dienen zahlreichen Insekten, körnerfressenden Vögeln und Nagetieren als Lebensraum. Auch große Grasfresser wie Bisons und Antilopen sind hier zu Hause, ebenso wie Wölfe, Löwen und andere Raubtiere, die sich von den Pflanzenfressern ernähren.

Wie haben grasfressende Tiere das Bild der heutigen Graslandschaften geprägt?

Pflanzenfressende Tiere können Bäume "beschneiden", indem sie alle Zweige bis zu einer gewissen Höhe abfressen. Giraffen sorgen zum Beispiel dafür, daß viele Akazien pilzförmig wachsen, weil sie alle Zweige in Reichweite abnagen. Außerdem wird das Gras zum Wachsen angeregt, wenn es abgefressen wird. Wenn Tiere die älteren Blätter verzehren, bringen die Pflanzen neue Seitentriebe hervor, aus denen schon bald junge Blätter sprießen.

Was sind Llanos und Pampas?

Die Llanos sind hügelige Graslandschaften in Südamerika. Man findet sie vor allem in Kolumbien und Venezuela. Weiter südlich, in Argentinien, liegt eine große grasbewachsene Ebene, die man als Pampa bezeichnet. Diese südamerikanischen Graslandschaften haben ein gemäßigtes Klima und ähneln den Prärien Nordamerikas.

Eine der wichtigsten landwirtschaftlichen Tätigkeiten in Graslandschaften ist die Rinderzucht.

Wie überleben tropische Graslandschaften einen Brand?

In den tropischen Graslandschaften ist es in der Trockenzeit sehr heiß. Oft fegt ein Feuer über die Savanne hinweg. Junge Bäume sterben in den Flammen, aber das Gras überlebt in den meisten Fällen, weil seine Wurzeln so tief in den Boden eindringen, daß sie von dem Feuer nicht geschädigt werden. Wenn dann die Regenzeit einsetzt, sprießt überall auf der Savanne neues Gras hervor.

Wie entstehen Heidelandschaften?

Einige Heidelandschaften, zum Beispiel die im rauhen Nordwestfrankreich, sind natürlichen Ursprungs. Starker, salzhaltiger Wind verhindert, daß sich in solchen Regionen Bäume ansiedeln. In anderen Regionen entstehen Heidelandschaften, wenn die Menschen den Wald gerodet haben. Der Boden verliert schnell seine Nährstoffe, und Sträucher gewinnen die Oberhand. Grasende Schafe und Brände verhindern, daß junge Bäume heranwachsen, und deshalb bleibt die Heidelandschaft wie sie ist.

Wie entstehen Moore?

Moore entstehen in Gegenden mit Wasserüberschuß. Zunächst bilden sich dort Flachmoore mit artenreichem Pflanzenwuchs. Durch abgestorbene Pflanzenteile erhöhen sie sich im Laufe der Zeit zu Hochmooren mit anspruchsloser Vegetation.

Ein Hochmoor. Zur natürlichen Pflanzenwelt dieser Landschaften gehören Heidekraut und Farne.

LEBEN AUF DER ERDE

Wie ist das Leben auf der Erde entstanden?

Als die ersten Lebensformen auftauchten, gab es die Erde schon seit mindestens drei Milliarden Jahren. Als der glühende Planet sich abkühlte, entstand die Atmosphäre, durch Regen bildeten sich die Meere, und dort nahm das Leben seinen Anfang – wie, weiß man nicht genau. Möglicherweise lieferten Blitze die Energie für chemische Reaktionen in der "Ursuppe" auf dem jungen Planeten. Vielleicht bildeten auch die Minerale im Gestein immer neue chemische Kombinationen. Schließlich tauchte jedoch ein ungewöhnliches chemisches Gebilde auf: eine lebende Zelle, die Energie verwerten und sich vermehren konnte.

Wie sah die Erde aus, als das Leben begann?

Als die ersten Lebensformen auftauchten, sah die Erde ganz anders aus als heute. Das Land war felsig und vorwiegend flach, denn die meisten Gebirge waren noch nicht entstanden. Große Flächen waren von seichten Meeren bedeckt, und diese Gewässer waren der Ausgangspunkt des Lebens.

Das Leben entstand, nachdem elektrische Entladungen die chemischen Reaktionen in Gang gesetzt hatten, aus denen die organischen Moleküle der ersten Zellen hervorgingen.

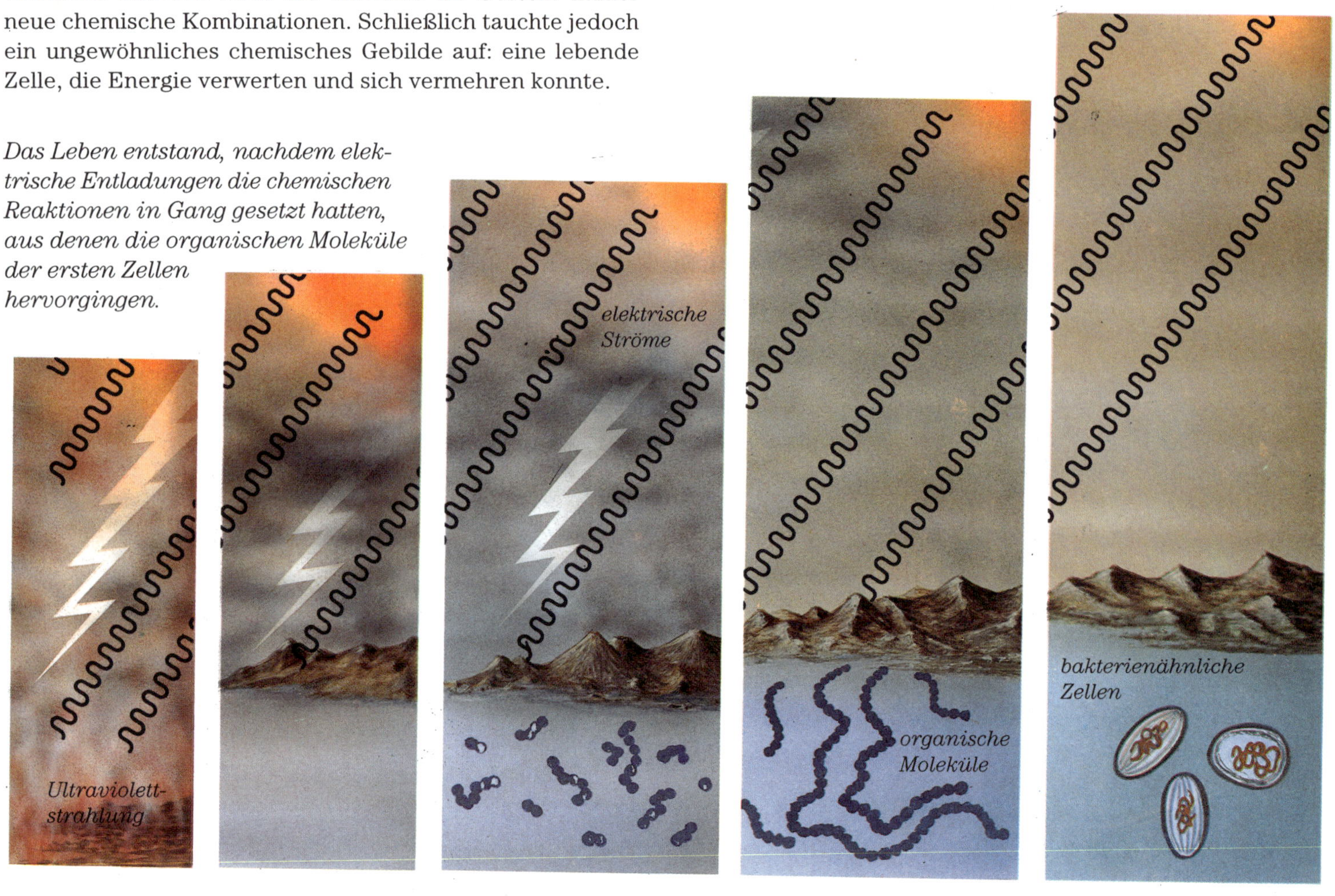

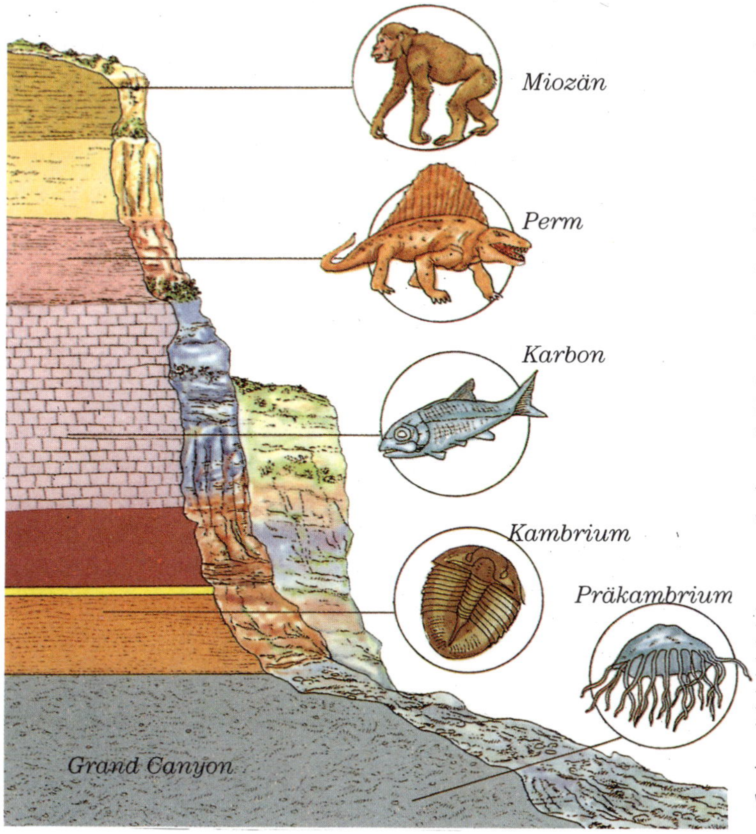

Ein Querschnitt durch den Grand Canyon. An den Fossilien in den einzelnen Gesteinsschichten kann man die Evolution des Lebens ablesen.

Was sind Fossilien?

Fossilien sind die versteinerten Überreste von Pflanzen und Tieren, die früher auf der Erde lebten. Man findet sie vor allem in Gesteinsarten, die aus Sand oder Schlamm entstanden sind. Am häufigsten sind Schalen, Zähne und Knochen von Tieren und die harte Außenhaut von Pflanzen versteinert. Weichteile bleiben nur selten erhalten.

Wie findet man Fossilien?

Fossilien findet man, wenn altes Gestein freigelegt wird, zum Beispiel durch Verwitterung oder auch in Steinbrüchen und Bergwerken. Manchmal können die Wissenschaftler sogar das vollständige Skelett eines Dinosauriers Knochen für Knochen aus dem Gestein bergen.

Wie veränderte sich die Erdatmosphäre durch die Lebewesen?

Die ersten Lebewesen ähnelten eher Pflanzen als Tieren. Mit Hilfe der Sonnenenergie konnten sie Kohlendioxid und Wasser zu Zucker (als Nährstoffe) und Sauerstoff verarbeiten. Der Sauerstoff wurde dabei als "Abfallprodukt" in die Atmosphäre freigesetzt. Ein Teil davon verwandelte sich in Ozon, und die so entstandene Ozonschicht schirmte die gefährliche Ultraviolettstrahlung der Sonne ab. Nach und nach wurde die Erde zu einem Planeten, auf dem sowohl Tiere als auch Pflanzen leben konnten.

Was sind die besonderen Eigenschaften der Lebewesen?

Die erste lebende Zelle war in zweierlei Hinsicht etwas Besonderes: Sie konnte den chemischen Verbindungen im Meerwasser Energie entziehen, um davon zu leben, und sie konnte Kopien von sich selbst herstellen und sich vermehren.

Woran erkennen die Geologen das Alter der Steine?

Die chemischen Substanzen im Gestein verändern sich im Laufe der Jahrmillionen. Die Geologen messen solche Veränderungen und vergleichen sie mit denen in anderen Steinen. Auf diese Weise können sie das Alter der Steine feststellen und vergleichen.

Wie entstehen Fossilien?

Das versteinerte Lebewesen ist seit mehreren Millionen Jahren tot. Wenn ein Dinosaurier zum Beispiel an einem Flußufer gestorben ist, haben sich seine Weichteile aufgelöst, und die harten Teile, vor allem die Knochen, wurden im Schlamm begraben. Im Laufe der Jahrmillionen lagerte sich darüber eine Schlammschicht nach der anderen ab, und die tieferen Lagen wurden zu Stein. Wasser, das durch dieses Gestein sickerte, löste die Knochen auf, und an ihre Stelle traten Mineralien, die genau die gleiche Form annahmen. Auf diese Weise blieb das Skelett des Dinosauriers in versteinerter Form erhalten.

Die Entstehung von Fossilien. Ein Tier stirbt, die Knochen werden vom Schlamm begraben. Wenn der Schlamm sich später verfestigt und zu Gestein wird, bleibt das Skelett in versteinerter Form erhalten.

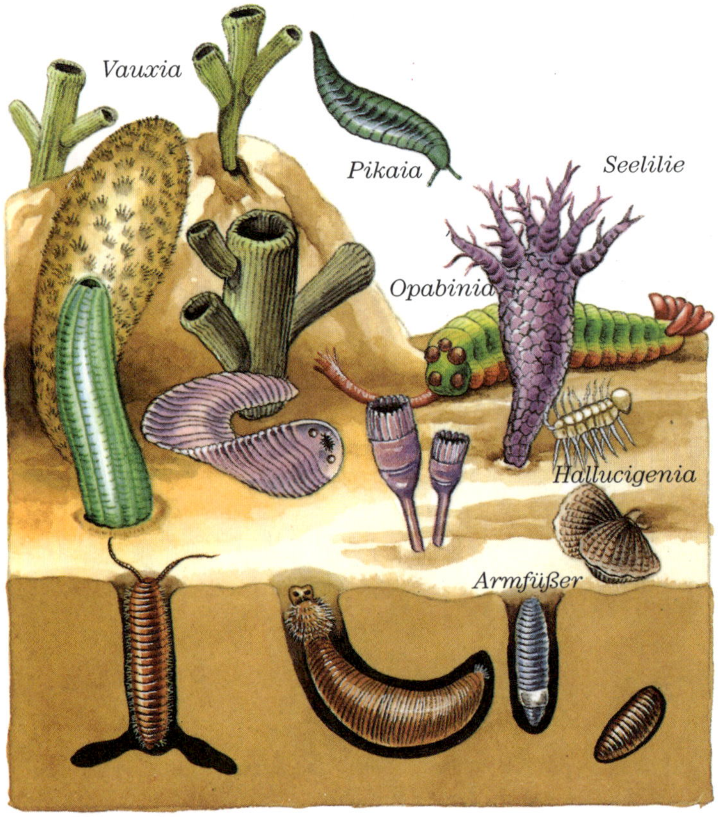

Lebewesen im Meer des Kambriums. Es gab Schwämme (Vauxia), Seelilien, Armfüßer, Würmer (Pikaia) und seltsame Vielfüßer wie Hallucigenia und Opabinia. Alle Stämme der Wirbellosen waren vertreten.

Wie sah das Leben im Kambrium aus?

Der Zeitabschnitt, den die Geologen Kambrium nennen, begann vor etwa 600 Millionen Jahren und dauerte 120 Millionen Jahre. Tiere lebten damals nur im Meer. Aus einzelligen Lebewesen hatten sich komplizierter gebaute Tiere entwickelt, die schwimmen und kriechen konnten. Es gab Würmer, Quallen, Schnecken und Seesterne. Über den Meeresboden flitzten die Trilobiten.

Wann tauchten die ersten Fische auf?

Die ersten Tiere waren Wirbellose – ihnen fehlte das Rückgrat. Sie waren entweder weich wie die Quallen oder besaßen eine Schale wie die Trilobiten. Die ersten Wirbeltiere (Tiere mit einer Wirbelsäule) waren Fische. Sie entstanden gegen Ende des Kambriums. Anfangs hatten sie keine Kiefer: Um sich zu ernähren, saugten sie die Reste toter Tiere vom Meeresboden.

Wann war das Zeitalter der Fische?

Vor etwa 405 Millionen Jahren begann die Zeit des Devon. Jetzt schwammen viele neue Fischarten im Meer, und deshalb bezeichnet man das Devon auch als Zeitalter der Fische. Die neu entstandenen Arten besaßen Kiefer und waren gute Schwimmer, so daß sie andere Tiere jagen konnten. Außen waren sie mit Knochenplatten oder Schuppen gepanzert. Zu diesen Fischen gehörten die Vorfahren der heutigen Haie und Rochen.

Wer waren die ersten Fossiliensammler?

Vor etwa 2000 Jahren wunderte sich der Grieche Xenophanes, als er Fossilien fand. Es waren Fische und Muschelschalen, aber er entdeckte sie weit weg vom Meer. Die Lösung dieses Rätsels fand man erst lange Zeit später. Leonardo da Vinci und andere erkannten, daß es sich bei den Fossilien um die Überreste alter, seit langem toter Tiere handelte. Jetzt wurde den Wissenschaftlern klar, daß manche Landgebiete früher von Meer bedeckt waren, und das erklärte die Funde von Xenophanes.

Die ersten Knochenfische tauchten im Devon auf. Ihre Flossen hatten meist ein Knochengerüst und entwickelten sich später zu Beinen.

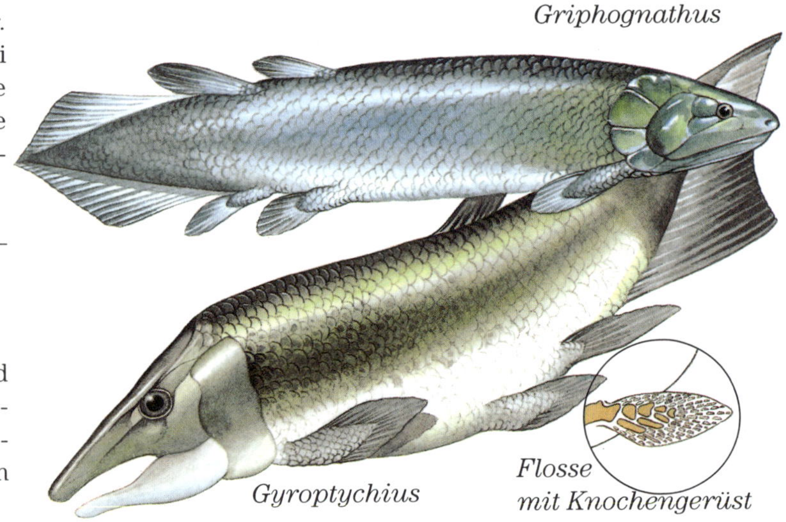

Was wissen wir über das Leben im Kambrium?

Viele Tiere, die in den Meeren des Kambriums schwammen und krochen, wurden später zu Fossilien. Die bekanntesten Versteinerungen aus dieser Zeit finden sich in einer Gesteinsformation in Kanada namens Burgess Shale. Sie enthält neben den Schalen vieler Tiere zum Teil auch ihre Weichteile.

Seit wann gibt es Landpflanzen?

Im Devon, ungefähr zu der Zeit, als in den Meeren die ersten Kieferfische auftauchten, besiedelten Pflanzen vom Meer aus das Land. Dazu mußten sie sich in zweierlei Hinsicht umstellen: Sie konnten nicht mehr im Wasser schwimmen, sondern ein kräftiger Stengel mußte ihr Gewicht tragen, und sie mußten Wurzeln entwickeln, mit denen sie sich im Boden festsetzen und daraus Wasser und Nährstoffe gewinnen konnten.

Welches waren die ersten Landtiere?

Als erste Tiere besiedelten die Vorfahren der heutigen Insekten und Spinnen das Land. Sie ernährten sich von Pflanzen oder fraßen sich gegenseitig.

Warum stiegen die Fische aus dem Wasser?

Die ersten Fische, die das Land besiedelten, konnten sowohl an der Luft als auch im Wasser atmen. In dem neuen Lebensraum hatten sie reichlich Futter, aber keine natürlichen Feinde.

Welche heutigen Tiere zeigen uns, wie die ersten Tiere das Land besiedelten?

Auch heute gibt es Fische, die an der Luft atmen können. Ein Beispiel ist der afrikanische Lungenfisch, der sich in ausgetrockneten Flußbetten eingräbt. Ein anderer Fisch, der Schlammspringer, kann auf den vorderen Flossen aus dem Wasser kriechen, um Nahrung zu suchen. Ähnlich wie diese beiden sahen vermutlich die ersten Fische aus, die das Land besiedelten.

Ära	*Periode*	*Epoche*	*vor Jahrmillionen*
Känozoikum	*Quartär*	*Neuzeit*	*0.01*
		Pleistozän	*2*
	Tertiär	*Pliozän*	*5*
		Miozän	*25*
		Oligozän	*35*
		Eozän	*60*
		Paläozän	*65*
Mesozoikum	*Kreide*		*145*
	Jura		*210*
	Trias		*245*
Paläozoikum	*Perm*		*285*
	Karbon		*360*
	Devon		*410*
	Silur		*440*
	Ordovicium		*505*
	Kambrium		*570*
	Präkambrium		

Erdgeschichtliche Zeiträume mißt man in Ären, Perioden und Epochen, die sich über viele Millionen Jahre erstrecken.

Wie sahen die ersten Amphibien aus?

Amphibien sind Tiere, die im Wasser und an Land leben können. Eines der ersten derartigen Lebewesen war eine Art Molch, der Ichthyostega. Er lebte vor etwa 400 Millionen Jahren und war den Messungen zufolge etwa einen Meter lang.

Wann jagten die Riesenlibellen?

Begünstigt durch warmes, feuchtes Klima wucherten in der Karbonzeit große Sumpfwälder. Sie waren ein idealer Lebensraum für Insekten, Spinnen, Tausendfüßer und andere wirbellose Tiere. Durch das Unterholz krabbelten meterlange Tausendfüßer, und in der Luft gingen Libellen, die so groß wie Möwen waren, auf die Jagd nach Insekten.

Wie messen Geologen die Zeit?

Die Zeiträume der Erdgeschichte sind so lang, daß man sie sich nicht vorstellen kann. Die Geologen haben die Vergangenheit in Perioden eingeteilt, die jeweils viele Millionen Jahre dauerten. In jedem dieser Abschnitte lebten andere Tiere und Pflanzen.

Wann war die Zeit der Farne?

Farne gediehen besonders reichlich im Karbon vor 345 bis 280 Millionen Jahren. Damals gab es riesige Sumpfwälder mit Lebermoosen, Schachtelhalmen und vielen farnartigen Pflanzen. Ihre Fossilien findet man in der Steinkohle, die zu dieser Zeit entstand.

Ausgestorbene Tiere

Warum eigneten sich Reptilien besser für das Leben an Land als Amphibien?

Die ersten Landtiere mit einem Rückgrat waren Amphibien, die Vorfahren der heutigen Frösche und Kröten. Sie konnten eine Zeitlang an Land leben, mußten aber im Wasser ihre Eier ablegen. Vor etwa 300 Millionen Jahren tauchten die ersten Reptilien auf. Sie ähnelten den Amphibien, aber ihre Eier hatten eine kräftige Schale und konnten an Land abgelegt werden. Deshalb konnten die Reptilien sich vom Wasser unabhängig machen.

Warum sind viele frühe Reptilienarten plötzlich ausgestorben?

Warum so viele Reptilienarten verschwunden sind, weiß niemand genau. Vor etwa 225 Millionen Jahren, gegen Ende der Permzeit, starb mehr als die Hälfte aller Tier- und Pflanzenarten auf der Erde aus, darunter auch viele seltsame Reptilien. Ein solches Massenaussterben gab es in der Erdgeschichte mehrmals. Das Aussterben der frühen Reptilien wurde vermutlich durch Veränderungen des Meeresspiegels und des Klimas verursacht.

Waren die großen Dinosaurier grausame Raubtiere?

Manche großen Dinosaurier waren Fleischfresser, aber die größten Arten ernährten sich von Pflanzen. Einige Dinosaurier waren die größten Landtiere, die es jemals gab. Brachiosaurus war so groß, daß er über ein dreistöckiges Haus hätte hinwegsehen können, und Diplodocus maß von Kopf bis Schwanz ungefähr 30 Meter. Es gab sogar noch größere Tiere wie den Ultrasaurus, der vermutlich über 100 Tonnen wog. Diese riesigen Geschöpfe waren friedliche, nicht gerade intelligente Pflanzenfresser. Am stärksten waren die Dinosaurier in der Jurazeit verbreitet, als die üppigen grünen Wälder ihnen reichlich Nahrung boten.

Stegosaurus

Die gepanzerten Stegosaurier besaßen Knochenplatten auf Hals und Rücken und eine bestachelten Schwanz.

Wann beherrschten die Dinosaurier die Erde?

Etwa 160 Millionen Jahre lang, in der Zeit vor 225 bis 65 Millionen Jahren, waren Reptilien, die man Dinosaurier nennt, die am stärksten verbreiteten Tiere.

Warum findet man ähnliche Reste von Dinosauriern an weit voneinander entfernten Orten?

Als die Dinosaurier auftauchten, waren die Kontinente noch verbunden, so daß die Tiere leicht beispielsweise vom heutigen Afrika ins heutige Nordamerika wandern konnten. Fossilien von einigen Dinosaurierarten hat man in Ostafrika wie auch in den USA gefunden. In späterer Zeit trieben die Kontinente auseinander, und mit ihnen trennten sich auch die Felsen, in denen die Fossilien eingeschlossen waren. Das erklärt die verschiedenen Fundorte.

Eogyrinus

Ein früher Lurch. Sein Name Eogyrinus bedeutet "früher Frosch". Er hatte einen langen, abgeflachten Schwanz und lebte wahrscheinlich wie ein Molch die meiste Zeit im Wasser.

Warum hatten manche Dinosaurier einen Panzer?

Der Panzer ist für ein Tier ein wirksamer Schutz. Der Dinosaurier Hylaeosaurus besaß eine dicke Körperdecke aus Stacheln und Knochenplatten. Triceratops hatte Hörner und einen Knochenschild, der Kopf und Hals schützte. Der zehn Meter lange Ankylosaurus war von Stacheln bedeckt, und der keulenartige Schwanz diente zur Abwehr von Angriffen.

Konnten Dinosaurier in der Arktis leben?

Ja, aber die Arktis war damals nicht so kalt wie heute. Die ganze Erde war zur Zeit der Dinosaurier viel wärmer, und das Wetter war überall ähnlich. Man hat Dinosaurierknochen auch in Felsen nördlich des Polarkreises gefunden, wo es heute für Reptilien viel zu kalt ist.

Wie konnten derart riesige Tiere überleben?

Die riesigen Dinosaurier waren viel größer als Elefanten, die größten heute lebenden Landtiere. Deshalb brauchten sie jeden Tag gewaltige Nahrungsmengen – sie waren fast ständig mit Fressen beschäftigt. Die Erde war warm, so daß es in Sümpfen und Wäldern eine reichhaltige Pflanzenwelt gab. Die enorme Größe war für die schwerfälligen Giganten ein Schutz gegen die fleischfressenden Dinosaurier.

Mammut

Pteranodon

Der Flugsaurier Pteranodon hatte fledermausartige Flügel.

Wann lernten die Reptilien fliegen?

Insekten konnten schon viel früher fliegen als die Reptilien. Die ersten Flugsaurier ließen sich einfach von Bäumen gleiten, wobei ihnen Hautfalten an den Rippen als Flügel dienten. Die ersten Reptilien, die aktiv mit den Flügeln schlagen konnten, waren vor etwa 200 Millionen Jahren die Pterosaurier. Manche von ihnen waren nicht größer als Tauben, aber der größte hatte die Ausmaße eines kleinen Flugzeugs: Seine Flügelspannweite betrug 15 Meter.

Welches waren die furchterregendsten Dinosaurier?

Die schrecklichsten fleischfressenden Dinosaurier waren Geschöpfe wie der Allosaurus, der in der Jurazeit vor 180 bis 130 Millionen Jahren lebte, und der Tyrannosaurus rex der Kreidezeit (vor 130 bis 65 Millionen Jahren). Diese Tiere waren bis zu 12 Meter lang, und ihre Kiefer waren mit rasiermesserscharfen Zähnen besetzt. Andere räuberische Dinosaurier hatten gewaltige, messerähnliche Krallen.

Welche Dinosaurier brüllten durch heftiges Ausatmen?

Die Dinosaurier mit Entenschnabel besaßen auf dem Kopf eine bemerkenswerte Knochenverdickung oder einen Kamm. Der Kopf war bei jeder Gruppe dieser Tiere anders geformt. Die Wissenschaftler bauten Modelle von solchen Schädeln, bliesen hindurch und fanden heraus, wozu der Kopfschmuck vermutlich diente: Er war eine Art Trompete. Wenn das Tier heftig ausatmete, strömte Luft durch die Röhren in den Schädelknochen, und dabei entstand ein lautes, brüllendes Geräusch, das wahrscheinlich Paarungspartner anziehen oder vor Gefahren warnen sollte.

Das Wollmammut war durch ein langes Fell gegen die Kälte der Eiszeit geschützt.

LÄNDER UND MENSCHEN

Afrika

Wie groß ist Afrika?

Afrika hat eine Fläche von 30 Millionen Quadratkilometern. Nordamerika und Europa zusammen hätten bequem darin Platz. Es ist von Nord nach Süd über 8000 Kilometer lang und von Ost nach West mehr als 6000 Kilometer breit. Damit ist es nach Asien und Amerika der drittgrößte Kontinent.

Ist Afrika vorwiegend ein riesiger Urwald?

Nein. Die größten Teile Afrikas sind Wüsten (40 Prozent) oder grasbedeckte Savannen (ebenfalls 40 Prozent). Wälder, und zwar in der Hauptsache Regenwälder, bedecken noch nicht einmal ein Fünftel des Kontinents.

Wo liegen die "Berge auf dem Mond"?

An der Grenze zwischen den zentralafrikanischen Staaten Uganda und Zaire liegt das Ruwenzori-Gebirge. Seine schneebedeckten Gipfel sind über 5000 Meter hoch. Den Namen "Berge auf dem Mond" gab ihm der griechische Geograph Ptolemäus; er zeichnete um 150 v. Chr. eine Karte, auf der er den Ursprung des Nils in dieses Gebirge verlegte.

Was ist das Große Rift-Tal?

Das Große Rift-Tal, auch Ostafrikanisches Grabensystem genannt, ist eine der wichtigsten geographischen Besonderheiten Afrikas. Es zieht sich über Tausende von Kilometern durch Ostafrika und ist an manchen Stellen über eineinhalb Kilometer tief und 40 Kilometer breit. Entstanden ist das Große Rift-Tal durch vulkanische Bewegungen. Auf manchen Abschnitten ist es mit Wasser gefüllt: Es bildet einige der größten Seen Afrikas (Mobutu-Sese-Seko-, Edward-, Malawi- und Tanganyikasee) sowie das Rote Meer.

Wie hoch liegt Afrika?

Verglichen mit Asien und Nordamerika, ist Afrika relativ flach. Norden, Westen und Mitte des Kontinents liegen meist nicht höher als 600 Meter. Der größte Teil Nordafrikas gehört zu der riesigen Ebene der Sahara. Die höchsten Stellen befinden sich im Osten und Süden Afrikas. In dieser Gegend liegen das Große Rift-Tal, die Grasebenen des ostafrikanischen Hochlandes und der Kilimandscharo.

Bis zu Beginn unseres Jahrhunderts gab es in Afrika südlich der Sahara keine Großstädte. Heute werden die Städte immer größer: Inzwischen leben hier 30 Prozent aller Afrikaner. In vielen Städten Afrikas, in Kairo (Ägypten)oder Lagos (Nigeria) gibt es Hochhäuser, und die Straßen sind mit Fahrzeugen verstopft.

Die Wüste Namib in Südwestafrika.

Gibt es in Afrika viele Wüsten?

Afrika besteht zu etwa 40 Prozent aus Wüsten. Die gewaltige Sahara bedeckt fast das ganze nördliche Drittel des Kontinents. Außerdem gibt es im Südwesten die Namib-Wüste und die Kalahari.

Welches sind die größten Flüsse Afrikas?

Die größten Flüsse Afrikas sind der Nil (der längste Fluß der Welt), gefolgt von Zaire (Kongo), Niger und Sambesi.

Wo liegen die Tugela-Fälle?

Die Tugela-Fälle sind fünf aufeinanderfolgende Wasserfälle des Flusses Tugela in Südafrika. Der höchste davon ist 410 Meter hoch, und alle fünf Wasserfälle zusammen haben eine Höhe von 947 Metern. Damit sind sie der zweithöchste Wasserfall der Erde.

Gibt es in Afrika Schnee?

Afrikas höchster Berg, der Kilimandscharo oder Uhuru ("Freiheit") liegt in Tansania (Ostafrika) und ist 5895 Meter hoch. Er ist ein erloschener Vulkan. Obwohl der Kilimandscharo ziemlich dicht am Äquator liegt, ist sein Gipfel immer mit Schnee bedeckt. Auch in Nordafrika fällt im Winter manchmal Schnee.

Welches ist Afrikas größte Insel?

Die Insel Madagaskar vor der Ostküste Afrikas hat eine Fläche von 587 000 Quadratkilometern und ist damit die viertgrößte Insel der Welt.

Wann lebten in Afrika die ersten Menschen?

Der Mensch ist in Afrika entstanden. Knochen und andere Überreste menschenähnlicher Wesen, die man hier entdeckte, sind älter als alle Funde aus anderen Kontinenten. Diese Geschöpfe lebten vor über vier Millionen Jahren. Vor etwa zwei Millionen Jahren gab es in Afrika die ersten echten Menschen. Sie jagten Tiere und sammelten Pflanzen, um sich zu ernähren, und sie fertigten die ersten Steinwerkzeuge an.

Die Bevölkerung Afrikas besteht zu 70 Prozent aus Schwarzafrikanern.

Die Victoria-Fälle

Was ist der "donnernde Rauch"?

In der Nähe der Grenze zwischen Sambia und Simbabwe stürzt der Sambesi die Victoria-Fälle hinunter. Afrikas bekanntester Wasserfall ist 108 Meter hoch und 1,5 Kilometer breit. An der Stelle, wo der Fluß über die Felsen hinabstürzt, steigt ein feiner Nebel aus Wassertröpfchen in die Höhe, und das Donnern der Fälle ist noch weit entfernt zu hören. Der afrikanische Name für die Victoria-Fälle lautet Mosi-oa-tunya, das bedeutet "donnernder Rauch".

Warum gibt es in Afrika Dürre?

In Afrika regnet es sehr ungleichmäßig. Manche Teile des Kontinents, zum Beispiel die Regenwälder im Westen, sind das ganze Jahr über feucht. In den trockeneren Gebieten dagegen gibt es häufig jahrelang überhaupt keinen Niederschlag. Viele Teile Afrikas erleben eine oder zwei Regenzeiten im Jahr. Bleibt der Regen aus, wächst kein Getreide, und die Menschen hungern. In der Sahara und in Äthiopien kam es durch die Trockenheit zu verheerenden Hungersnöten, die viele Opfer forderten.

Was ist der Harmattan?

Der Harmattan ist ein afrikanischer Wind, der von Dezember bis Februar von der Sahara aus in westlicher und nordwestlicher Richtung weht. Er ist trocken und auch kühl, weil die Wüste zu dieser Jahreszeit nicht ganz so heiß ist. Der Harmattan trägt Sand aus der Sahara in benachbarte Länder und manchmal sogar bis nach Europa.

Warum ist es in Afrika warm?

Mitten durch Afrika verläuft der Äquator, und neun Zehntel des Kontinents liegen in den Tropen. Das ganze Jahr über herrschen dort hohe Temperaturen, und die Unterschiede zwischen Sommer und Winter sind gering. Die riesige Wüste Sahara im Norden Afrikas gehört zu den heißesten Gegenden der Erde.

Welches ist der größte Staat in Afrika?

Der größte Staat Afrikas ist der Sudan mit einer Fläche von über 2,5 Millionen Quadratkilometern. Der Norden des Landes ist Wüste, im Süden gibt es Graslandschaften, und der Nil läßt ein großes Feuchtgebiet entstehen, den Sudd.

Der afrikanische Kontinent liegt zum größten Teil in den Tropen.

Tiere der afrikanischen Savanne

Wie überleben die Buschmänner in der Wüste?

Die Buschmänner vom Stamm der San in Südwestafrika leben zum Teil heute noch in der Wüste Kalahari, wo es kaum Wasser und nur wenige Bäume gibt. Sie sind gute Jäger und sammeln Insekten, Wurzeln und Beeren als Nahrung. An Wurzeln und feuchtem Sand erkennen sie, wo der Boden Trinkwasser enthält. Das Gebiet, in dem sie leben, ist so rauh, daß Fremde dort sehr schnell verhungern und verdursten würden.

Welche afrikanischen Männer tragen Schleier?

Die Tuareg, ein nordafrikanisches Nomadenvolk, wohnen am Rand der Sahara. Sie gehören zu den Berbern, die schon lange vor den Arabern diese Gebiete besiedelt hatten. Die Tuareg sind Moslems, aber bei ihnen verbergen nicht die Frauen, sondern die Männer ihr Gesicht hinter einem Schleier. Früher durchquerten die Tuareg die Sahara, um Handel zu treiben, aber heute haben die meisten von ihnen das Nomadenleben aufgegeben.

Wie leben die afrikanischen Nomaden?

Manche Afrikaner haben sich ihre traditionelle Lebensweise bewahrt. Die Nomaden der Sahara und Nordostafrikas zum Beispiel ziehen mit ihren Kamel-, Schaf- und Ziegenherden umher. Sie haben keinen festen Wohnort, sondern wandern mit den Tieren auf der Suche nach neuen Weidegründen durch das Land.

Nomaden mit Ziegen und Kamelen in Eritrea (Nordostafrika)

Asien

Wie groß ist Asien?

Asien ist der größte Kontinent der Erde. Mit seiner Fläche von 44 Millionen Quadratkilometern ist es größer als Nord- und Südamerika zusammen oder viermal so groß wie Europa. Seine Küsten sind insgesamt fast 130 000 Kilometer lang – das ist mehr als dreimal die Länge des Äquators.

Asien ist der größe Kontinent und hat die längste Küstenlinie.

Wo liegt Asiens höchster und niedrigster Punkt?

In Asien liegen der höchste und der tiefste Punkt aller Landflächen. Am höchsten ist der Mount Everest im Himalaja (über 8800 Meter über dem Meer), am tiefsten liegt das Ufer des Toten Meers im Nahen Osten (fast 400 Meter unter dem Meeresspiegel).

Wo liegen Asiens tiefste Schluchten?

Die tiefsten von Flüssen gegrabenen Schluchten sind die von Indus, Brahmaputra und Ganges in Indien und Pakistan. Sie sind an manchen Stellen über fünf Kilometer tief.

Hat Asien mehr Einwohner als jeder andere Kontinent?

Asien macht nicht nur ein Drittel der gesamten Landfläche aus, es beherbergt auch drei Fünftel der Weltbevölkerung. Asien hat über drei Milliarden Einwohner, mehr als eine Milliarde lebt allein in China.

Einige Teile Japans gehören zu den am dichtesten besiedelten Gebieten der Erde.

In welchem Land gibt es die meisten Sprachen?

Indien hat 14 Hauptsprachen, 160 kleinere Sprachen und etwa 700 Dialekte. Die Amtssprache ist Hindi, und viele Inder sprechen auch Englisch.

Wo liegt der Khyberpaß?

Der Khyberpaß, eine etwa 40 km lange Paßstrecke, verbindet Kabul in Afghanistan mit Peshawar in Pakistan. Er war lange Zeit das Einfallstor vieler Völker nach Indien.

Wo verläuft die Seidenstraße?

Die Seidenstraße ist eine alte Karawanenstraße, die sich durch ganz Asien erstreckt. Schon vor 2000 Jahren brachten chinesische Händler mit Pferden und Dromedaren auf diesem Weg Seide, Gewürze und Edelsteine nach Westen. Die Straßen führten über unwegsame Gebirge und Wüsten bis nach Indien und Europa, wo chinesische Waren hochgeschätzt waren. Für die gesamte Strecke von China bis zum Mittelmeer benötigte eine Karawane sechs bis acht Jahre. Als in Europa im 6. Jahrhundert die Seidenraupenzucht eingeführt wurde, ging der Seidenhandel zwar zurück, die Handelsstraßen behielten aber ihre Bedeutung.

Indische Hindus beim Bad im Ganges, dem heiligen Fluß. Indien ist das Land mit der zweitgrößten Bevölkerungsdichte der Welt.

Welches ist der höchste Berg Indiens?

Im Norden Indiens erhebt sich der mächtige Himalaja, das höchste Gebirge der Welt. Seine höchsten Gipfel, darunter der Mount Everest, liegen in Nepal, aber auch in Indien gibt es einige sehr hohe Berge. Der höchste indische Gipfel ist der Nanda Devi im westlichen Himalaja mit 7817 Metern.

Was ist das "Dach der Welt"?

Als "Dach der Welt" bezeichnet man ein Gebiet im Norden Indiens, in dem mehrere große Gebirgszüge aufeinandertreffen. Hier liegen die höchsten Berge der Welt, unter anderem die Gipfel des Himalaja, der Tien-shan, der Kun-lun, das Karakorum- und das Pamirgebirge.

In welchem Land leben die Menschen am längsten?

In jedem Land gibt es einige Menschen, die besonders alt werden – 100 Jahre oder mehr. Die durchschnittliche Lebenserwartung liegt in Japan bei 77 Jahren, höher als in Europa und den USA. In manchen armen Ländern Afrikas beträgt die Lebenserwartung nur 45 bis 50 Jahre.

Wie viele Inseln hat Japan?

Japan ist eine bogenförmige Inselkette, die sich über 1900 Kilometer erstreckt. Es besteht aus den vier Hauptinseln Honshu (die größte Insel mit der Hauptstadt Tokio), Hokkaido, Shikoku und Kyushu sowie etwa 3000 kleineren Inseln.

Wie heißt Japans berühmtester Berg?

In Japan gibt es über 160 Vulkane, und etwa ein Drittel davon ist aktiv. Am bekanntesten ist der Fudschijama, der höchste Berg Japans mit einer Höhe von 3776 Metern. Der kegelförmige Vulkan brach 1707 zum letzten Mal aus. Den Japanern ist der Fudschijama heilig.

Japan ist ein Land der Gegensätze, sowohl zwischen Stadt und Land als auch zwischen alt und neu. Der Fudschijama ist der höchste Berg des Landes und gilt der Bevölkerung als heiliges Symbol.

Wo liegen die Malediven?

Die Malediven sind eine Gruppe flacher Koralleninseln im Indischen Ozean. Sie bilden einen eigenen Staat, die Republik der Malediven mit der Hauptstadt Male. Insgesamt sind es über 2000 Inseln, aber nur etwa 200 sind so groß, daß Menschen darauf leben können.

Wo liegt Angkor Wat?

Angkor Wat, eine Tempelanlage in Kambodscha, ist das größte religiöse Bauwerk der Welt. Es wurde von dem südostasiatischen Volk der Khmer im 12. Jahrhundert zu Ehren einer hinduistischen Gottheit errichtet. Später bauten Buddhisten die Tempelanlage weiter aus. Im 16. Jahrhundert wurde der Tempel aufgegeben. Die hölzernen Gebäude zerfielen, und die aus Stein gebauten Teile überwucherte der Urwald. In den sechziger Jahren des 19. Jahrhunderts entdeckte ein Franzose die Ruinen.

Eine Siedlung in Sibirien, dem "wilden Osten" Rußlands.

Wo liegt Sibirien?

Östlich des Uralgebirges liegt Sibirien, ein unwegsames Gebiet von 14 Millionen Quadratkilometern, das bis zum Pazifik reicht. Sibirien, das zu Rußland gehört, ist ein Land mit endlosen Wäldern, Flüssen und eisigen, gefrorenen Ebenen. Es ist die kälteste bewohnte Region der Erde. Im Winter sinken die Temperaturen bis auf -67 °C.

Eine Rekonstruktion des gewaltigen Tempels von Angkor Wat in Kambodscha. Die Anlage hat eine Grundfläche von fast zwei Quadratkilometern.

Welches ist Asiens längster Fluß?

Der längste Fluß Asiens ist der Changchiang oder Jangtsekiang in China. Nach 6380 Kilometern mündet er nördlich von Schanghai ins Südchinesische Meer.

Welche Stadt in Asien ist heilige Stadt dreier Religionen?

Jerusalem ist für die Menschen dreier Bekenntnisse eine heilige Stadt: für Juden, Christen und Moslems. Bis 1967 war die Stadt zwischen Israel und Jordanien geteilt, aber seither verwaltet Israel beide Teile. Für Juden ist Jerusalem die alte Hauptstadt, in der König Salomon den Tempel errichtete. Für Christen ist sie die Stadt, in der Jesus predigte und gekreuzigt wurde. Und nach dem moslemischen Glauben ist der Prophet Mohammed in Jerusalem von einem Felsen in den Himmel aufgefahren. An der Stelle, wo das geschehen sein soll, steht heute der Felsendom.

Welche Flüsse werden als "Wiege der Zivilisation" bezeichnet?

Frühe Hochkulturen entwickelten sich zuerst in der Nähe von Flüssen, die als Handelswege dienten und Wasser für die Landwirtschaft lieferten. In Asien entstanden schon in sehr alter Zeit mehrere Hochkulturen. Die Flüsse Euphrat und Tigris in Mesopotamien, dem Zweistromland (heute Irak), waren vor über 5000 Jahren Ausgangspunkt für die Kultur der Sumerer und Babylonier. Eine weitere frühe Hochkultur gab es am Indus, einem Fluß im heutigen Pakistan.

Welches ist Asiens größte Insel?

Die größte Insel Asiens ist Kalimantan, auch Borneo genannt, mit einer Fläche von 736 000 Quadratkilometern. Sie gehört zu drei Staaten: Malaysia, Indonesien und Brunei. Auf Kalimantan gibt es viele Gebirge, und ein großer Teil der Insel ist von dichtem Regenwald bedeckt, der allerdings von der Holzindustrie zunehmend gerodet wird.

Wo liegen die reichsten Länder der Welt?

Den Reichtum eines Landes kann man auf unterschiedliche Weise messen, zum Beispiel anhand des durchschnittlichen Pro-Kopf-Einkommens. Dabei nimmt man an, daß der Wohlstand sich auf alle Einwohner gleichmäßig verteilen läßt. Nach diesem Maßstab stehen die ölfördernden Länder des Nahes Ostens, zum Beispiel die Vereinigten Arabischen Emirate, an der Spitze.

Welches ist die einzige Stadt, die auf zwei Kontinenten liegt?

Die türkische Stadt Istanbul liegt in Europa und Asien. Sie wurde an den Ufern des Bosporus errichtet, der Meerenge, die diese beiden Kontinente trennt, und deshalb nennt man sie manchmal auch das "Tor Asiens". Die Großstadt hat drei Namen: Die alten Griechen, die sie gründeten, nannten sie Byzanz. Im Jahr 330 n. Chr. tauften die Römer sie auf den Namen Konstantinopel um. Seit die Türken sie 1453 eroberten, heißt sie Istanbul.

Istanbul ist eine Stadt mit großer Vergangenheit. Die Hagia Sophia (oben), im Jahr 532 als Kirche erbaut, wurde später von den Türken zur Moschee gemacht. Heute ist sie ein Museum.

Warum ist Bahrain eine echte Wüsteninsel?

Auf der kleinen Insel Bahrain im Persischen Golf regnet es sehr wenig: Mehrere Monate im Jahr ist keine einzige Wolke zu sehen, und die jährliche Niederschlagsmenge liegt unter 100 Millimeter. Doch obwohl Bahrain vorwiegend aus Wüste besteht, ist es reich, weil es sein Erdöl in andere Länder verkauft.

Europa

Wo grenzt Europa an Asien?

Europa ist ein Teil der asiatischen Landmasse, denn zwischen den beiden Kontinenten liegt kein Meer. Sie sind aber an Land durch mehrere natürliche Grenzen getrennt, nämlich durch das Uralgebirge, den Uralfluß und das Kaspische Meer. Da Europa und Asien verbunden sind, bezeichnet man beide zusammen manchmal auch als Eurasien.

Welches ist Europas längster Fluß?

Der längste Fluß in Europa ist die Wolga, die sich über 3531 Kilometer durch Rußland erstreckt, bis sie schließlich ins Kaspische Meer mündet.

Warum ist Westeuropa im Winter weitgehend eisfrei?

Obwohl die Küste Norwegens in arktischen Gewässern liegt, ist das Meer dort im Winter nicht zugefroren. In Norwegen und ganz Westeuropa ist der Winter darüber hinaus milder als in ähnlich weit nördlich gelegenen Gebieten Nordamerikas. Die Ursache ist der Golfstrom, dessen warmes Wasser quer über den Atlantik fließt. Die warme Meeresströmung heizt den Wind auf, der vom Meer über Westeuropa weht. Deshalb ist der Winter vor allem in Küstennähe (zum Beispiel in Großbritannien) recht mild.

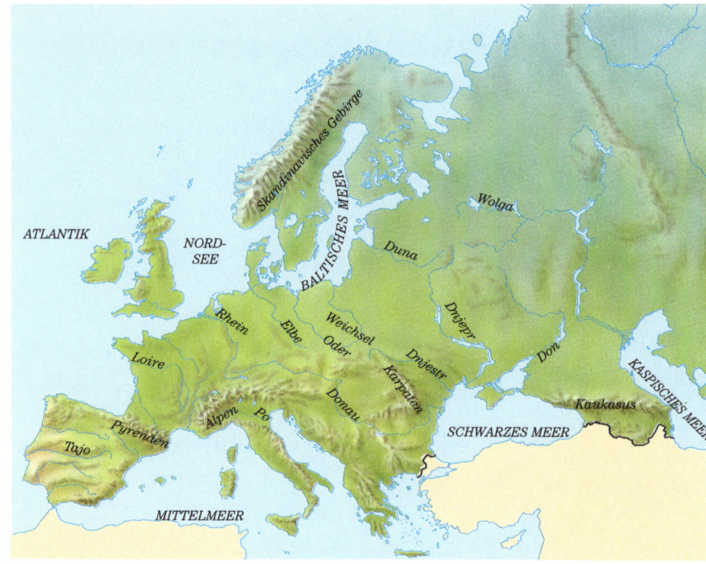

Europa bildet zusammen mit Asien die eurasische Landmasse.

Wo liegt Skandinavien?

Skandinavien ist ein Gebiet im Norden Europas. Der Name stammt aus dem Lateinischen, der Sprache der Römer. Zu Skandinavien gehören vier oder fünf Staaten: Am südlichsten liegt Dänemark, dann folgen Norwegen, Schweden und Island (eine Insel im Atlantik). Meist wird auch Finnland zu Skandinavien gerechnet.

Wo liegt Lappland?

Lappland ist der nördlichste Teil Skandinaviens. Es liegt nördlich des Polarkreises und ist kein eigener Staat, sondern umfaßt Teile Norwegens, Schwedens und Finnlands. Seine Einwohner, die Lappen oder Samen, zogen früher mit ihren Rentierherden durch das Land. Heute haben die meisten von ihnen das Nomadenleben aufgegeben und wohnen in Städten.

Wo liegt der Schwarzwald?

Der Schwarzwald ist ein Gebirgsgebiet in Süddeutschland, in dem vorwiegend Nadelwälder wachsen. Im Schwarzwald entspringt die Donau, und an seiner Westseite fließt der Rhein entlang. Der Schwarzwald mit seinen dunklen Nadelbäumen (denen er auch seinen Namen verdankt) ist ein Überbleibsel der viel größeren Wälder, die früher große Teile Nordeuropas bedeckten.

Der Schwarzwald ist eines der letzten großen Waldgebiete in Westeuropa.

Warum war das Mittelmeer von so großer Bedeutung?

Im Mittelmeerraum wird seit Jahrtausenden Handel getrieben. Aus dem Nahen Osten kamen Ackerbau, Viehzucht und Schrift über das Mittelmeer nach Europa. Griechenland und Rom wurden Weltmächte, und später gelangten italienische Stadtstaaten wie Venedig durch den Handel zu Wohlstand. Heute ist das Mittelmeer für den Handel immer noch wichtig. Außerdem ist es ein beliebtes Urlaubsgebiet.

In vielen Ländern rund um das Mittelmeer stehen Überreste römischer Bauwerke. Dieser Aquädukt, der Pont du Gard, wurde in Südfrankreich errichtet.

Welche europäische Stadt ist auf Pfählen erbaut?

Die Inselstadt Venedig in Italien liegt in einer Lagune an der Adria. Sie wird von Kanälen durchzogen, und ihre Gebäude stehen auf Pfählen. Hauptverkehrsader der Stadt ist der von zahlreichen Palästen gesäumte Canal Grande.

Wie hoch ist das schottische Hochland?

Das schottische Hochland ist die höchstgelegene Gegend Großbritanniens. Sein höchster Berg, der Ben Nevis, mißt 1343 Meter – das ist wenig im Vergleich zu den Alpen. Das Hochland ist sehr alt und wurde in Jahrmillionen durch die Erosion abgetragen, so daß es heute weich und hügelig aussieht.

Wo liegt die Côte d'Azur?

In Südfrankreich ist es im Sommer trocken und heiß, und auch im Winter gibt es viele sonnige Tage. Deshalb heißt der französische Teil der Mittelmeerküste auch Côte d'Azur, das bedeutet "himmelblaue Küste".

Welches europäische Land hat fast die Hälfte seiner Fläche dem Meer abgerungen?

Die Niederlande. Sie tragen ihren Namen zu Recht, denn dieser Teil Europas liegt tatsächlich sehr niedrig. Deiche schützen das Land vor dem Meer, und zur Entwässerung dienen Pumpen und ein Kanalsystem. Auf diese Weise hat man dem Meer große Flächen von Marschland abgerungen und daraus Ackerland und Weideflächen gemacht.

Welche Länder teilen sich die Iberische Halbinsel?

Die beiden Länder der Iberischen Halbinsel sind Spanien und Portugal. Die fast quadratische Halbinsel bildet die südwestliche Ecke Europas. Sie ist an drei Seiten von Meer umgeben, mit der vierten grenzt sie an Frankreich. Quer über diese Verbindungsstelle hinweg zieht sich das Gebirge der Pyrenäen, eine beachtliche natürliche Grenze.

Wo liegt die Camargue?

Die Camargue ist das Delta an der Mündung der Rhône in Südfrankreich. Sie besteht aus flachem Marschland mit großen Lagunen wie dem Etang de Vaccarès und ist die Heimat einer vielfältigen Vogelwelt. Bis zum 19. Jahrhundert lebten kaum Menschen in der Camargue. Heute bauen die Bauern dort Wein und Reis an und züchten Pferde, Kampfstiere und Schafe.

Auf den Salzsteppen der Camargue in Südfrankreich werden Pferde in Freiheit groß.

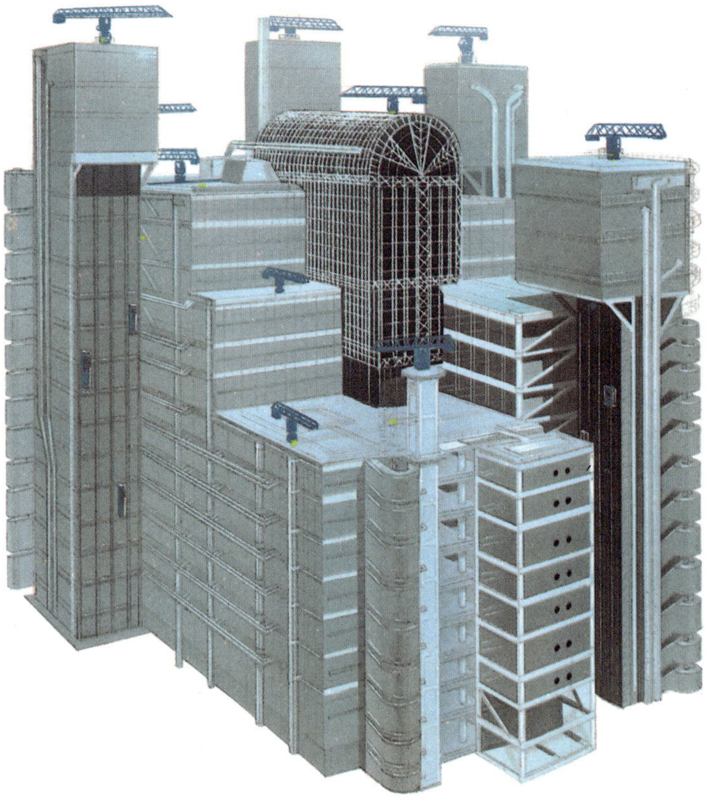

Die Londoner City ist ein Zentrum des Welthandels und Sitz zahlreicher Banken und Unternehmen. Dieses moderne Gebäude gehört der Versicherungsgesellschaft Lloyd's.

Wie viele Staaten gibt es auf den Britischen Inseln?

Es gibt zwei: Das Vereinigte Königreich und die Republik Irland. Das Vereinigte Königreich (United Kingdom) besteht aus Großbritannien (England, Wales und Schottland) und Nordirland.

Wo fließt der Po?

Der Po ist der längste Fluß Italiens. Er durchquert die große Poebene in der Lombardei, südlich der Alpen.

Wo liegen die Karpaten?

Die Karpaten sind ein Gebirge in Osteuropa. Sie bilden die Grenze zwischen der Slowakei und Polen, erstrecken sich aber auch bis nach Rumänien. Sie sind nicht so hoch wie die Alpen – ihr höchster Gipfel mißt 2655 Meter –, und es gibt dort auch weniger Seen, Gletscher und Wasserfälle. Der rumänische Teil der Karpaten, auch Transsilvanien genannt, soll die Heimat des sagenhaften Grafen Dracula sein!

Wo liegt das Land der tausend Seen?

In dem nordeuropäischen Staat Finnland gibt es etwa 60 000 Seen, und vor seiner Küste liegen Tausende von Inseln. Europas größter Süßwassersee liegt aber nicht in Finnland. Es ist der Ladogasee in Rußland.

Wo liegt Sankt Petersburg?

In Rußland. Der Zar Peter der Große machte die Stadt 1712 zu seiner Hauptstadt. Im Jahr 1914 änderte man den Namen in Petrograd, ab 1924 hieß sie Leningrad nach Lenin, dem russischen Revolutionär und Politiker. 1991 gab man ihr wieder den ursprünglichen Namen.

Welches ist Europas höchster Berg?

Europas höchster Gipfel ist mit 4810 Metern der Montblanc. Er liegt in den Alpen auf der Grenze zwischen Frankreich und Italien. Ein 11,8 Kilometer langer Tunnel verbindet die beiden Länder.

Wo liegt der Balkan?

Der Balkan ist eine Landschaft im Südosten Europas. Dort liegen unter anderem die Staaten Rumänien und Bulgarien. Der Balkan grenzt im Osten an das Schwarze Meer und im Süden ans Mittelmeer. Die Landschaft dort ist zum größten Teil wild und gebirgig.

Griechische Winzer verladen ihre Trauben zur Weinerzeugung. Auf dem Balkan lebt ein großer Teil der Bevölkerung von der Landwirtschaft.

Australien und Ozeanien

Wo liegen Australien und Ozeanien?

Australien und die vielen tausend Inseln Ozeaniens liegen auf der südlichen Halbkugel und bilden zusammen den fünften Kontinent.

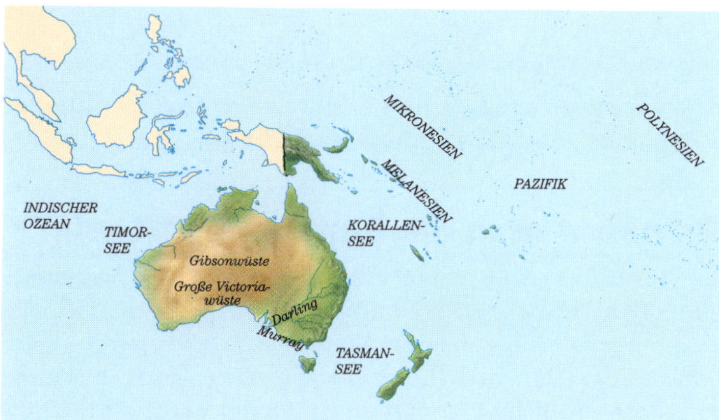

Zu Australien und Ozeanien gehören Australien, Neuseeland, die Inseln im Pazifik und Papua-Neuguinea.

Welcher Teil Australiens ist Wüste?

In über einem Drittel Australiens fallen jährlich weniger als 250 Millimeter Regen, so daß man sie als Wüste betrachtet. Die fünf größten Wüsten in Australien sind die Simpson-, Große Victoria-, Gibson-, Sturt- und die Große Sandwüste. Sie liegen alle in der Mitte des Kontinents.

Was versteht man in Australien unter "Busch" und "Outback"?

Die meisten Australier wohnen heute in kleineren und größeren Städten. Ländliche Gegenden nennen sie "Busch", und das riesige, fast menschenleere Innere des Kontinents bezeichnen sie als "Outback". Dort gibt es keine großen Städte, sondern nur kleine Bergwerkssiedlungen und Rinder- oder Schaffarmen, die "Stations" genannt werden. Manche dieser Farmen sind riesig groß – sie umfassen bis zu 2500 Quadratkilometer, das ist mehr als die Fläche einer Großstadt wie London.

Der Outback in Australien. In diesem riesigen Trockengebiet, das den größten Teil des Landesinneren ausmacht, leben kaum Menschen.

Wo liegt Tasmanien?

Tasmanien ist eine Insel etwa 200 Kilometer vor der Südküste Australiens. Es ist durch die Bass-Straße vom australischen Festland getrennt. Bis vor ungefähr 12 000 Jahren waren Tasmanien und Australien verbunden. Zur Insel wurde Tasmanien, als der Meeresspiegel stieg und die heutige Bass-Straße entstand.

Welcher See in Australien existiert nur zeitweise?

Auf Karten von Australien ist der Eyre-See eingetragen, scheinbar ein großes Gewässer. Aber in den meisten Jahren ist der See trocken und mit einer Salzkruste bedeckt. Nur nach besonders starkem Regen füllt er sich mit Wasser.

Wodurch zeichnet sich die Tierwelt Australiens aus?

Fast die Hälfte aller Beuteltierarten der Erde kommt nur in Australien vor. Beuteltiere bringen ihre Jungen sehr früh zur Welt, um sie dann noch sechs bis acht Monate in einem Brutbeutel zu säugen, bis sie selbständig sind. Zu den Beuteltieren gehören unter anderem Känguruh, Koala und Wombat.

Welches ist der längste Fluß Australiens?

Die Flüsse in Australien waren für die ersten Entdecker eine Enttäuschung, denn sie rechneten mit großen Strömen aus der Mitte des Landes. Die längsten Flüsse in Australien sind der Murray (2575 Kilometer) und sein Nebenfluß Darling (2740 Kilometer).

Nach wem ist die australische Stadt Sydney benannt?

Im Jahr 1778 landete eine Gruppe britischer Seeleute und Sträflinge in einer Bucht im Süden Australiens. Sie benannten den Ort nach dem Grafen Sydney, einem britischen Minister. Heute ist Sydney die größte Stadt in Australien; berühmt sind vor allem sein Hafen und das Opernhaus.

Kann man in Australien Wintersport betreiben?

Der höchste Berg des Landes ist der Mount Kosciusko mit 2230 Metern. Er gehört zur Gruppe der Snowy Mountains in den Australischen Alpen. Im Winter liegt dort Schnee, so daß er ein gutes Skigebiet ist.

Wie viele Aborigines leben in Australien?

Heute leben in Australien 206 000 Ureinwohner, Aborigines genannt. Als die Europäer Australien im 18. Jahrhundert besiedelten, waren es noch mindestens 300 000. Die Aborigines hatten wenig Werkzeuge, konnten das Land aber gut nutzen.

Wo liegt Ayers Rock?

Ayers Rock, ein Sandsteinfelsen mit neun Kilometer Umfang, erhebt sich rund 350 Meter hoch mitten im trockenen australischen Hinterland. Den Eingeborenen ist dieser Felsen heilig.

Schafzucht ist in Australien und Neuseeland ein wichtiger Wirtschaftszweig.

Eine der berühmtesten Sehenswürdigkeiten Australiens ist das Opernhaus am Hafen von Sydney.

Wo nennt man die Einwohner "Kiwis"?

Die Bewohner Neuseelands werden oft "Kiwis" genannt, denn der Kiwi, ein flugunfähiger Laufvogel, ist ein Wappentier des Landes. In Neuseeland leben eine ganze Reihe wilder Tier- und Pflanzenarten, die es sonst nirgendwo auf der Welt gibt, darunter einige der erdgeschichtlich ältesten Pflanzen, die man überhaupt kennt.

In welchem Land gibt es mehr Schafe als Menschen?

Die Schafzucht ist einer der wichtigsten Wirtschaftszweige Neuseelands. Es gibt in diesem Land etwa 71 Millionen Schafe, ungefähr 20mal mehr als Menschen. Noch mehr Schafe, nämlich etwa 135 Millionen, leben in Australien, dessen Einwohnerzahl 15 Millionen beträgt.

An welcher Stelle Neuseelands erzeugt das Gestein Dampf?

Die Nordinsel Neuseelands ist größtenteils ein Gebiet aus Vulkangestein. Die Wärme aus dem Erdinneren heizt das Wasser unter der Erde auf, bis es sich in Form von Geysiren, Dampfstrahlen und heißen Quellen einen Weg an die Oberfläche bahnt.

Warum sind manche pazifischen Inseln hoch und andere niedrig?

Die hohen Inseln im Pazifik, zum Beispiel die Fidschi-Inseln, sind durch vulkanische Aktivität am Meeresboden entstanden, die Berge hochsteigen ließ. Niedrige Inseln wie Tuvalu dagegen sind Korallenriffe und Atolle. Die meisten von ihnen sind recht klein, und manche sind so flach, daß Flutwellen leicht darüber hinwegfegen können.

Welches sind die höchsten Berge im Pazifik?

Die höchsten Berge im Pazifik sind diejenigen, die vom Meeresboden aufsteigen und Inseln bilden. Ihre höchsten Gipfel liegen alle in Neuguinea – manche messen über 4600 Meter. Am höchsten sind mit 5030 Metern die Carstenszspitzen oder Gunung Jaya im indonesischen Teil Neuguineas.

Wo konnten flugunfähige Vögel in Ruhe leben?

In Neuseeland lebten bis vor 200 Jahren große, flugunfähige Laufvögel, die Moas. Es gab zahlreiche Arten, von denen manche bis zu drei Meter groß wurden. Sie konnten dort gedeihen, weil es keine Säugetiere gab, von denen sie gejagt wurden, denn Neuseeland trennte sich schon vor Jahrmillionen von allen übrigen Landmassen, lange bevor die Säugetiere alle Kontinente besiedelten. Es gibt dort nur zwei einheimische Säugetierarten, beides Fledermäuse, die auf die Inseln geflogen sein müssen.

Welches ist die größte Pazifikinsel?

Die größe Insel im Pazifik und drittgrößte Insel der Welt ist Neuguinea mit einer Fläche von 777 000 Quadratkilometern. Neuguinea und Neuseeland zusammen haben über 80 Prozent der Fläche aller pazifischen Inseln. Viele andere sind winzige Eilande.

Auf welcher Pazifikinsel gibt es die dichtesten Wälder?

Viele flache Pazifikinseln haben nur eine dünne Erdschicht, und es regnet so wenig, daß Pflanzen schlecht gedeihen. Neuguinea ist jedoch dicht bewaldet. Dort fällt viel Niederschlag, und in den Gebirgen im Inneren der Insel entspringen viele größere und kleinere Flüsse, die in die Sümpfe und Grasgebiete an der Küste fließen.

Wie viele Pazifikinseln gibt es?

Die genaue Zahl der Inseln im Pazifik kennt niemand. Es dürften etwa 30 000 sein. Manche sind winzige Eilande oder Korallenatolle, die gerade so hoch sind, daß sie über die Wasseroberfläche ragen.

Wo liegt Polynesien?

Die Inseln im Pazifik bilden drei Hauptgruppen: Melanesien im Südwesten des Ozeans, Mikronesien im Nordosten sowie Polynesien in der Mitte und im Süden. Polynesien – der Name bedeutet "viele Inseln" – ist die größte dieser drei Gruppen. Zu ihr zählen auch die Hawaii-Inseln, die politisch zu den Vereinigten Staaten gehören, sowie die Osterinsel, die zu Chile gehört und berühmt ist wegen ihrer rätselhaften Statuen.

Zwei Beuteltiere aus Australien

Tasmanischer Teufel

Koalabär

Eine polynesische Insel. Die Schönheit dieser Eilande zog die europäischen Seefahrer in ihren Bann.

Nord- und Mittelamerika

Wie weit reicht Nord- und Mittelamerika?

Nord- und Mittelamerika erstreckt sich von Alaska im Norden bis nach Panama im Süden. Es umfaßt Kanada, Grönland, die Vereinigten Staaten, Mexiko, die mittelamerikanischen Staaten und die Inseln der Karibik.

Welches ist das größte Land Nordamerikas?

Kanada. Es hat eine Fläche von 9 970 000 Quadratkilometern. Die USA sind mit 9 373 000 Quadratkilometern etwas kleiner. In Kanada leben aber nur 26 Millionen Menschen, im Vergleich zu 250 Millionen in den Vereinigten Staaten.

Gehört Grönland zu Nordamerika?

Grönland ist ein autonomer Teil des europäischen Staates Dänemark. Geographisch ist die riesige Insel aber ein Teil Nordamerikas.

Die beiden großen Staaten Nordamerikas sind Kanada und die USA. Sie werden im Westen von den gewaltigen Rocky Mountains beherrscht.

Drei der höchsten Gebäude der Welt stehen in den USA.

Welches ist die größte Stadt in Nord- und Mittelamerika?

Mexico City mit über 20 Millionen Einwohnern. Die größte Stadt der USA ist New York mit einer Bevölkerung von 14 Millionen Einwohnern.

Welches ist der kleinste Staat in Nord- und Mittelamerika?

Der kleinste der 23 selbständigen Staaten ist St. Kitts und Nevis, ein Inselstaat in der Karibik. Die Inseln haben zusammen eine Fläche von 269 Quadratkilometern; die Bevölkerung besteht allerdings nur aus 44 000 Menschen. Es gibt noch kleinere Inselstaaten, die aber nicht selbständig sind.

Wie ist das Klima in Nord- und Mittelamerika?

Der hohe Norden ist das ganze Jahr über von Eis bedeckt. Im Inneren des Kontinents ist der Winter meist kalt, und der Sommer ist warm oder auch kühl. Der Südosten ist warm und feucht. Im Südwesten findet man sehr unterschiedliche Temperaturen und vor allem Wüsten. Und im Süden Mittelamerikas gibt es tropische Regenwälder.

Wo liegt ist der wärmste Ort Nord- und Mittelamerikas?

Die höchste Temperatur wurde 1913 im Death Valley ("Tal des Todes") in Kalifornien gemessen: 57 °C im Schatten.

Wo liegen die Yosemite-Fälle?

Die Yosemite-Fälle sind mit 739 Metern der höchste Wasserfall in Nordamerika. Sie befinden sich im Yosemite-Nationalpark in der Sierra Nevada im US-Bundesstaat Kalifornien.

Wo verläuft die längste Grenze der Welt?

Die längste Grenze der Welt befindet sich mit über 6400 Kilometern zwischen den USA und Kanada.

Welches ist der größte Bundesstaat der Vereinigten Staaten?

Der größte US-Bundesstaat ist Alaska. Mit 1519000 Quadratkilometern ist er fast fünfmal so groß wie Deutschland.

Welches ist der höchste Berg in Nordamerika?

Am höchsten ist der Mount McKinley in Alaska, im Nordwesten des Kontinents. Er hat zwei Gipfel; der höhere mißt 6194 Meter. Der Name des Berges erinnert an William McKinley, den 25. Präsidenten der Vereinigten Staaten. In der Indianersprache heißt er Denali, das bedeutet "der Hohe".

Wo liegen die Rocky Mountains?

Die Rocky Mountains sind die größte Gebirgskette in Nordamerika. Sie erstrecken sich von Kanada aus über 4800 Kilometer nach Süden durch die Vereinigten Staaten. Ihre Berge entstanden zum größten Teil vor vielen Millionen Jahren durch Bewegungen der Erdkruste.

Welcher Fluß hat den Beinamen "der große Schlammige"?

Der Missouri, der zweitlängste Fluß der USA. Er führt große Schlammengen mit und erhielt deshalb den Spitznamen "Big Muddy" (der große Schlammige). Das Wort Missouri kommt aus der Indianersprache und bedeutet "Stadt der großen Kanus".

Im kanadischen Teil der Rocky Mountains. Die Berge, Seen und Wälder dieses Gebirges sind sehr beliebte Touristenziele.

Zu den eindrucksvollsten Landschaften Nordamerikas gehören die Badlands.

Was sind Badlands?

Als Badlands bezeichnet man in Nordamerika große Landstriche mit steilen Hügeln und Gräben, die von Wasserläufen eingeschnitten wurden. Der Boden ist dort so dünn, daß kaum Pflanzen gedeihen. Das Klima ist meist trocken, und plötzliche heftige Regenfälle verursachen Überschwemmungen. Im US-Bundesstaat South Dakota gibt es einen Badlands-Nationalpark mit einer besonders sehenswerten Felslandschaft.

Was sind die Everglades?

Die Everglades sind ein subtropisches Sumpfgebiet im Süden Floridas, des südöstlichen Bundesstaates der USA. Über mehr als 7000 Quadratkilometer erstrecken sich Mangrovensümpfe und Salzwiesen; an manchen Stellen wächst über vier Meter hohes Riedgras. Bis in die vierziger Jahre des 19. Jahrhunderts waren die Everglades unbewohnt, dann suchten die Seminolen, ein nordamerikanischer Indianerstamm, dort Schutz. Ein Teil der Sümpfe wurde für die Landwirtschaft trockengelegt, ein anderer bildet einen Nationalpark, in dem die Besucher Schildkröten, Krokodile und viele Vogelarten beobachten können.

Was ist der Kanadische Schild?

Der Kanadische Schild ist keine Verteidigungswaffe, sondern die größte geologische Formation in Kanada. Er umfaßt das halbe Land und besteht aus Gestein, das fast 600 Millionen Jahre alt ist. Er hat abgerundete Hügel, viele Seen und im südlichen Teil dichte Nadelwälder. Weiter im Norden ist es für Bäume zu kalt. Der Kanadische Schild ist ein wichtiges Bergbaugebiet.

Wo können Hochseeschiffe weit ins Landesinnere fahren?

Auf dem Sankt-Lorenz-Seeweg in Kanada können große Schiffe ihre Fracht vom Atlantik bis zu den Großen Seen transportieren – eine Strecke von über 3500 Kilometern. Der Seeweg besteht aus dem vertieften und erweiterten Sankt-Lorenz-Strom sowie aus verschiedenen Kanälen. Er wurde 1959 eröffnet.

Was ist am Mount Rushmore Besonderes?

In den Mount Rushmore, einen Granitfelsen im US-Bundesstaat South Dakota, sind die riesigen Porträts von vier Präsidenten der Vereinigten Staaten eingemeißelt: George Washington, Thomas Jefferson, Theodore Roosevelt und Abraham Lincoln. Der Kopf von George Washington ist so hoch wie ein fünfstöckiges Gebäude. Eine vollständige Figur im gleichen Maßstab wäre über 140 Meter groß!

Das Nationaldenkmal am Mount Rushmore wurde in den vierziger Jahren fertiggestellt. Der Kopf von Präsident George Washington (links) ist 18 Meter hoch.

Eine der wichtigsten Pyramiden in der Mayastadt Tikal in Guatemala.

Wo liegt der Panamakanal?

Der Panamakanal durchschneidet die Landenge von Panama, die schmalste Stelle Mittelamerikas. Er ist 80 Kilometer lang und wurde 1914 eröffnet. Die Arbeiten begannen schon 1881, aber nach acht Jahren stellte man sie ein, weil viele Arbeiter an Malaria, Gelbfieber und anderen Krankheiten starben. Anfang des 20. Jahrhunderts übernahmen die USA und die neu gegründete Republik Panama das Projekt. Der Kanal erspart den Schiffen, die vom Atlantik zum Pazifik wollen oder umgekehrt, eine lange Seereise um Kap Hoorn, die Südspitze Südamerikas.

Was sind die Antillen?

In der Karibik gibt es zwei wichtige Inselgruppen: die Großen Antillen und weiter im Osten und Süden die Kleinen Antillen. Zu den Kleinen Antillen – es sind wirklich kleinere Inseln – gehören die Inseln über dem Winde und die Inseln unter dem Winde.

Welches ist die größte Insel der Antillen?

Die größte Insel ist Kuba, die westlichste der Großen Antillen. An zweiter Stelle steht die Insel Hispaniola, die politisch in die beiden Staaten Haiti und Dominikanische Republik geteilt ist.

Wo liegt Mittelamerika?

Mittelamerika ist die schmale Landverbindung zwischen Nord- und Südamerika und umfaßt Guatemala, Belize, Honduras, El Salvador, Nicaragua, Costa Rica und Panama. Der größte Staat ist Nicaragua.

Wer baute in Mittelamerika die Pyramiden?

Die Ureinwohner Mittelamerikas entwickelten beachtliche Hochkulturen. Das indianische Volk der Maya baute große Stufenpyramiden, auf denen jeweils ein kleiner Tempel stand. Die Maya errichteten auch Städte wie Tikal im heutigen Guatemala. Ihre Blütezeit hatte die Mayakultur von 250 bis 900 n. Chr.

Woher kommt der Name "Karibik"?

Die Karibische See mit ihren vielen Inseln liegt östlich von Mittelamerika. Der Name stammt von den Cariben, einem Volk, das auf einigen Antilleninseln und in Südamerika lebte. Als Christoph Kolumbus 1492 nach Amerika segelte, nannten die spanischen Seeleute das Meer Mar Caribe – Karibische See.

Auf den großen Plantagen in Mittelamerika gedeihen Kaffee, Bananen, Ananas und anderes Obst.

Südamerika

Liegt Südamerika südlich von Nordamerika?

Eigentlich liegt Südamerika nicht genau südlich von Nordamerika, sondern südöstlich. New York an der Ostküste Nordamerikas liegt weiter westlich als Valparaiso an der Westküste von Chile in Südamerika.

Wie groß ist Südamerika?

Südamerika hat eine Gesamtfläche von fast 18 Millionen Quadratkilometern. Damit ist es ungefähr doppelt so groß wie Kanada.

Wo liegen die Galapagos-Inseln?

Diese vulkanische Inselgruppe liegt im Pazifik und gehört zu Ecuador. Sie ist bekannt durch ihre seltenen Pflanzen- und Tierarten, zum Beispiel Riesenschildkröten.

Was ist Lateinamerika?

Als Lateinamerika bezeichnet man Mexiko, Mittel- und Südamerika. Die meisten Menschen in diesen Ländern sprechen Spanisch oder Portugiesisch, und diese Sprachen leiten sich vom Latein ab, der Sprache der alten Römer. Siedler und Eroberer brachten die Sprachen aus Europa in die Neue Welt.

Viele Menschen in Lateinamerika stammen von Indios und Europäern ab. Die alten Traditionen vermischen sich mit europäischen Sitten.

Südamerika reicht viel weiter nach Süden als Afrika oder Australien.

Wer sind die amerikanischen Ureinwohner?

Als Christoph Kolumbus 1492 über den Atlantik nach Amerika segelte, glaubte er, er habe einen neuen Seeweg nach Asien gefunden und sei jetzt in Indien. Deshalb nannte er die Ureinwohner "Indianer". Azteken, Mayas, Inka und andere Völker hatten sich zwar schon Jahrtausende vor Kolumbus in Nord- und Südamerika niedergelassen, aber der Name "Indianer" (oder "Indios" in Südamerika) bürgerte sich ein. "Amerikanische Ureinwohner" ist jedoch eine zutreffendere Bezeichnung.

Welches sind die wichtigsten Flüsse in Südamerika?

Es gibt in Südamerika vier gewaltige Flußsysteme: Magdalena, Orinoco, Amazonas und Paraná-Paraguay.

Warum hat Quito kein tropisches Klima?

Quito, die Hauptstadt von Ecuador, liegt genau auf dem Äquator und sollte deshalb ein heißes Klima haben. Da es aber fast 3000 Meter hoch liegt, ist das Klima mild.

Wo liegt Patagonien?

Patagonien ist eine öde Gegend an der Südspitze Argentiniens. Als spanische Eroberer im 16. Jahrhundert dorthin kamen, trafen sie auf indianische Ureinwohner, die ihre Stiefel mit Gras ausstopften, um die Füße besser zu wärmen. Der Name Patagonien kommt aus dem Spanischen und bedeutet "große Füße".

Welches ist der größte See in Südamerika?

In Südamerika gibt es weniger große Seen als in anderen Kontinenten. Am größten ist der Maracaibosee in Venezuela mit 13 512 Quadratkilometern.

Welches ist die höchstgelegene Hauptstadt der Welt?

La Paz, die Hauptstadt Boliviens, liegt 3600 Meter über dem Meer in den Anden und ist damit die höchstgelegene Hauptstadt der Welt. Lhasa in Tibet liegt zwar noch 50 Meter höher im Himalaja, aber Tibet ist zur Zeit kein unabhängiger Staat.

Wie groß ist der Regenwald im Amazonasgebiet?

Der Regenwald im Amazonasgebiet ist eines der größten Naturwunder. Er gedeiht im Amazonasbecken, das sich über 7 Millionen Quadratkilometer erstreckt, das ist zweimal die Fläche Indiens. Große Teile des Regenwaldes wurden durch Abholzen und Abbrennen zerstört, aber er ist immer noch mit Abstand der größte Regenwald der Welt.

Viele Indios leben hoch oben in den Anden. Sie bauen Feldfrüchte an, die sie auf dem örtlichen Markt verkaufen.

Warum wird der Regenwald abgeholzt?

Zur Nutzholzgewinnung und auch um landwirtschaftliche Flächen zu gewinnen, werden täglich 280 Quadratkilometer Regenwald gerodet, was nicht nur für die dort lebenden Menschen, Tiere und Pflanzen verheerend ist, sondern auch für das Weltklima, denn der Regenwald ist ein wichtiger Sauerstofflieferant.

Regenwald im Amazonasgebiet.

Wo leben die Gauchos?

Gauchos sind südamerikanische Cowboys. Auf den weiten Ebenen in Brasilien, Uruguay und Argentinien weiden riesige Rinderherden. Ursprünglich waren die Gauchos wandernde Reiter, die wilde Rinder einfingen. Später wurden daraus Angestellte in der Landwirtschaft.

Wie groß ist die Bevölkerung Lateinamerikas?

Lateinamerika hat über 290 Millionen Einwohner. Die Bevölkerung ist heute dreimal so groß wie noch vor 50 Jahren. Viele Menschen haben eine große Familie, auch wenn sie arm sind. Etwa ein Drittel aller Bewohner Lateinamerikas sind unter 15 Jahre alt.

Welches ist die größte Stadt in Südamerika?

Die größte südamerikanische Stadt ist São Paulo in Brasilien mit über sieben Millionen Einwohnern. São Paulo ist nicht die Hauptstadt Brasiliens: Der Regierungssitz wurde 1960 von Rio de Janeiro nach Brasilia verlegt, eine neue, moderne Stadt mit etwa 400 000 Einwohnern im Landesinneren.

Gibt es in Südamerika viele Bodenschätze?

Ja, es gibt dort große Vorkommen von Metallen wie Kupfer, Eisenerz, Blei, Zink und Gold. Das wichtigste Ölförderland ist Venezuela. Bolivien besitzt Zinnminen, und in Guyana, Surinam und Brasilien wird Bauxit (Aluminiumerz) abgebaut.

Südamerikanische Städte haben häufig Plätze im spanischen Stil. Das Bild zeigt die Plaza de Mayo in Buenos Aires, der Hauptstadt Argentiniens.

In Südamerika leben viele Menschen in Blechhütten, die um die Großstädte herum ausgedehnte Slums bilden.

Was tut der Cotopaxi?

Er bricht gelegentlich aus. Der Cotopaxi ist nämlich einer der höchsten aktiven Vulkane der Welt. In den letzten 400 Jahren ist er 25mal ausgebrochen, zuletzt 1975. Der Cotopaxi liegt in Ecuador und ist 5897 Meter hoch.

Warum haben manche Orte in Südamerika holländische Namen?

Die meisten Bewohner Südamerikas sprechen Spanisch oder Portugiesisch, die Sprachen jener Europäer, die seit Ende des 15. Jahrhunderts den Kontinent eroberten und sich hier niederließen. In Surinam jedoch, das an der Nordostküste liegt, ist Niederländisch die Amtssprache, denn dieses Land war früher eine niederländische Kolonie. In den Nachbarstaaten Französisch-Guayana und Guyana spricht man Französisch und Englisch.

Welche Gegend Südamerikas hat das heißeste Wetter?

Am heißesten – bis 43 °C – wird es im Gebiet des Gran Chaco in Argentinien. In den meisten Teilen Südamerikas ist es im Januar am wärmsten: Südlich des Äquators ist der Januar ein Sommermonat.

Wo fließt der Orinoco?

Dieser Fluß schlägt einen großen Bogen durch Venezuela im Norden Südamerikas und ergießt sein Wasser schließlich in den Atlantik. Auf einem Teil seines Weges bildet er die Grenze zwischen Venezuela und Kolumbien.

Wo steht der Zuckerhut?

Die brasilianische Stadt Rio de Janeiro ist bekannt für ihre weißen Sandstrände, ihren Karneval und vor allem für zwei Berge, die ihre Wahrzeichen sind: Der Zuckerhut ist 404 Meter hoch, der Corcovado mißt 704 Meter. Der Zuckerhut ist seltsam eiförmig. Auf dem Corcovado steht eine 30 Meter hohe Christusfigur.

Wo befindet sich der beste Naturhafen Südamerikas?

Trotz seiner langen Küsten hat Südamerika nur wenige Buchten, die sich als Häfen eignen. Den besten Naturhafen hat die Stadt Rio de Janeiro in Brasilien.

Welches ist das längste Gebirge der Welt?

Das längste Gebirge der Welt (von unterseeischen Bergketten einmal abgesehen) sind die Anden. Sie erstrecken sich auf der Westseite Südamerikas über mehr als 7000 Kilometer. Hier liegt auch der höchste Berg der westlichen Hemisphäre: der Aconcagua in Argentinien (6960 Meter).

Eine riesige Christusstatue überragt den Hafen der brasilianischen Stadt Rio de Janeiro und den Zuckerhut.

Der Bezirk La Boca in Buenos Aires ist bekannt für seine bunt gestrichenen Häuser.

RESSOURCEN

Was sind die Ressourcen der Erde?

Seit die Menschen zum ersten Mal Steinwerkzeuge herstellten und Feuer machten, nutzen sie die Ressourcen der Erde. Unser Planet verfügt über einen riesigen Reichtum an natürlichen Ressourcen – ohne sie wäre das Leben nicht möglich. Zu ihnen gehört das Wasser in Flüssen und Seen ebenso wie Wälder und Bodenschätze. Manche Ressourcen, zum Beispiel Pflanzen, sind erneuerbar: Sie wachsen nach. Für andere wie das Öl trifft das nicht zu. Seit der industriellen Revolution hat die Ausbeutung der natürlichen Ressourcen erheblich zugenommen. Außerdem steigt mit der Zahl der Menschen auch der Bedarf an Land, Wasser und Nahrungsmitteln.

nicht erneuerbare Ressourcen

erneuerbare Ressourcen

Was sind die Ressourcen der Meere?

Die Weltmeere sind reiche Fischgründe, aber manche Fischarten werden schon selten, weil zu viele von ihnen gefangen wurden. Der Meeresboden enthält wertvolle Mineralien, und unter dem Gestein liegt mancherorts auch Öl. Eine weitere wichtige, zukunftsträchtige Ressource ist die Bewegung von Wellen und Gezeiten, die man zur Stromerzeugung nutzen kann. Außerdem kann man Meerwasser zu Trinkwasser aufbereiten.

Was sind Rohstoffe?

Der Mensch nutzt die Ressourcen, um Dinge herzustellen. Rohstoffe sind unbearbeitete Ausgangsmaterialien für die Produktion von Gütern. Man fällt zum Beispiel Bäume, um Material für das Baugewerbe sowie für die Papier- und Möbelproduktion zu gewinnen. Holz ist also ein Rohstoff. Ein anderer ist Kupfer, der zum Beispiel in Elektrokabeln Verarbeitung findet.

Warum produzieren manche Länder mehr Lebensmittel als andere?

In den USA, Australien und Europa sind fast alle Bauernhöfe modern und effizient ausgestattet. Die Bauern erzeugen mehr Nahrungsmittel, als die Bevölkerung des eigenen Landes braucht. Einen Teil der Produktion kann man also exportieren, das heißt an andere Länder verkaufen. Viele ärmere Länder können dagegen ihre Bewohner nicht ernähren. Die Bauernhöfe dort sind klein und arbeiten mit veralteten Methoden. Auch Dürre, Krankheiten und Schadinsekten tragen dazu bei, daß die Menschen hungern müssen.

Fabriken und Kraftwerke in den Industrieländern verbrauchen riesige Mengen an Brennstoffen wie Kohle und Öl. Diese Ressourcen sind nicht erneuerbar, im Gegensatz zu Wasser und Holz, die sich wiederverwenden bzw. erneuern lassen.

Zwei Konstruktionsprinzipien für Windgeneratoren

Wie kann man die Windenergie nutzen?

Seit Jahrhunderten nutzt man die Windenergie mit Windmühlen: Sie dienten als Wasserpumpen und zum Mahlen von Getreide. Heute kann man Windmühlen nicht nur zum Pumpen, sondern auch zur Stromerzeugung einsetzen. Im US-Bundesstaat Kalifornien sollen Windkraftwerke bis zum Jahr 2000 etwa zehn Prozent des Strombedarfs produzieren.

Kann man Atomenergie auf ungefährliche Weise herstellen?

Seit den fünfziger Jahren wird Strom in Atomkraftwerken erzeugt. In den heutigen Reaktoren bedient man sich dazu der Kernspaltung. Wie sich herausstellte, sind diese Kraftwerke nicht so ungefährlich und billig, wie man es sich zu Beginn des Atomzeitalters vorgestellt hatte. Aber vielleicht kann die Atomenergie wieder an Bedeutung gewinnen. Weitaus mehr Energie kann man nämlich mit der Kernverschmelzung (Fusion) erzeugen. Dieser Vorgang spielt sich im Inneren der Sonne ab, und nach dem gleichen Prinzip funktioniert auch die Wasserstoffbombe. Als Brennstoffe braucht man Deuterium (das man aus Meerwasser gewinnen kann) und Tritium (das man aus dem reichlich vorhandenen Element Lithium herstellt). Die Wissenschaftler arbeiten heute an einem ungefährlichen Fusionskraftwerk, das keinen Abfall produziert. Wenn sie damit Erfolg haben, könnte Energie, die wie in der Sonne erzeugt wird, den Bedarf der Welt im 21. Jahrhundert decken helfen.

Wie setzt man Wasser zur Stromerzeugung ein?

Fließendes Wasser kann Generatoren antreiben, die Strom erzeugen. Um ein solches Wasserkraftwerk zu bauen, kann man zum Beispiel einen Fluß aufstauen. Hinter dem Staudamm bildet sich ein See, aus dem das Wasser mit gewaltiger Kraft durch die Turbinen des Kraftwerks strömt.

Im Wasserkraftwerk macht man sich die Energie herabstürzenden Wassers zunutze. Das Wasser setzt große Turbinen in Bewegung, die den Stromgenerator antreiben. Südamerika beispielsweise bezieht 75 Prozent seiner Elektrizität aus Wasserkraftwerken.

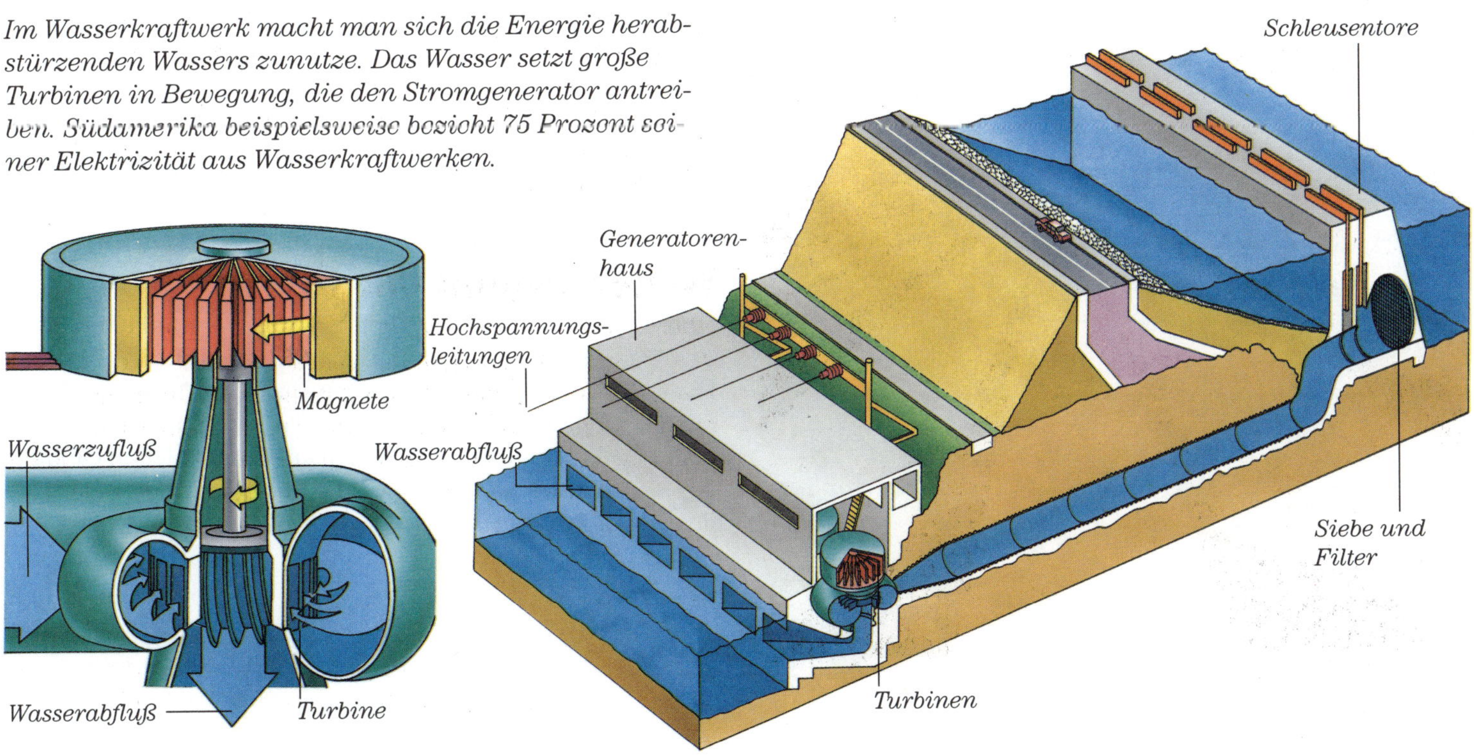

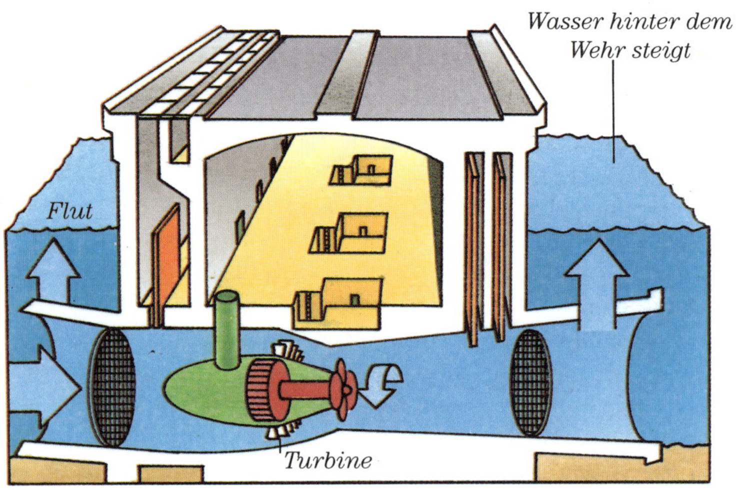

In einem Gezeitenkraftwerk treibt das tägliche Auf und Ab von Ebbe und Flut die Turbinen an.

Wie geben die Gezeiten uns Licht?

Die Auf- und Abbewegung der Gezeiten ist eine gewaltige Energiequelle. Man kann die Energie von Ebbe und Flut nutzen, um Turbinen anzutreiben und damit Strom zu erzeugen. Das erste Gezeitenkraftwerk wurde 1966 an dem französischen Fluß Rance bei St. Malo eröffnet.

Was ist Sonnenenergie?

Alle Energie stammt letztlich von der Sonne - ihre Wärme treibt sogar den Wind an. Man kann die Sonnenenergie aber auch unmittelbar nutzen, zum Beispiel indem man Sonnenkollektoren auf den Häusern anbringt. Solche Kollektoren sammeln die Sonnenwärme und heizen damit Wasser, oder sie erzeugen Elektrizität.

Was ist Rohöl?

Erdöl befindet sich im Boden gewöhnlich in Form einer Flüssigkeit, die man Rohöl nennt. Es enthält auch Erdgas und feste Kohlenwasserstoffe. Rohöl kann dünnflüssig und wässerig aussehen oder auch dick und klebrig wie Teer. Um daraus nützliche Produkte wie zum Beispiel Heizöl herzustellen, muß man es in Raffinerien weiterverarbeiten.

Welches ist der wertvollste Rohstoff?

Der wertvollste Rohstoff ist vermutlich das Erdöl. Als Brennstoff liefert es weltweit etwa die Hälfte der Energie zum Heizen sowie für Maschinen und Verkehrsmittel. Außerdem werden aus Rohöl die verschiedensten chemischen Produkte hergestellt, zum Beispiel die Kunststoffe, die wir jeden Tag benutzen.

Woher stammt das Öl?

Öl liegt im Gestein unter allen Kontinenten und auch unter den Meeren. Manche Länder besitzen besonders viel davon. Über die Hälfte aller Ölreserven der Erde liegt im Nahen Osten. Stellen, an denen sich das Öl gesammelt hat, nennt man Lagerstätten. Meist läßt sich aus einer solchen Ölquelle nur ein Drittel der Menge, die im Boden liegt, an die Oberfläche pumpen.

Ein Sonnenkraftwerk in den USA. Die Spiegel folgen automatisch dem Sonnenstand. Mit den gebündelten Sonnenstrahlen wird eine Dampfturbine angetrieben.

Wie ist das Erdöl entstanden?

Nach Ansicht der meisten Wissenschaftler ist das Erdöl aus den Überresten winziger Pflanzen und Tiere entstanden, die vor vielen Millionen Jahren in den Ozeanen lebten. Das Öl besteht nämlich aus kohlenstoffhaltigen Verbindungen, die höchstwahrscheinlich von Lebewesen stammen. Einige Fachleute sind jedoch anderer Meinung. Nach ihrer Theorie hat das Öl seinen Ursprung in Kohlenstoffverbindungen, die bei der Entstehung der Erde im Gestein eingeschlossen wurden.

Ein Ölfeld in Saudi-Arabien. Zusammen mit Erdgas liefert Erdöl mehr als die Hälfte der zur Zeit verbrauchten Energiemenge.

Was sind Kohlenwasserstoffe?

Kohlenwasserstoffe sind chemische Verbindungen, die aus den Elementen Kohlenstoff und Wasserstoff bestehen. Rohöl, das man unterirdisch im Gestein findet, ist ein Gemisch aus vielen verschiedenen Kohlenwasserstoffen.

Was sind Petrochemikalien?

Petrochemikalien sind wertvolle Substanzen, die man aus Rohöl oder Erdgas gewinnt. Man braucht sie zur Herstellung vieler verschiedener Produkte wie Kunststoff, Waschmittel, Medikamente und Kunstdünger.

Woher stammt die meiste Kohle?

Kohle wird entweder unterirdisch in Bergwerken abgebaut oder aber im Tagebau, nachdem man die Vegetation und die darüberliegenden Erd- und Gesteinsschichten abgetragen hat. Die beiden wichtigsten Kohleförderländer sind China und die Vereinigten Staaten.

Wer verbraucht die meiste Energie?

Die Menschen in den reichen Ländern verbrauchen weit mehr Energie als die Bevölkerung ärmerer Gebiete. Die USA allein konsumieren zum Beispiel über 28 Prozent der weltweiten Ölfördermenge, obwohl dort nur fünf Prozent der Weltbevölkerung leben. Dieser enorme Verbrauch erklärt sich aus einem sorglosen Umgang mit Ressourcen.

Woher kommt der Strom?

Der Strom, den wir tagtäglich verbrauchen, wird zu einem großen Teil in Kohle- und Ölkraftwerken hergestellt. Häuser und Fabriken werden mit Erdgas beheizt. Autos, Busse und Flugzeuge werden mit Benzin betankt. Alle diese Brennstoffe werden aus der Erde gewonnen. Sie sind vor Jahrmillionen entstanden und erneuern sich nicht: Irgendwann sind sie aufgebraucht.

Wieviel Öl wird gefördert?

Die weltweite Ölfördermenge liegt bei 19 Milliarden Barrel pro Jahr. Ein Barrel sind 159 Liter. In der Erde liegen heute noch etwa 1,5 bis 2 Billionen Barrel, die man erreichen und zu vernünftigen Kosten fördern kann. Weitere Reserven gibt es in Form von Ölschiefer und Ölsand, aber die Ölgewinnung aus solchen Ressourcen ist bisher noch zu teuer. Wenn das Öl allerdings eines Tages knapp wird, muß man solche Vorräte möglicherweise erschließen.

Die Kohle entstand vor 250 bis 350 Millionen Jahren. Sie liegt in Flözen zwischen Schichten aus anderem Gestein und wird durch Bergbau gewonnen, der entweder über Tage oder unter Tage erfolgt.

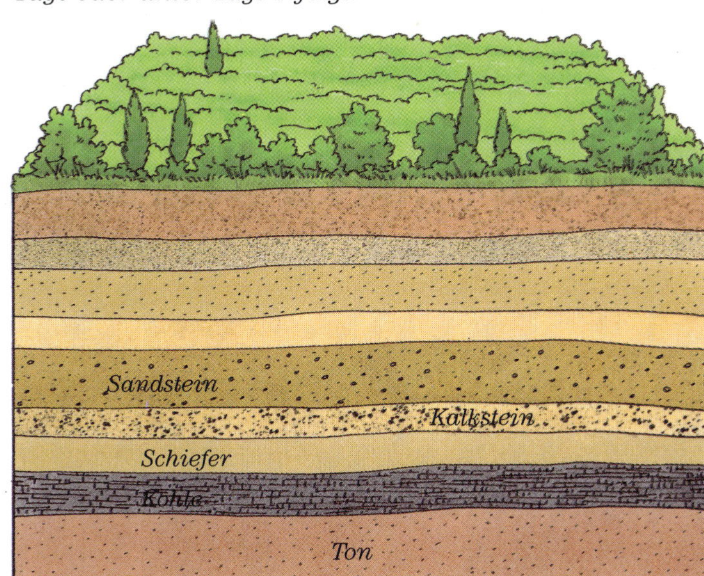

Mineralien

Wo wurde Gold gewaschen?

Im 19. Jahrhundert reisten Abenteurer zu neu entdeckten Goldfeldern in abgelegenen Gebieten der Welt. Einen solchen Goldrausch gab es 1849 in Kalifornien, 1851 in Australien, 1886 in Südafrika und 1896 in Kanada. Man wusch Flußsand in einer Metallpfanne, in der schließlich die Goldkörner übrigblieben.

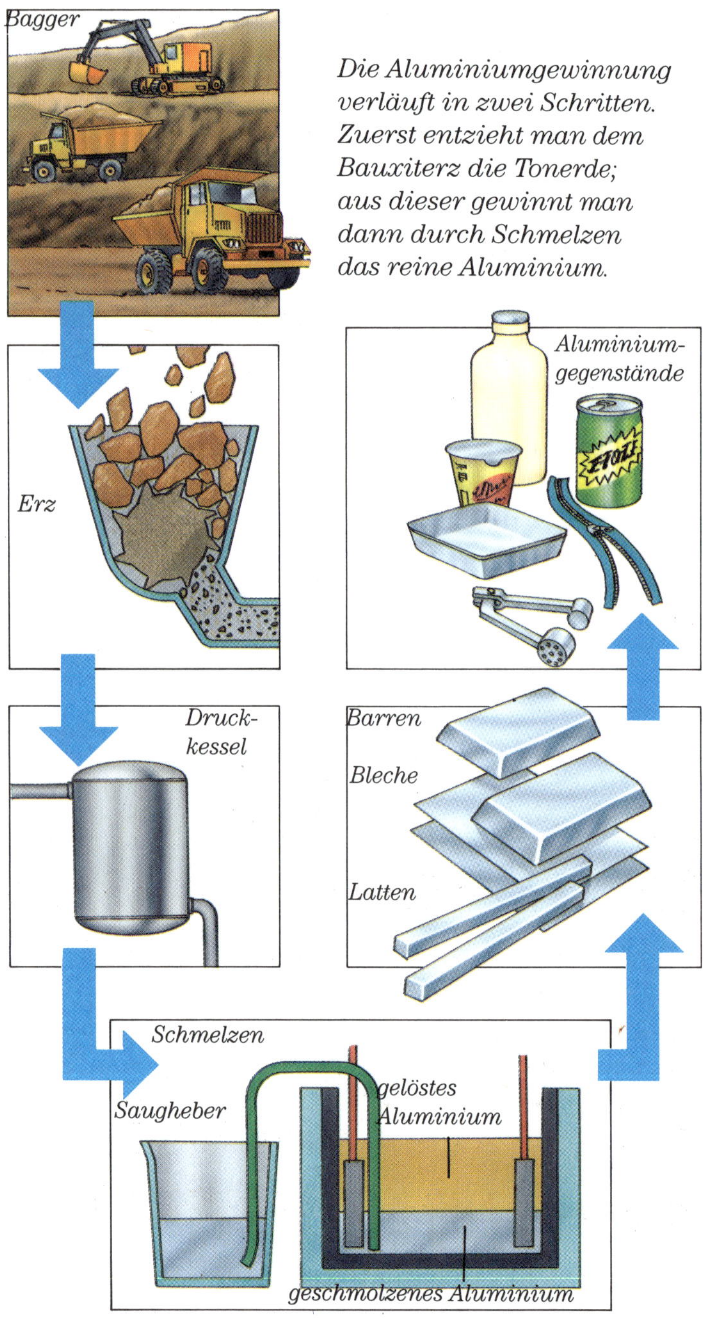

Die Aluminiumgewinnung verläuft in zwei Schritten. Zuerst entzieht man dem Bauxiterz die Tonerde; aus dieser gewinnt man dann durch Schmelzen das reine Aluminium.

Warum ist Kupfer nützlich?

Das Kupfer nutzen die Menschen schon seit 10 000 Jahren. Es ist ein weiches Metall, das sich leicht formen läßt. Mit Zinn zu einer Legierung vermischt, wird es zu Bronze. Da Kupfer ein hervorragender elektrischer Leiter ist, wird es vielfach für Strom- und Telefonkabel sowie in elektrischen Geräten verwendet.

Woher kommt die Hälfte der gesamten Goldproduktion?

Die reichhaltigsten Goldvorkommen der Welt liegen in Witwatersrand in Südafrika. In diesem Land entdeckte man Gold zum erstenmal im 19. Jahrhundert, und heute wird dort mehr Gold abgebaut als an jedem anderen Ort der Welt. Die Minen von Witwatersrand liefern mehr als die Hälfte des gesamten auf der Erde geförderten Goldes.

Woher kommt das meiste Silber der Welt?

Silber kommt oft zusammen mit anderen Metallen vor, zum Beispiel mit Kupfer, Gold oder Blei. Das meiste Silber, das wir verwenden, stammt aus Kupfer- und Bleierzen. Die wichtigsten Erzeugerländer für Silber sind Mexiko, Peru, Rußland und die USA.

Wie wird Aluminium erzeugt?

Aluminium ist eines der meistgenutzten Metalle. Es wiegt nicht viel, läßt sich leicht formen, zieht Magneten nicht an und rostet bei Regen und Wind nicht. Man kann es für vielerlei Zwecke verwenden, in Flugzeugen, für Fahrräder, Fensterrahmen und Haushaltsgegenstände. Aluminium ist das am häufigsten vorkommende metallische Element, aber man findet es nie in reiner Form. Es ist immer mit anderen Elementen verbunden. Das Aluminium, das wir verwenden, wird aus Bauxit gewonnen; aus diesem Erz, das in großen Gruben abgebaut wird, stellt man das reine Aluminium her.

Wo gibt es das meiste Bauxit?

Etwa ein Drittel des gesamten Bauxits wird in Australien gefördert. Die meisten Bauxitvorkommen der Erde liegen in den Tropen oder in ihrer Nähe, und die bekannten Vorräte reichen noch mindestens 200 bis 300 Jahre. Um Bauxit zu Aluminium zu verarbeiten, braucht man viel Energie. Altes Aluminium einzuschmelzen, ist wesentlich billiger und führt außerdem dazu, daß die natürlichen Reserven länger reichen. Deshalb ist es sinnvoll, soviel Altaluminium wie möglich (zum Beispiel Getränkedosen) dem Recycling zuzuführen.

Welches Land produziert am meisten Zinn?

Zinn, ein weiches, silberweißglänzendes Metall, wird ebenfalls schon seit Jahrtausenden genutzt, weil es leicht zu bearbeiten ist. Es macht etwa 0,001 Prozent der Erdkruste aus und ist erheblich teurer als Kupfer oder Aluminium. Das größte Erzeugerland ist Malaysia.

Wo wird Kupfer abgebaut?

Lagerstätten mit Kupfer gibt es auf allen Kontinenten. Die wichtigsten Erzeugerländer für dieses Metall sind Chile, die USA, Kanada, Rußland und Sambia. Reines Kupfer findet man nur selten. Meist muß man es aus Erzen gewinnen, in denen es mit anderen Elementen verbunden ist. Die geschätzten Weltvorräte reichen noch rund sechzig bis siebzig Jahre.

Wie tief ist das tiefste Bergwerk?

Das tiefste Bergwerk ist die Western Deep Levels-Goldmine in Südafrika. Sie reicht 3777 Meter hinab. Man hat vor, noch tiefer zu graben, nämlich bis auf 4200 Meter.

Woher kommt das Salz?

Das Salz, das wir auf unsere Lebensmittel streuen, ist eine chemische Verbindung namens Natriumchlorid. Es kommt im Meerwasser und als Mineral im Boden vor. Um es zu gewinnen, kann man Meerwasser in flache Becken leiten und in der Sonne verdunsten lassen, so daß das Salz zurückbleibt. Auch in Bergwerken wird Salz abgebaut.

Salz kann man gewinnen, indem man Meerwasser verdunsten läßt.

Mineralien unterscheiden sich in Farbe, Härte und chemischer Zusammensetzung. Kupfer und Silber sind Elemente. Antimonglanz ist eine Verbindung aus Antimon und Schwefel.

Welches sind die wertvollsten Steine?

Edelsteine sind Mineralien, die man zur Schmuckherstellung verwendet. Besonders wertvoll sind Diamanten, Smaragde, Saphire, Rubine und Opale. Es gibt aber noch viele andere wie Amethyst, Jade oder Topas. Im Naturzustand sehen Edelsteine meist unscheinbar aus; ihren Glanz erhalten sie erst durch das Schleifen und Polieren. Am wertvollsten sind die Diamanten, denn sie sind härter und glänzen stärker als alle anderen Mineralien. Diamantenvorkommen gibt es in Zaire, Rußland und Südafrika.

Woraus wird Kunststoff hergestellt?

Kunststoffe werden aus Verbindungen hergestellt, die in Kohle, Erdöl, Kalkstein und anderen Rohstoffen vorkommen. Ohne diese Naturstoffe gäbe es keine Kunststoffe, und unser Leben sähe ganz anders aus.

Wozu benutzt man Silizium?

Silizium kommt in der Natur nur in Verbindung mit anderen Elementen vor. Im Gestein ist es als Silikat gebunden. Siliziumdioxid findet man in Sand und anderen Mineralien. Außerdem kommt Silizium in den Stengeln mancher Pflanzen und im Körper einiger winziger Tiere vor. Hauptsächlich dient das Silizium zur Herstellung elektronischer Chips für Computer und andere Geräte. Außerdem macht man daraus Photozellen für Kameras und andere technische Apparate sowie Glas und Keramik.

Landwirtschaft

In der Landwirtschaft werden vielfältige Maschinen eingesetzt, von einfachen bis zu komplizierten.

Was sind Grundnahrungsmittel?

Grundnahrungsmittel sind die Lebensmittel, die den größten Teil der Ernährung ausmachen. Die Bewohner der Industrieländer essen viele verschiedene Lebensmittel, aber Brot, Kartoffeln, Reis oder Nudeln sind fast immer dabei. In Afrika und Asien sind die Menschen auf weniger Grundnahrungsmittel angewiesen, zum Beispiel auf Reis, Maniok und Süßkartoffeln. Die Armen nehmen in solchen Ländern oft außer den Grundnahrungsmitteln kaum etwas zu sich.

Was ist Maniok?

Maniok ist eine wichtige Nutzpflanze, die in vielen tropischen Ländern als Nahrungsmittel angebaut wird. Aus ihren Wurzeln, die so ähnlich aussehen wie Blumenzwiebeln, gewinnt man Tapioka, ein Stärkemehl, aus dem Brei, Fladen und Suppen hergestellt werden.

Wie leben Kleinbauern?

Ein Kleinbauer besitzt ein kleines Landstück und baut darauf mehrere Nutzpflanzen an. Außerdem hält er vielleicht eine Kuh oder ein paar Hühner. Mit seinen Produkten kann er seine Familie gerade eben das Jahr über ernähren. In guten Jahren erwirtschaftet er vielleicht einen geringen Überschuß, den er auf dem Markt verkaufen kann.

Warum produzieren moderne Bauern mehr Lebensmittel?

Ein Bauer kann heute auf der gleichen Ackerfläche sehr viel mehr Lebensmittel produzieren als vor 100 Jahren, weil es verbesserte, weniger krankheitsanfällige Pflanzensorten gibt, und weil man mit Chemikalien den Boden düngen und Schädlinge vernichten kann. Zahlreiche Getreidesorten, darunter Weizen und Reis, werden in riesigen Mengen produziert. Einige andere Sorten, die einst für bestimmte Gegenden typisch waren und dort angebaut wurden, findet man dagegen heute kaum noch.

Wächst Schokolade auf Bäumen?

Schokolade wächst nicht auf Bäumen, aber ihre wichtigste Zutat stammt von den tropischen Kakaobäumen, die vor allem in Westafrika, Brasilien und Malaysia angebaut werden. Ursprünglich stammt diese Pflanze aus Südamerika: Die Mayas und Azteken kannten den Kakao schon, bevor sich die ersten Europäer in der Neuen Welt niederließen. Der Kakaobaum hat längliche Früchte; in ihrem Inneren befindet sich die Kakaobohne, aus der man den Kakao für die Schokoladenherstellung gewinnt.

Warum benutzt man Dünger?

Die Bauern setzen dem Boden Dünger zu, um Nährstoffe zu ersetzen, denn mit dieser zusätzlichen Nahrung wachsen die Pflanzen besser. Natürlicher Dünger besteht aus Mist, Gülle (flüssige Ausscheidungen von Tieren) oder Kompost aus Pflanzen. Die verschiedenen Kunstdünger enthalten vor allem Stickstoff, Phosphor und Kalium; sie werden chemisch hergestellt. Durch Kunst- und Naturdünger verbessert sich die Erntemenge und damit die Ernährung der Weltbevölkerung. Die Herstellung von Kunstdünger ist aber teuer, und man verbraucht dabei wertvolle Rohstoffe.

Wann wird gedüngt?

Schon immer brachten die Bauern den Mist der Tiere auf die Felder, um dem Boden nach der Ernte neue Nährstoffe zuzuführen. Im 19. Jahrhundert verwendete man dann zum ersten Mal Kunstdünger. Besonders wichtig war eine Entdeckung aus dem Jahr 1842: Damals wurde eine Methode erfunden, mit der man Superphosphat, einen wichtigen Dünger, aus Gestein herstellen konnte.

Was ist eine Monokultur?

Ein Bauer, der nur eine Art von Nutzpflanzen anbaut (zum Beispiel Kartoffeln, Hirse, Äpfel oder Bananen), betreibt Monokultur. Nach der Ernte wird das Produkt dann verkauft. In manchen Ländern sind fast alle landwirtschaftlichen Betriebe Monokulturen: Auf großen Plantagen baut man beispielsweise Kaffee, Kakao oder Tee an. Auf solchen Plantagen arbeiten oft Leute, die früher einen eigenen Hof besessen hatten, als angestellte Arbeitskräfte.

In Asien wird Reis auf überfluteten Feldern angebaut. Junge Reispflanzen brauchen eine Menge Wasser.

Welche Getreidefelder müssen unter Wasser stehen?

Junge Reispflanzen setzt man auf überflutete Felder, denn sie brauchen zum Wachsen viel Wasser. Solche Felder sind von Steinwällen und Bewässerungskanälen umgeben. Wenn der Reis geerntet werden soll, wird das Wasser abgelassen. Am besten gedeiht Reis in warmen, feuchten Gegenden. Eine Sorte kann man auch in trockenen, hügeligen Gegenden anbauen.

Warum sind Bohnen nützlich?

Die Bohnen, die wir essen, stammen von unterschiedlichen Bohnenpflanzen, aber sie sind stets nahrhaft, mit Protein, Kohlenhydraten und Vitaminen. Außerdem binden Bohnen den Luftstickstoff im Boden.

Was ist Guano?

Guano besteht aus den aufgehäuften Ausscheidungen von Meeresvögeln. Auf manchen Inseln vor der Küste Perus gibt es eine Menge davon, weil dort viele Vögel leben. Guano ist ein hervorragender Dünger, denn er enthält Stickstoff, Phosphorsäure und Pottasche. Auch Fledermausguano aus Höhlen wird manchmal als Dünger verwendet.

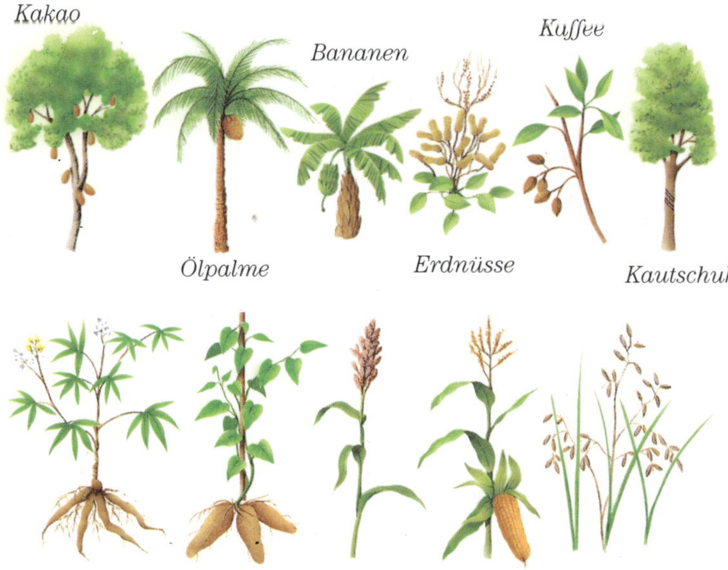

Einige neben dem Weizen besonders wichtige Nutzpflanzen.

Kühe in einem modernen Milchproduktionsbetrieb. Die Milchwirtschaft ist vor allem in Europa, Amerika und Australien von Bedeutung.

Wo leben die meisten Kühe?

In Indien leben wahrscheinlich über 275 Millionen Kühe, mehr als in jedem anderen Land. Da Rinder aber der hinduistischen Bevölkerung heilig sind, werden sie nie wegen des Fleisches geschlachtet. Die größten Rindfleischproduzenten sind Brasilien und die USA. In Brasilien gibt es über 180 Millionen Rinder, die meist auf großen Ranchbetrieben gezüchtet werden.

Was war die Grüne Revolution?

In den sechziger Jahren wurden neue Sorten von Reis, Weizen und anderen Nutzpflanzen eingeführt. Diese ertragreicheren Sorten hatte man für Bauern in Ländern wie Indien entwickelt, in denen eine große, ständig wachsende Bevölkerung ernährt werden mußte. Mit den neuen Getreidearten und Verbesserungen bei Düngung und Bewässerung konnten manche Länder ihre Erntemenge verdoppeln. Diese sogenannte "Grüne Revolution" trug dazu bei, einen Teil des Hungers in der Welt zu lindern, aber die allgemeine Nahrungsmittelknappheit wurde dadurch nicht beseitigt.

Wie wird Getreide gelagert?

Zu den wichtigsten Nutzpflanzen gehören Getreidearten wie der Weizen. Zur Ernte setzt man Mähdrescher ein, die die Körner schon auf dem Feld von den Halmen trennen. Das Korn wird mit Lastwagen in die Lagerhäuser gebracht, mit Heißluft getrocknet und dann mit Druckluft in große Behälter transportiert. Die Bauern können das Getreide monatelang lagern und warten, bis die Preise steigen.

Was ist Milchwirtschaft?

Milchbauern halten Kühe zur Milchproduktion. In manchen Ländern verwendet man auch die Milch anderer Tiere, zum Beispiel die von Kamelen, Ziegen und Schafen zur Herstellung von Milchprodukten. Aus Kuhmilch werden Lebensmittel wie Butter und Käse hergestellt.

Was sind Schädlinge?

Die meisten Schädlinge gefährden in den landwirtschaftlichen Betrieben das Wachstum oder die Lagerung der Nutzpflanzen. In der Regel handelt es sich um Insekten, die Krankheiten übertragen oder die Pflanzen auffressen. Auch bei Tieren gibt es Schädlinge, die vor allem ansteckende Krankheiten verbreiten.

Wie wird ein Feld vorbereitet?

Bevor der Bauer Pflanzen anbauen kann, muß er den Boden vorbereiten. Zuerst pflügt er ihn, um die Erde zu lockern, Unkräuter zu töten und ihn mit Luft und Wasser anzureichern. Die großen Schollen, die beim Pflügen entstehen, werden in kleinere Stücke zerteilt, indem man eine Egge über das Feld zieht. Die Egge wirkt genauso wie die Harke im Garten. Meist wird der Boden vor der Aussaat noch mit Dünger und Unkrautvernichtungsmitteln behandelt.

Durch Bewässerung kann man aus Wüstenflächen fruchtbares Ackerland machen.

In Kanada, in den USA und in der Ukraine wird Weizen auf riesigen Feldern angebaut.

Welches sind die beiden wichtigsten Getreidearten?

Die wichtigsten Getreidearten sind Weizen und Reis. Ihre Körner enthalten viel Stärke und sind deshalb für Menschen und Tiere ein energiereiches Nahrungsmittel. In der Weltproduktion nimmt Weizen den ersten Platz ein; man stellt daraus unter anderem Mehl, Brot und Nudeln her. In warmem, feuchtem Klima gedeiht Reis besser als Weizen. Er ist für etwa die Hälfte der Weltbevölkerung das wichtigste Nahrungsmittel.

Wie wird Baumwolle hergestellt?

Baumwolle, die wichtigste Naturfaser zur Herstellung von Kleidung, stammt von der Baumwollpflanze. Ihre Blüten sind weiß bis bläulichrot. Wenn die Blütenblätter abfallen, entstehen Samenkapseln, die schließlich reifen und aufplatzen. Die Pflanze sieht dann aus, als wäre sie mit bauschigen Schneebällen übersät. Die Baumwollfasern sind dünne Fäden, die in der Samenkapsel auf der Haut der Samen wachsen. Man kann sie abtrennen und daraus verschiedene Garne spinnen, die man zum Weben von Stoffen verwendet. Die Stoffe kann man dann in vielerlei Weise färben. Außerdem benutzt man Baumwollöl zum Kochen sowie zur Herstellung von Margarine, Seife und Kosmetikartikeln.

Woher kommt der Kaffee?

Kaffee wird aus den Bohnen des Kaffeebaums gemacht. Diese Pflanze stammt ursprünglich wahrscheinlich aus Afrika, aber sie wird heute vor allem in Südamerika und Asien angebaut. Zu den wichtigsten Kaffeerzeugerländern gehören Brasilien, Kolumbien, Indonesien und Kenia. Der Kaffeebaum kann bis zu 12 Meter hoch werden, aber man schneidet ihn immer wieder auf zwei bis drei Meter zurück, damit man die Früchte leichter ernten kann. Seine Beeren enthalten jeweils zwei Bohnen, die man herausnimmt, trocknet und röstet.

Baumwollpflanze mit Blüten und Samenkapseln

Reife Kaffefrüchte sind rot. In ihrem Inneren liegen die Bohnen.

Fisch- und Forstwirtschaft

Was ist ein bewirtschafteter Wald?

Früher waren alle Wälder wild. Die Menschen gingen hinein, um zu jagen, Nahrung zu sammeln oder Bäume zu fällen. Holz kommt auch heute noch vielfach aus solchen Urwäldern: Man fällt die Bäume, und dann ziehen die Holzfäller, ohne neue Bäume anzupflanzen, weiter. In einem bewirtschafteten Wald dagegen setzt man neue Bäume, wenn man Holz gefällt hat. Man kann dabei so vorgehen, daß die Bäume in der natürlichen Anordnung wachsen, so daß der Wald nicht künstlich angelegt aussieht. Man kann aber auch Baumschulen anlegen, in denen die Bäume in Reih und Glied stehen. Das ist gut für die Holzproduktion, aber nicht besonders anziehend für Wildtiere und Menschen.

Welche Bäume fällt man, um Holz zu gewinnen?

Es gibt zwei Gruppen von Holzarten: Weichholz stammt von Nadelbäumen wie Kiefer, Tanne, Lärche und Fichte. Laubbäume wie Ahorn, Eiche und Walnußbaum (die in kühlem Klima gedeihen) liefern dagegen Hartholz, ebenso wie manche tropischen Bäume (zum Beispiel Mahagoni und Ebenholz).

Was ist am Bambus Besonderes?

Bambus ist kein Baum, sondern ein großes Gras. Manche Bambusarten gedeihen in warmem Klima, und ihr "Holz" verwendet man zu den unterschiedlichsten Zwecken. Aus Bambus kann man Häuser, Möbel, Matten, Schuhe, Zäune, Gerüste, Werkzeuge, Flöße und Regenschirme herstellen. Junge Bambussprossen sind ein wohlschmeckendes Gemüse. Keine andere tropische Pflanze ist so vielseitig verwendbar wie der Bambus.

Bambus ist billig und läßt sich vielseitig verwenden.

Das Holz für Zeitungspapier stammt überwiegend aus bewirtschafteten Wäldern, wo man abgeholzte Bäume durch Neupflanzungen ersetzt.

Was ist der Unterschied zwischen Papier und Umweltschutzpapier?

Papier wird unter hohem Energieaufwand aus zermahlenem Holz, Lumpen und Altpapier hergestellt, und jedes Jahr werden viele Millionen Bäume gefällt, um unseren Papierbedarf zu decken. Ausschließlich aus Altpapier wird das sogenannte Umweltschutzpapier produziert. Dabei spart man nicht nur Rohstoffe, sondern auch Energie.

Woher stammen die meisten Fische, die wir essen?

Die meisten Speisefische – insgesamt etwa 90 Prozent – stammen aus dem Meer. Vorwiegend werden sie auf hoher See von großen Fischereischiffen gefangen, aber zunehmend züchtet man sie auch in Fischfarmen an der Küste. Die restlichen zehn Prozent des Fischfangs kommen aus Flüssen, Seen und Fischzuchtbetrieben im Binnenland.

Wie züchtet man Fische?

Fischfang ist eigentlich eine Art Jagd. Rinder und Schafe werden schon seit Jahrtausenden nicht mehr gejagt, sondern auf Bauernhöfen gezüchtet. Das gleiche kann man auch mit Fischen tun. In den modernen Fischfarmen züchtet man die Fische in großen Süßwasserbecken oder in Käfigen vor der Meeresküste. Mit Kraftfutter läßt man sie schnell heranwachsen. Auf diese Weise werden unter anderem Lachse und Forellen aufgezogen.

Warum sind manche Fische immer schwerer zu fangen?

Es gibt im Meer viele Millionen Fische, aber die Menschen fangen sie auch in gewaltigen Mengen. Japan holt allein jährlich über 10,5 Millionen Tonnen Fisch aus den Ozeanen. Mit Radar und Echolot suchen die Fischereischiffe nach dem Fang, und die riesigen Netze füllen sich mit Tausenden von Tieren. Die Fangmengen sind heute durch Bestimmungen festgelegt. Kleine Fische können durch die Maschen der Netze entkommen, so daß sie sich später wieder vermehren. Wenn man zuviele Fische fängt, schrumpfen die Bestände, bis schließlich kaum noch Tiere übrig sind.

Was für Fische essen wir?

Fisch ist in vielen Ländern ein wichtiges Lebensmittel, vor allem in Asien. Zu den wichtigsten Speisefischen gehören Sardinen, Kabeljau, Schellfisch, Makrelen, Heringe und Thunfische. Außerdem essen wir in großen Mengen Schalentiere (Krabben, Garnelen und Krebse) und Weichtiere wie Austern und Miesmuscheln.

Wie werden Fische auf hoher See gefangen?

Am weitesten verbreitet ist der Fischfang mit Netzen, aber manche Fische fängt man auch mit Leinen und Haken. Die Fabrikschiffe benutzen sehr große Netze. Es gibt drei Netztypen: Wadenetze, Schleppnetze und Treibnetze. Wadenetze sind ringförmig und schließen einen Fischschwarm ein. Die taschenförmigen Schleppnetze werden knapp über dem Meeresboden entlanggezogen. Und Treibnetze sind lange Netze, die wie eine Mauer im Wasser hängen.

Warum sind Treibnetze umstritten?

Treibnetze werden hauptsächlich zum Fang von Heringen und Thunfischen eingesetzt, doch in den feinmaschigen, oft mehrere Kilometer langen Netzen bleiben so viele Fische hängen, darunter auch Robben, Wale und Delphine, daß die Meere regelrecht leergefischt werden.

Methoden der Fischerei und einige wichtige Speisefische

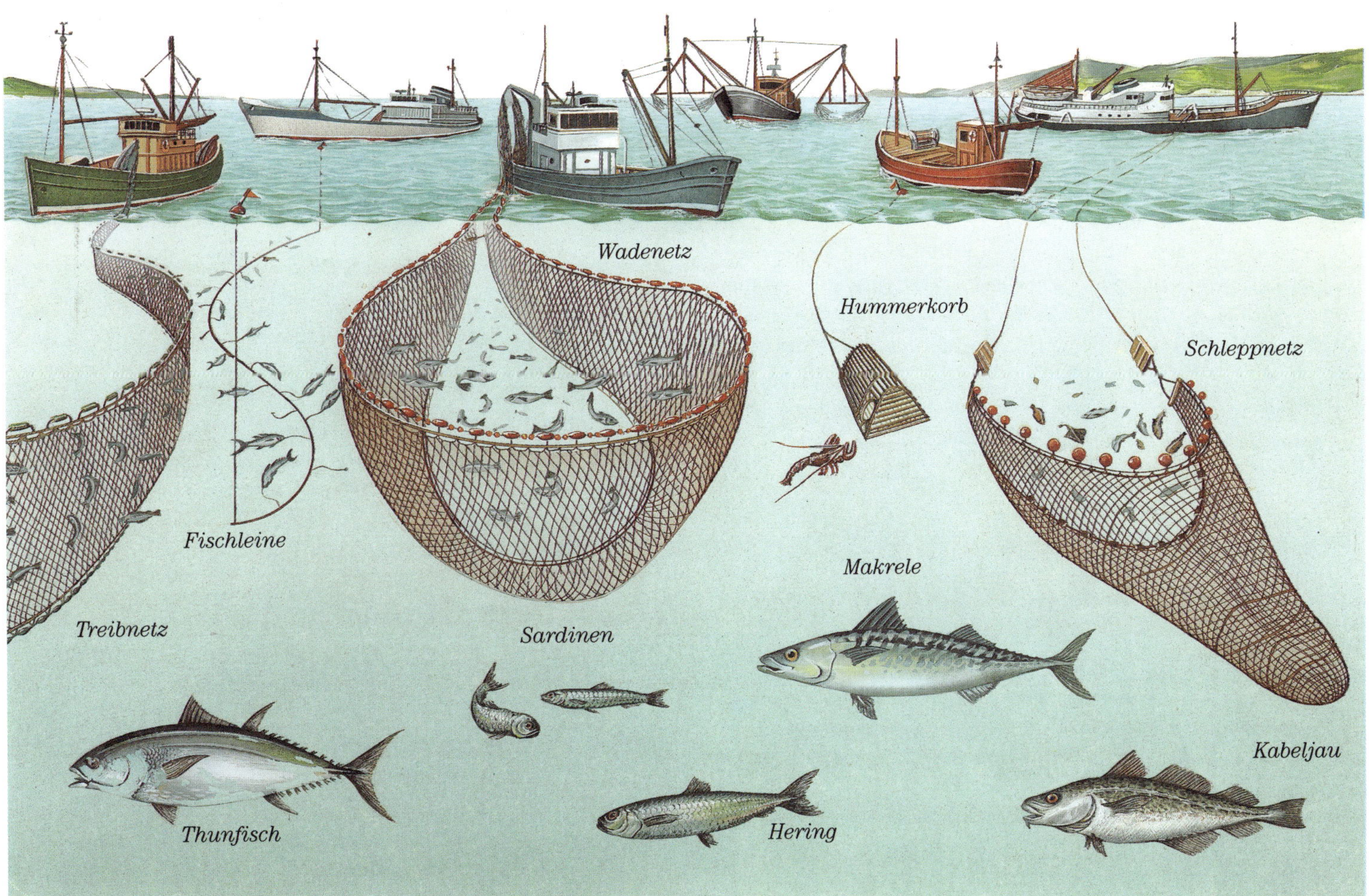

UMWELT

Was ist Ökologie?

Ökologie ist die Wissenschaft von den Wechselbeziehungen zwischen den Lebewesen sowie zwischen Lebewesen und ihrer Umwelt. Die Fachleute, die sich mit diesen Fragen beschäftigen, nennt man Ökologen.

Gibt es ein natürliches Gleichgewicht?

Alle Lebewesen sind in vielfältiger Weise voneinander und von ihrer Umwelt abhängig. Daraus ergibt sich ein "natürliches Gleichgewicht", das sehr empfindlich ist, weil so viele verschiedene Lebewesen dabei eine Rolle spielen. Wenn ein Element gestört wird, kann die gesamte Balance verlorengehen.

Was ist eine Nahrungskette?

Als Nahrungskette bezeichnet man die vereinfachte Darstellung des Weges, den Energie zwischen den Lebewesen zurücklegt. Ein Beispiel: Das Gras der amerikanischen Prärie wächst mit Hilfe der Sonnenenergie. Pflanzenfresser wie der Präriehund, ein Nagetier, fressen das Gras und werden ihrerseits von Raubtieren wie Kojoten und Falken gefressen.

Nahrungspyramide

Was ist die Biosphäre?

Die Biosphäre ist der gesamte Lebensraum auf der Erde: Sie umfaßt die Erdkruste bis in die Tiefe, wo Leben noch möglich ist, das Wasser in Flüssen, Seen und Meeren sowie die Luft bis in Höhen, wo man noch Lebewesen findet.

Welches sind die ältesten und artenreichsten Lebensgemeinschaften der Erde?

Am ehesten trifft diese Beschreibung wahrscheinlich auf die Korallenriffe zu. Ihr Alter liegt meist bei 5000 bis 10 000 Jahren, aber die toten Riffe, auf denen sie aufbauen, sind Jahrmillionen alt. Korallenriffe sind so vielfältig wie der tropische Regenwald: Sie enthalten bis zu 3000 Tierarten.

Was sind Aasfresser?

Geier und Hyänen beispielsweise jagen selbst nicht, sondern ernähren sich von den Überresten der Tiere, die von Fleischfressern getötet wurden. Sie sind Abfallverwerter, die solche Reste schnell beseitigen, so daß nur noch Hautstücke und Knochen übrigbleiben. Die letzten Überbleibsel verzehren dann aasfressende Insekten und Mikroorganismen wie Bakterien, die für die Umwandlung in fruchtbaren Humus sorgen.

Was ist ein Ökosystem?

Ein Ökosystem ist eine Gruppe von Lebewesen, die in einem bestimmten Bereich zusammenleben. Beispiele für solche Ökosysteme sind ein Wald der gemäßigten Breiten mit seinen Pflanzen, Tieren und Mikroorganismen oder ein See mit allen Lebewesen, die sich darin befinden.

Die Energie, die die Tiere verbrauchen, verschwindet aus der Nahrungskette. Weitergegeben wird nur der Teil der Energie, der im Körpergewebe gespeichert wird.

Die Sonnenergie und die Nährstoffe aus dem Boden durchlaufen alle Stufen der Nahrungskette und werden immer wieder verwendet.

Warum sind Raubtiere nützlich?

Raubtiere sind Jäger, die andere Tiere töten und fressen. Genau wie alle anderen Tiere sind sie ein unverzichtbares Glied in der Nahrungskette, und ohne sie gerät das natürliche Gleichgewicht leicht durcheinander. Im schottischen Hochland gibt es beispielsweise große Rotwildherden. Ihre natürlichen Feinde sind die Wölfe, aber die wurden vom Menschen mittlerweile völlig ausgerottet. Deshalb nimmt die Rotwildbesiedelung zu. Da aber die Fläche, von der sich die Tiere ernähren müssen, nicht mitwächst, würde das Wild hungern, wenn es nicht den Menschen gäbe: Jedes Jahr schießen Jäger eine bestimmte Zahl von vorzugsweise alten und kranken Tieren und halten so den Wildbestand unter Kontrolle.

Wie können hungrige Insekten auf Berggipfeln überleben?

Bergsteiger wundern sich manchmal, weil sie auf hohen Bergen Käfer und Spinnen finden. Wovon leben die Tiere in dieser unwirtlichen Gegend, wo es scheinbar keine Nahrung gibt? Käfer und Spinnen sind Raubtiere und Aasfresser. Sie fressen die Insekten, die von starken Winden bis zu den Gipfeln geweht werden. Bis zu acht Tonnen Insekten gelangen auf diese Weise in einem Sommer auf einen hohen Gipfel – mehr als genug Nahrung für die widerstandsfähigen Käfer und Spinnen, die in so große Höhen klettern können.

Was richteten Kaninchen in Australien an?

In Australien gab es bis 1850 keine Kaninchen. In diesem Jahr setzte man drei Kaninchenpaare aus, die man aus Europa eingeführt hatte. Aber innerhalb weniger Jahre wurden sie in Australien zur Plage. Sie knabberten das ganze Gras ab, und man mußte sie mit Zäunen von den Feldern fernhalten. Sie hatten keine natürlichen Feinde in diesem Kontinent wie zum Beispiel die Füchse, die ihre Zahl in Europa begrenzen.

Warum fressen manche Tiere andere Tiere?

Die Energie, die das Leben auf der Erde möglich macht, stammt von der Sonne. Sie wird von den Pflanzen genutzt und geht von dort auf die pflanzenfressenden Tiere über. Die Pflanzenfresser dienen ihrerseits den Fleischfressern als Nahrung. Diese Raubtiere sorgen dafür, daß die Zahl der Pflanzenfresser nicht zu groß wird, so daß diese nicht sämtliche Pflanzen vernichten und so eine Hungersnot herbeiführen. Auf diese Weise bleibt das natürliche Gleichgewicht erhalten. Wenn Vögel sich beispielsweise stark vermehren, nimmt die Zahl der Raupen ab. Im weiteren Verlauf verhungern dann die Vögel, oder sie wandern in Gegenden mit mehr Nahrung. Anschließend nimmt der Raupenbestand zu, und das Gleichgewicht pendelt sich wieder ein.

Artenschutz

Warum ist es schlimm, wenn eine Tier- oder Pflanzenart ausstirbt?

Bis zum Jahr 2050, so fürchten die Wissenschaftler, könnte die Hälfte aller Tier- und Pflanzenarten auf der Erde ausgestorben sein. Doch schon der Verlust einer einzigen Art kann schlimme Folgen haben. Aus einer Immergrünpflanze zum Beispiel, die im Regenwald Madagaskars wächst, macht man heute Medikamente, mit denen man Leukämie (eine Form von Blutkrebs) bei Kindern behandeln kann. Wäre diese Pflanze ausgestorben, hätte man ihren medizinischen Nutzen nie erkannt.

Gorillas sind scheue Tiere, die den Wald durchstreifen.

Warum sind die Tiere auf Inseln am stärksten gefährdet?

Auf Inseln haben sich die Tiere eigenständig entwickelt, oft ohne natürliche Feinde und kaum gestört durch konkurrierende Arten. Manche inselbewohnenden Vögel gaben beispielsweise das Fliegen auf, denn es gab keine Tiere, von denen sie hätten gejagt werden können. Es ging ihnen aber nur so lange gut, bis Menschen Hunde, Katzen und Ratten mit auf die Insel brachten. Von diesen Tieren wurden die Laufvögel nun gejagt, und viele Arten starben völlig aus.

Was hat Madagaskar Besonderes?

Auf der Insel Madagaskar wachsen mehr als 10 000 Pflanzenarten, 8000 davon gibt es sonst nirgendwo auf der Welt. Von den fast 200 Vogelarten sind etwa 100 ebenfalls nur hier zu finden. Außerdem ist Madagaskar die Heimat von zwei Dritteln aller Chamäleonarten und aller 30 noch lebenden Arten von Lemuren. Da Madagaskar eine Insel ist, hat sich das Leben dort völlig getrennt von den Evolutionsprozessen im übrigen Afrika entwickelt.

Spinnenschildkröte aus Madagaskar

Wie können bedrohte Tierarten gerettet werden?

Gorillas sind durch die Zerstörung ihres Lebensraumes stark in ihrem Bestand gefährdet. Seit immer mehr Menschen sich für die seltenen Tiere interessieren, werden zunehmend Maßnahmen zum Schutz der Gorillas ergriffen und beispielsweise Reservate eingerichtet, wo die Tiere ungestört leben können.

Gibt es in manchen Gegenden mehr Leben als in anderen?

Einige Lebensräume sind sehr dicht besiedelt. Den größten Artenreichtum findet man im tropischen Regenwald. Dort beherbergt eine Fläche von zehn Quadratkilometern unter Umständen über 2000 Arten von Pflanzen sowie 400 Vogel-, 150 Schmetterlings-, 100 Reptilien- und 60 Amphibienarten. Und die Vielfalt der Insekten ist so groß, daß niemand sie zählen kann.

Warum sterben Tiere aus?

Wenn eine Art ausstirbt, ist sie ein für allemal ausgelöscht. Es gab in der Erdgeschichte mehrfach Perioden des Masssenaussterbens, beispielsweise am Ende der Kreidezeit vor 65 Millionen Jahren, als die Dinosaurier verschwanden. In den letzten 200 Jahren ist der Mensch zur größten Bedrohung für die Tierwelt geworden. Seit dem Jahr 1600 sind schon über 300 Tierarten ausgestorben, weil Menschen ihre Lebensräume zerstört oder die Tiere selbst getötet haben. Und viele weitere Arten sind ernsthaft gefährdet.

Welches waren die ersten Naturschutzgebiete?

Eine frühe Form der Naturschutzgebiete waren Jagdreviere und Wälder, die für Könige reserviert waren. Die Tiere waren dort geschützt (außer vor den königlichen Jägern); das einfache Volk mußte draußen bleiben. Ein solches Reservat richtete der Prinz von Oranje 1575 in Holland ein. Der erste echte Nationalpark, in dem Natur und Tierwelt zur Freude aller Menschen geschützt werden sollten, war der 1872 gegründete Yellowstone-Nationalpark im US-Bundesstaat Wyoming.

Was ist Wildtierhandel?

Jedes Jahr werden viele Millionen Wildtiere gefangen oder getötet. Manche werden lebend als Haustiere verkauft. Besonders gefährdet sind durch diese Geschäftemacherei die tropischen Vögel und Fische, aber auch Schlangen, Affen und andere Arten. Wesentlich mehr Tiere werden wegen ihrer Haut getötet. Wilderer erschießen Nashörner, weil man aus dem Horn schöne Dolchgriffe machen kann. Elefanten wurden wegen des Elfenbeins gejagt. Teilweise ist dieser Handel legal, aber zu einem großen Teil wird er von verbrecherischen Wilderern und Schmugglern betrieben.

Wie beeinflußten Menschen die Tierwelt auf den Hawaii-Inseln?

Die ersten polynesischen Siedler, die vor 1500 Jahren nach Hawaii kamen, rotteten sehr schnell etwa 40 Vogelarten aus, entweder durch Jagen oder durch Zerstörung ihrer Lebensräume.

Warum ist das Gras in den USA grüner?

An der Grenze zwischen den USA und Mexiko ist das Gras auf der US-Seite grüner. Der Grund: Die Rinderhaltung unterliegt in Mexiko weniger strengen Vorschriften als in den USA. Wenn auf einer Weide zu viele Kühe grasen, wird der Boden stärker abgeweidet und der Sonne ausgesetzt, so daß er sich aufheizt und austrocknet. Die Temperatur kann auf der mexikanischen Seite um bis zu vier Grad höher liegen, weil die Zahl der Rinder auf einer Weide in Mexiko nicht gesetzlich begrenzt ist. Deshalb ist das Gras auf der Seite der USA grüner.

Was wurde aus den peruanischen Sardellen?

Sie landeten in Fischernetzen. Im Meer vor Peru lebte früher ein Viertel des weltweiten Sardellenbestandes. In den siebziger Jahren fing man diese Fische in so großem Umfang, daß kaum noch welche übrigblieben. Die Fischer wurden arbeitslos; die Bestände haben sich nie mehr erholt.

Auf welcher asiatischen Insel gibt es die meisten Wälder?

Die Antwort ist vielleicht eine Überraschung: in Japan. Das Land ist zu 66 Prozent von Wald bedeckt. Bis auf die Fledermausarten hat Japan andere Säugetierarten als das benachbarte Festland.

Das Landesinnere Japans ist größtenteils gebirgig und bewaldet.

Umweltverschmutzung

Wie entsteht Luftverschmutzung?

Die Hauptursache der Luftverschmutzung sind Abgase und Rauch, die durch Verbrennung entstehen. Die Luft wird dunstig, riecht schlecht und kann Gift enthalten. Autos setzen Kohlenmonoxid und Stickoxide als Abgase frei. Diese Gase schädigen sowohl die Lunge von Menschen und Tieren als auch die Pflanzenwelt. Fabrikschornsteine spucken zusätzlich Gas und Rauch (winzige Feststoffteilchen) aus.

Warum ist Umweltverschmutzung gefährlich?

Die Menschen haben schon immer Abfälle und Rauch in ihre Umwelt entlassen, doch nie zuvor in so großem Maße wie heute. Wir setzen Gase in die Luft frei und schütten Giftstoffe ins Wasser. Den Boden schädigen wir mit Chemikalien. Wir werfen Abfall weg, betonieren natürliche Flächen und machen Lärm. Die Umweltverschmutzung kann Menschen krank machen und die Tierwelt vernichten.

Was verschmutzt die Luft?

Großstadtluft enthält eine Schmutzmischung. Zu diesen Schadstoffen gehören unter anderem Schwefel und Stickoxide aus Kraftwerken und Fabrikschornsteinen sowie Kohlenwasserstoffe aus Autoabgasen und Raffinerien. Blei und andere Schwermetalle stammen aus Autos, Metallhütten und anderen Fabriken, und die chemische Industrie erzeugt eine Menge verschiedener Abfallsubstanzen.

Smog in Los Angeles

Was ist Smog?

Smog ist ein Schadstoffgemisch, das sich als dunstiger Nebel über eine Stadt legt. Am schlimmsten ist er an Orten, wo sich viele Autos und Fabriken befinden, die chemische Dämpfe und Rauch ausstoßen. Städte, die immer wieder starken Smog haben, sind unter anderem Mexico City, Los Angeles und Athen. Das Einatmen von Smogluft soll ebenso gefährlich sein wie das Rauchen von 40 Zigaretten am Tag.

Kann man Luftverschmutzung bekämpfen?

Seit den siebziger Jahren bekämpfen die Städte den Smog mit neuen Methoden. In Los Angeles müssen alle Autos mit einem Katalysator ausgerüstet sein, der die Abgase reinigt. Aber auch mit schadstoffärmeren Motoren und bleifreiem Benzin verschmutzen Autos die Luft. Manche Gemeinden haben aus diesem Grunde den Verkehr eingeschränkt und ihre Innenstädte für Autos ganz oder teilweise gesperrt.

Die wichtigsten Ursachen der Umweltverschmutzung

Gibt es Alternativen zum Auto?

In den Städten kann man statt des Autos den öffentlichen Nahverkehr mit Bussen und Straßenbahnen benutzen. Wahrscheinlich werden die Autos aber von den Straßen der Städte nicht völlig verschwinden. Elektrofahrzeuge mit Batterien stoßen keine Abgase aus und könnten deshalb eines Tages als sinnvolle Alternative die benzinbetriebenen Autos in den Großstädten verdrängen.

Seit wann erwärmt sich die Erde?

In der Erdgeschichte wandelte sich das Klima im Laufe von Jahrmillionen. Seit dem 18. Jahrhundert sorgt der Mensch aber für sehr viel schnellere Veränderungen. Durch die industrielle Revolution, die zu jener Zeit begann, entstanden Fabriken, Eisenbahnen, schnell wachsende Städte und Motorfahrzeuge. In Fabriken, Autos und den Heizungen der Privathäuser verbrannte man Kohle und Öl, so daß Kohlendioxid und andere Gase in die Atmosphäre gelangten. Diese Entwicklung, die durch die Industrialisierung begann, führt zur Erwärmung der Erde.

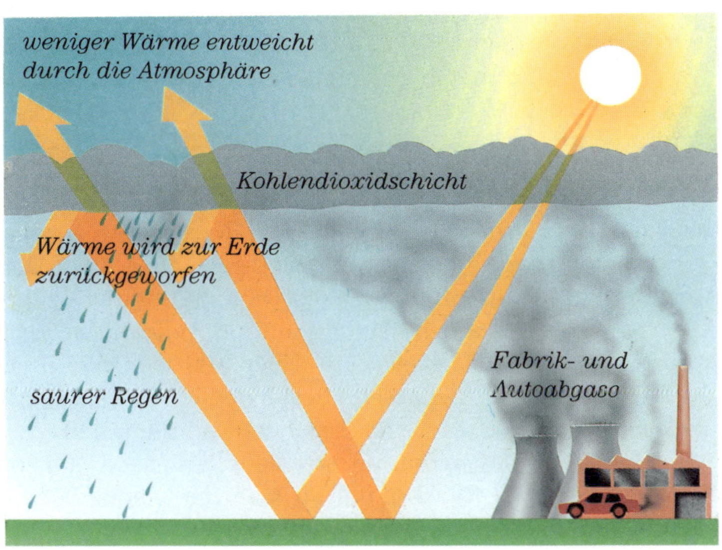

Der Treibhauseffekt entsteht, weil sich Kohlendioxid und andere Gase in der Atmosphäre ansammeln.

Was ist der Treibhauseffekt?

Nach Ansicht der meisten Fachleute wird die Erde immer wärmer, weil das Kohlendioxid und andere Gase in der Atmosphäre wie die Glasscheiben eines Treibhauses wirken: Sie lassen die Sonnenstrahlen durch, aber sie halten die Wärme fest, die normalerweise von der Erde in den Weltraum zurückgestrahlt wird. Diese eingefangene Wärme heizt die Erde auf und sorgt für Klimaveränderungen.

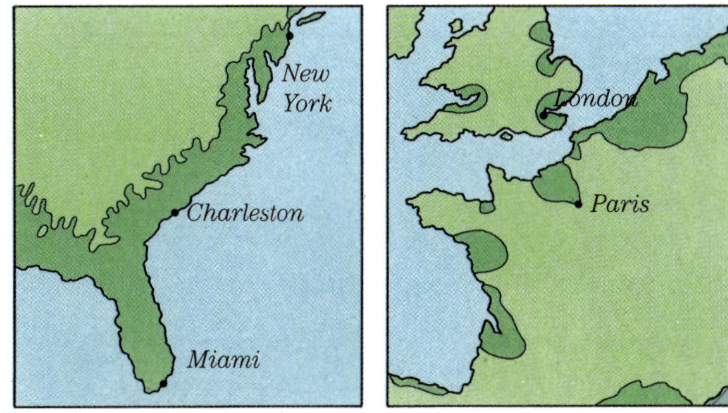

Die Karte zeigt, welche Regionen bei einem Anstieg des Meeresspiegels gefährdet sind.

Warum wird der Meeresspiegel steigen?

Wenn die Erde sich erwärmt, schmilzt am Nord- und Südpol mehr Eis. Im nächsten Jahrhundert könnte der Meeresspiegel um einen Meter oder mehr steigen, so daß flache Inseln wie die Malediven im Indischen Ozean überflutet werden. Das gleiche Schicksal droht auch einem Drittel von Bangladesch. Insgesamt könnten Millionen Menschen obdachlos werden.

Wie würde eine wärmere Erde aussehen?

Wie sich der Treibhauseffekt auswirken wird, wissen wir noch nicht genau. In Ländern wie Kanada, wo der Winter heute sehr kalt ist, dürfte es wärmer werden, und warme Gegenden wie Griechenland werden vielleicht unter Dürre leiden. Länder wie Äthiopien, die heute schon sehr trocken sind und nur eine kurze Regenzeit haben, würden unter Umständen endgültig zu Wüsten.

Was sind FCKWs?

In den siebziger Jahren fiel den Wissenschaftlern an der Ozonschicht über dem Südpol etwas Ungewöhnliches auf. Die Schicht, die uns vor den gefährlichen Ultraviolettstrahlen der Sonne schützt, wurde immer dünner, und das "Ozonloch" über der Antarktis vergrößerte sich. Das lag, wie sich herausstellte, an den Fluorchlorkohlenwasserstoffen oder kurz FCKWs. Diese Gase werden z. B. in Kühlschränken, zur Herstellung von Verpackungen und als Treibmittel in Spraydosen verwendet. Die FCKWs, so die Warnung der Wissenschaftler, gefährden die Ozonschicht und sollen nicht mehr verwendet werden. Viele Hersteller haben sich inzwischen auf andere Gase umgestellt, aber in manchen Ländern sind die FCKWs nach wie vor in Gebrauch. Man hofft, daß irgendwann alle Länder darauf verzichten.

Der saure Regen entsteht durch Luftverschmutzung. Abgase reagieren mit dem Regenwasser und fallen als Säure zu Boden.

Was ist saurer Regen?

Saurer Regen enthält Säuren aus der verschmutzten Luft. Regenwasser ist von Natur aus immer ein wenig säurehaltig, aber der saure Regen schädigt Gewässer und Wälder. Die Chemikalien in der Luft stammen von den Autos und Fabriken der Industrieländer und werden vom Wind verteilt, so daß sie oft auch Nachbarländer erreichen.

Wann begann das Kernkraftzeitalter?

Den ersten Kernreaktor bauten Wissenschaftler der Universität Chicago im Jahr 1942. Calder Hall in Großbritannien war 1956 das erste Kraftwerk, das aus Atomenergie Strom herstellte. Anfangs glaubten die Fachleute, man könne mit der Kernenergie billigen Strom in unbegrenzten Mengen produzieren.

Ein Kernreaktor

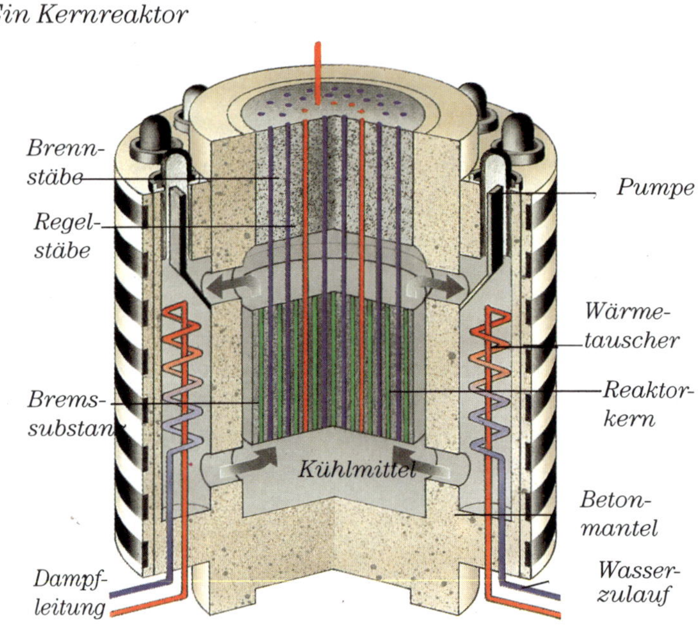

Warum ist Kernenergie gefährlich?

Die gewaltige Energie einer Kernreaktion kann man entweder (in der Atombombe) zur Zerstörung oder aber zu friedlichen Zwecken verwenden. Durch kontrollierte Kernreaktionen entsteht Strom sauberer als beim Verbrennen von Kohle. Gleichzeitig produziert man dabei aber den hochgiftigen Atommüll, und außerdem besteht die Gefahr eines Unfalls, durch den große Gebiete der Erde radioaktiv verseucht werden könnten.

Was geschah in Tschernobyl?

Im Jahr 1986 ereignete sich in dem Kernkraftwerk von Tschernobyl in der damaligen Sowjetunion ein Unfall: Der Reaktor wurde zu heiß, entzündete sich und brannte zehn Tage lang. Er fing an zu schmelzen, und radioaktive Gase wurden in die Luft freigesetzt. Über 130 000 Menschen mußten ihre Häuser verlassen. Es gab über 30 unmittelbare Todesopfer, und viele weitere Personen werden mit ziemlicher Sicherheit in Zukunft an Strahlenschäden erkranken. Den beschädigten Reaktor umgab man mit einem Betonmantel, der aber auch schon wieder defekt ist.

Warum ist die Entsorgung von Atommüll schwierig?

In Kernkraftwerken entstehen Abfälle, die jahrhundertelang gefährlich bleiben und in luftdichte Behälter verpackt werden müssen. Manche Fachleute halten es für ungefährlich, den Atommüll in Bergwerken oder auf dem Meeresboden zu lagern, andere sind davon jedoch nicht überzeugt. Man könnte den Atommüll auch mit Raketen in den Weltraum befördern, aber das wäre sehr teuer, und wenn eine solche Rakete bei einem Unfall explodiert, wäre die ganze Erde verseucht.

Wird man die Kernernergie in hundert Jahren noch nutzen?

Vielleicht, aber nicht in dem Umfang, den man sich anfangs vorgestellt hatte. Heute produzieren weltweit über 400 Kernreaktoren elektrischen Strom. Wegen der steigenden Kosten und aus Sicherheitsgründen haben viele Länder ihre Nuklearprogramme inzwischen eingefroren oder zurückgefahren. Einige Staaten, zum Beispiel Frankreich, verlassen sich in großem Umfang auf Kernenergie, aber auch dort hat man festgestellt, daß sie nicht so billig ist, wie man anfangs gedacht hatte.

Was ist erneuerbare Energie?

Erneuerbar nennt man Energie, die man zum Beispiel mit Wasser-, Wind- und Gezeitenkraftwerken oder unmittelbar aus der Sonnenstrahlung herstellt, denn anders als Kohle, Gas und Öl geht sie nie zur Neige. Diese Energiequellen kann man also immer wieder benutzen.

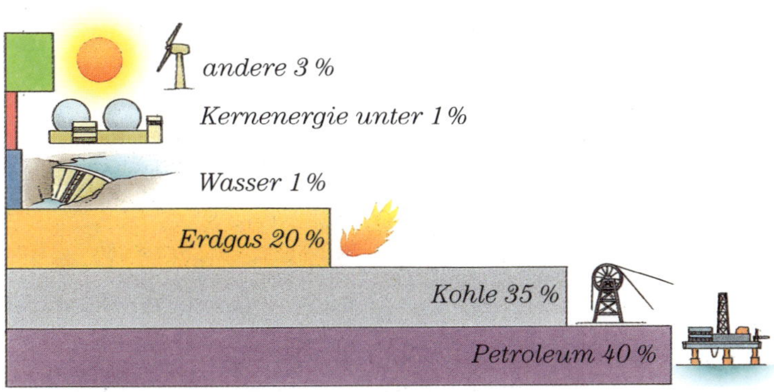

Unsere Energie stammt zum größten Teil aus Kohle und Erdöl.

Was geschieht mit unserem Abfall?

Die meisten Haushaltsabfälle werden auf Deponien gebracht oder ins Meer geschüttet. In manchen Ländern wird der Müll auch verbrannt. Immer größere Mengen werden aber auch wiederverwertet, vor allem Glas, Papier und Kunststoffe, die inzwischen vielfach getrennt gesammelt werden.

Was verursacht Meeresverschmutzung?

Tankerunfälle, verklappte Chemikalien, Sondermüll und Abwässer, die ungeklärt ins Meer geleitet werden, sind die Hauptursachen der Meeresverschmutzung. Giftige Chemikalien lösen sich im Wasser und werden von Muscheln und anderen Meerestieren aufgenommen. Menschen, die solche Tiere verzehren, können ernsthaft erkranken.

Haushaltsabfälle kann man zum größten Teil wiederverwerten und daraus nützliche Produkte herstellen.

Was ist umweltfreundlicher: Plastikbeutel oder Papiertüten?

Etwa 40 Prozent aller Kunststoffe dienen zur Verpackung. In jedem Supermarkt bekommt man Plastiktüten. Oft denkt man, Papierbeutel wären umweltfreundlicher. Wie Wissenschaftler jedoch festgestellt haben, entstehen bei der Papiertütenherstellung doppelt soviel Luftschadstoffe und 200mal soviel Abwasser. Plastiktüten sind also umweltfreundlicher – wenn man sie mehrfach verwendet.

Verrottet Plastik?

Papier- und Holzabfälle verrotten zwar mit der Zeit, aber Wissenschaftler haben auf Mülldeponien auch schon 40 Jahre alte Zeitungen gefunden, die man noch lesen konnte. Die meisten Kunststoffe zersetzen sich nur sehr langsam. Inzwischen hat man aus Zucker einen biologisch abbaubaren Kunststoff hergestellt, den Bodenbakterien verdauen. Ein anderer Kunststoff wird vom Sonnenlicht zersetzt.

Warum wären die Wanderfalken fast ausgestorben?

Der Wanderfalke ist der schnellste Raubvogel. Er wurde in den sechziger Jahren selten, die Ursache war DDT, ein Insektengift. Es gelangte in den Boden und von dort in die Nahrungskette. Schließlich fand es sich in den Wanderfalken wieder, denn sie hatten Tauben gefressen, und die Tauben hatten sich von Körnern ernährt, die in dem verseuchten Boden gewachsen waren. Daraufhin legten die Falken Eier mit so dünnen Schalen, daß keine Jungen schlüpfen konnten. Erst als das DDT in den meisten Ländern verboten wurde, nahm die Zahl der Wanderfalken wieder zu.

Register

Kursiv gesetzte Ziffern verweisen auf Abbildungen